KB239715

한자를 알면 수능이 보인다 ③

－물리·생물·화학·지구과학

한자를 알면 수능이 보인다 ③

－물리 · 생물 · 화학 · 지구과학

초판 1쇄 인쇄 2004년 7월 10일
초판 1쇄 발행 2004년 7월 15일

지은이 | 전국한문교사모임
펴낸이 | 양지현
펴낸곳 | 한문교육

출판등록 | 2000년 1월 14일 제13-1021호
주소 | 서울 종로구 운니동 65-1 월드오피스텔 908호
전화 | (02) 747-3451
팩스 | (02) 747-3452
e-mail | jngame@hanmail.net

ISBN 89-951192-9-2-53710
값 8,000원

＊잘못된 책은 구입하신 서점이나 본사에서 교환해 드립니다.

＊한문교육의 책은 도서출판 토지하능에서 공급합니다.
  Tel. (02)747-3451 Fax. (02)747-3452

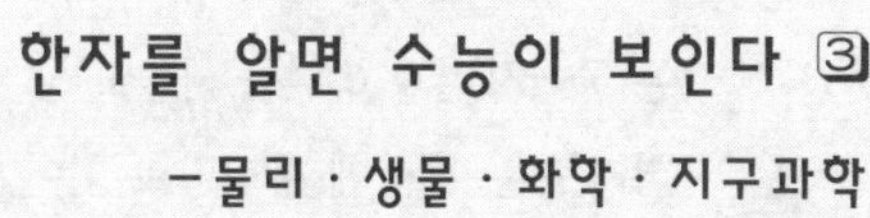

한자를 알면 수능이 보인다 ③

— 물리 · 생물 · 화학 · 지구과학

전국한문교사모임 편

안녕하세요? 전 예비 고3입니다.

전 국사랑 한국지리를 공부할 때마다 '내가 뭘 하고 있지?' 란 생각이 들었습니다.

그래도 국사는 제가 좋아하는 과목이니깐 좀 나았지만 한국지리는 국어사전과 옥편을 펴놓고 공부했습니다. 공부하다가 문득 우습더라구요. 세상에 우리말로 되어 있는 책으로 공부하는데, 한 문장에 뜻이 와 닿지 않는 낱말이 수없이 많다는 것이…. 다른 애들은 그냥 넘어가던데 전 너무 답답하고 화가 나더라구요. 그냥 흙이라고 하면 될 것을 '토사土砂' 라고 하고….

제 어머니가 국사 선생님이시거든요.

그래서 국사 공부를 한 뒤에는 한자로 된 용어를 한 글자 한 글자 풀어서 무슨 뜻인지 여쭤 보거든요.

그럴 때마다 제가 어머니께 한자말을 다 풀어서 설명해 주는 책이 나오면 좋겠다고 징징거렸거든요.^^

근데!!! 오늘 책방에서 이 책을 보고 얼마나 놀랐는지 몰라요. 저도 모르게 환호성을 질러 버렸답니다.^^;

왜 이제서야 만났는지… 지금이라도 이 책과 만나서 정말 다행이에요.^^

정말 고맙습니다. 이런 책을 만들어 주셔서… 감동입니다.

구분전口分田이 그런 뜻인 줄은 정말 몰랐어요.^^

〈선생님이 풀어 주는 사회 한자어〉도 빨리 나왔으면 좋겠어요. 나오면 메일 보내 주세요.^^ 꼭이요!

한국지리도 나왔음 좋겠어요. 제발요. ㅜ.ㅜ 윤리도…. ^^헤헤.

암튼 정말 고맙습니다.

　@)))))(@ - 이 김밥 드시고 힘내세요.^^ 화이팅!

　앞의 글은 오래 전 국사 한자어를 정리하고 풀이한 책인 『선생님이 풀어 주는 국사 한자어』를 본 학생이 필자에게 보내온 e-메일의 내용이다. 이 학생의 메일 중 다음 내용을 짚어 보자.

　"세상에 우리말로 되어 있는 책으로 공부하는데, 한 문장에 뜻이 와 닿지 않는 낱말이 수없이 많다는 것이…. 다른 애들은 그냥 넘어가던데 전 너무 답답하고 화가 나더라구요. 그냥 흙이라고 하면 될 것을 '토사土砂' 라고 하고…."

　우리말의 어휘는 역사적 특수성 때문에 한자어가 많이 섞여 있다. 오랜 기간 표기 수단이 漢字였고, 漢文 문장에서 만들어진 漢字語가 고유 어휘를 밀어 냈기 때문이다. 한자어는 말 그대로 한자로 이루어진 어휘이기 때문에 명확한 뜻풀이를 위해서는 각 漢字의 뜻을 알아야 한다. 그러나 한글이 발명되고 그 사용이 일반화된 요즘에는 한글 표기와 개념을 그대로 연결해서 외우는 방식으로 한자어를 이해하게 되었다. 이 때문에 실제 많은 한자어가 고유어화되어, 한자의 학습 없이도 언어 생활을 하는 데 큰 어려움이 없게 되었다. 하지만 이는 큰 어려움이 없는 것으로 착각하고 있는 것이지 실제로는 여러 문제를 안고 있다.

　다음은 중학교 사회 교과서에 나오는 글이다.

　강의 상류 지역에서는 **침식** 작용이 활발하여 산의 경사면이 깊게 파인 V자 계곡이나 폭포 등이 형성되며, 산과 평지가 만나는 곳에서는 물의 흐름이 갑자기 약해져서 부채 모양으로 퇴적된 **선상지**가 형성된다. 강의 중류 지역에서는 구불구불한 강줄기 곡류와 소뿔 모양의 호수인 **우각호**를 볼 수도 있다.

선상지와 우각호는 扇狀地와 牛角湖로 표기하면 간단하게 해결되는데, 한글로만 표기해야 한다는 고집 때문에 어쩔 수 없이 '부채 모양으로', '소뿔 모양의 호수'라는 풀이를 앞에 달아 주고 있다. 이렇게 풀이를 해 주는 경우는 그나마 다행이다. 다른 상당수의 전문 용어는 한글로만 표기하고 넘어간다. 학생들은 '침식'이라 용어를 익히기 위해 '육지가 풍화 작용에 의하여 깎이고 부서지는 과정'이라는 풀이를 따로 외워야 한다. 한 번만 외우면 곧 잊기 때문에 반복해서 여러 번 외워야 한다. 이렇게 공부하는 학생은 그나마 일부이다. 대부분의 학생은 '산의 경사면이 깊게 파인 V자 계곡이나 폭포'라는 이어지는 설명에서 힌트를 얻어 '깊게 파이다'라는 의미로 이해해 버리고 만다. 지금의 학교 교육에서는 浸蝕의 浸은 '스며들다, 점점', 蝕은 '좀먹다'이기 때문에 '점점 좀먹어 들어가다'로 이해하는 학습 방법을 가르쳐 주지 않는다.

일부 교과서를 제외하고는 대부분의 교과서가 한글로만 표기되어 있고, 교사나 학생들의 漢字·漢文 수준이 심각하게 떨어져 있는 데서 파생되는 문제다. 이 때문에 학생들의 용어 개념에 대한 이해 수준은 갈수록 하락하는 악순환이 반복되고 있다.

필자는 개인적으로 한글 전용에 찬성하며, 위에서 말한 어려운 전문 용어들을 하루 속히 쉬운 표현으로 바꿔 나가야 한다고 주장하고 있다. 그렇지만 당위 때문에 방치되는 지금의 교육 현실에 대해 교육 관계자나 교사들은 부끄러워해야 마땅하다. 이러한 문제를 시급히 해소하기 위해서는 먼저 교과서에 한자 괄호 쓰기가 이루어져야 한다. 그리고 한자의 이해를 높이는 한문 교육이 활성화되어서 한글 전용에서 생기는 문제점을 보완해야 한다.

　전 교과목 용어의 한자 풀이를 하겠다는 목표를 정한 지 3년 만에, 漢字 전문 용어가 많은 '국어, 국사, 과학, 사회'를 겨우 마무리하게 되었다. 영어, 수학, 예체능 등의 기타 과목 용어도 따로 단행본으로 만들 수 있지만, 『한자 · 한문 인증 시험 자료집』이라는 책에 이미 기술했기 때문에, 과학까지로 완결하였다.

　고등학생들을 가르치면서 항상 안타까운 것은 기초적인 언어 이해가 부족하다 보니 심도 있는 내용에 접근하기가 힘들다는 점이다. 이 책을 통해 용어와 그 의미를 대충 외우거나 문장 자체를 이해하지 못해 공부에 싫증을 느껴 버리는 학습 지진아들이 더 이상 나오지 않기를 바라며 만들었다. 시리즈를 완성하기까지 도와준 경문고등학교와 전국한문교사모임의 여러 선생님, 문자향의 조윤숙 · 남현희 님께 감사의 뜻을 전한다.

이 병 주(전국한문교사모임 회장)

일러두기

1. 용어의 선정이나 편성은 7차 교육과정의 중·고등학교 과학 교과서에서 선정하였다.
2. 용어의 이해를 돕기 위해 어원에 충실한 직역을 해 놓았으나, 그 유래를 정확히 알 수 없는 것은 임의적인 풀이를 하였다.
3. 이 책은 한자 풀이를 통한 용어의 의미 이해에 중심을 두었기 때문에 용어의 설명은 간략하게 소개하였다. 더욱 자세한 설명은 관련 사전이나 백과사전 류를 참고하기 바란다.

한자를 알면 수능이 보인다 <3>

Ⅰ. 과학의 탐구

1. 과학의 탐구

과학 科學

科 조목 과　學 배우다, 학문 학

여러 현상의 질서와 법칙을[科] 찾는 학문[學].

　과학은 넓은 의미로 철학 이외의 모든 학문을 말하며, 자연 현상을 관찰하고, 경험한 사실을 바탕으로 자연을 더욱 체계적으로 이해하고, 설명할 수 있는 질서와 법칙을 찾아가는 과정이라 할 수 있습니다. 과학자가 밝혀낸 법칙은 다른 사람에 의해 다시 반복되어도 같은 결과를 얻을 수 있는 보편성을 지니고 있습니다.

탐구 探究

探 찾다, 더듬다 탐　究 연구하다 구

더듬어[探] 깊이 연구함[究].

　탐구는 더듬어 깊이 연구한다는 말입니다. 과학은 자연 현상을 관찰하고 경험한 사실을 바탕으로 자연을 더욱 체계적으로 이해하고, 이를 설명할 수 있는 질서와 법칙을 찾아가는 과정이라 할 수 있습니다. 이 과정에서 탐구는 필수적으로 갖춰야 하는 항목입니다.

관찰 觀察

觀 보다 관　察 살피다 찰

주의 깊게 보고[觀] 살핌[察].

　관찰은 사물의 객관적인 자료를 수집하기 위해 주의 깊게 살펴보는 것을 말합니다. 객관적 자료를 잘 수집하기 위해 관찰 대상·관찰 시기·관찰 방법을 미리 잘 기록해 두는 것이 중요합니다.

보편성 普遍性

普 보통, 두루 보　遍 두루 편　性 성품, 성질 성

모든 경우에 두루[普遍] 적용되는 성질[性].

보편성은 모든 것에 두루 통하는 성질 또는 모든 경우에 두루 적용되는 성질을 말합니다. 한 과학자가 밝혀 낸 법칙은 다른 사람에 의해 다시 반복되어도 같은 결과를 얻을 수 있는 경우를 보편성이라 합니다.

가설 假說

假 거짓, 임시 가　說 밝히어 말하다 설

임시로[假] 정한 이론[說].

가설은 어떤 현상을 설명하거나, 이론을 구체적으로 펼치기 위하여 임시로 정하여 둔 이론을 말합니다. 아직 증명되지 않은 이론이지만 가설이 옳음을 증명하기 위해 탐구 설계, 탐구 수행, 자료 해석 과정을 통하여 가설이 자료 해석의 결과와 일치하는지를 조사합니다. 조사 후 가설과 자료 해석의 결과가 일치하면 그 가설은 증명된 이론으로 인정받게 됩니다. 이러한 과학적 탐구 방법을 연역적 탐구라 합니다.

검증 檢證

檢 검사하다 검　證 증명하다 증

검사하여[檢] 증명함[證].

검증은 검사하여 증명한다는 말로, 가설을 실험이나 객관적 자료를 통하여 검사하고 옳음을 나타내는 것을 말합니다.

II. 에너지

1. 힘과 에너지

관성 慣性

慣 익숙하다 관 性 성품, 성질 성

그대로 유지하려는[慣] 성질[性].

관성은 물체가 현재의 운동 상태를 그대로 유지하고자 하는 성질을 말합니다. 즉 물체에 주어지는 합력(알짜힘)이 0이면 그 물체가 정지해 있을 경우 계속 정지해 있으려 하고 등속 운동을 하던 경우는 계속 등속 운동하려 하는 성질을 말합니다.

관성력 慣性力

慣 익숙하다 관 性 성품, 성질 성 力 힘 력

그대로 유지하려는[慣] 성질로[性] 인해 나타나는 힘[力].

관성력은 물체가 현재의 운동 상태를 그대로 유지하고자 하는 성질로 인해 나타나는 힘을 말합니다. 만일 운동 상태를 유지하고 있는 물체에 외력이 주어지면 물체의 운동 상태를 바꾸게 하려 할 것이고, 이때 그 물체는 운동을 계속 유지하기 위해 외력과 크기는 같고 방향이 반대인, 즉 관성으로 인한 힘이 나타나게 됩니다. 이 힘을 관성력이라 합니다.

궤도 軌道

軌 바퀴자국 궤 道 길 도

물체가 운동한[軌] 길[道].

궤도는 **중력장**重力場 또는 **전자기장**電磁氣場 등에서 물체가 운동하는 일정한 길을 말합니다. 예를 들면, 행성 · 혜성 · 인공위성 등이 중력의 영향을 받아 다른 천체의 둘레를 돌면서 그리는 곡선의 길을 말하며, 경로라고도 합니다.

❍ **重力場** [重 무겁다 중 力 힘 력 場 마당 장] 중력이 미치는 공간.

❍ **電磁氣場** [電 전기 전 磁 자석 자 氣 기운 기 場 마당 장] 전기력과 자기력이 작용하는 공간.

국제 도량형국 國際度量衡局

國 나라 **국** 際 두 사물의 중간 **제** 度 ~한 정도, 자 **도** 量 수량 **량**
衡 저울 **형** 局 관청 **국**

나라[國] 간의[際] 다른 길이[度], 양[量], 무게의[衡] 기준을 통일하려는 기관[局].

국제 도량형국은 단위와 표준의 국제 통일을 목적으로 설립된 기관으로, 설립 연도는 1875년 5월 20일입니다. 설립 목적은 단위와 표준의 국제적 통일이고, 주요 물리량의 눈금 유지 및 물리 상수常數에 대한 측정 · 조정을 관장하고 있습니다. 본부 소재지는 프랑스 파리 교외 세브르에 있습니다.

국제 원기 國際原器

國 나라 **국** 際 두 사물의 중간 **제** 原 근원 **원** 器 그릇, 기구 **기**

나라[國] 간에[際] 기준이[原] 되는 기구[器].

국제 원기는 국제 미터법의 기준이 되는 물건으로, 백금(Pt) 90%, 이리듐(Ir) 10%의 합금으로 만들어진 단면이 X자형인 막대기에 1m의 길이를 정한 눈금이 새겨져 있습니다. 그러나 1960년 특정 조건 밑에서 크립톤 86(86Kr)의 원자가 방사하는 오렌지색의 스펙트럼선 파장의 165만 763.73배를 1m로 정하고, 그것을 미터법의 기준으로 고쳐 정의하기로 결정함으로써 미터 원기의 본래 의미는 없어지게 되었습니다.

낙하 운동 落下運動

落 떨어지다 **락** 下 아래 **하** 運 움직이다 **운** 動 움직이다 **동**

아래로[下] 떨어질 때[落] 일어나는 운동[運動].

낙하 운동은 공기의 저항이 없다고 할 때 중력장 내에서 물체가 지면을 향해 낙하하는 운동을 말합니다. 지표 근처에서는 가속도가 지면 방향으로 약 $9.8m/s^2$인 등가속도 운동을 합니다. 자유 낙하 운동自由落下運動과 다른 점은 운동의 처음 속도가 주어질 수 있다는 것이며, 자유 낙하 운동을 포함하는 더 넓은 개념의 운동입니다.

자유 낙하 운동 自由落下運動

自 스스로 **자**　由 말미암다 **유**　落 떨어지다 **락**　下 아래 **하**　運 움직이다 **운**
動 움직이다 **동**

중력의 작용만으로 자유롭게[自由] 낙하하는[落下] 운동[運動].

　자유 낙하 운동은 처음 운동을 시키기 위한 힘이나, 공기의 저항이 없다고 할 때 중력장 내에서 물체가 지면을 향해[연직鉛直 방향으로] 낙하하는 운동을 말합니다. 지표 근처에서는 가속도가 지면 방향으로 약 9.8m/s^2이고 처음 속도가 0인 등가속도 운동을 합니다. 예를 들면 처음 속도 0, 1초 후의 속도 9.8m/s초 후의 속도는 9.8m/s, 2초 후의 속도는 19.6m/s, 3초 후 속도는 29.4m/s인 운동을 말합니다.

연직선 鉛直線

鉛 납 **연**　直 곧다 **직**　線 줄 **선**

추를[鉛] 단 실을 아래로 곧게[直] 늘어뜨렸을 때의 선[線].

　연직선은 추錘를 단 실을 늘어뜨렸을 때 추와 실이 이루는 직선을 무한히 연장한 선으로, 중력重力의 방향을 나타내는 선입니다. 연직선은 항상 해수면과 직각 방향입니다.

분동 分銅

分 나누다 **분**　銅 구리 **동**

천칭으로 물건의 무게를 달 때, 한쪽[分] 저울판 위에 올려놓는, 구리로[銅] 만든 추.

　분동은 접시 저울이나 화학 천칭化學天秤으로 물건의 무게를 달 때, 무게의 표준으로 한쪽 저울판 위에 올려놓는 추錘를 가리키는 말입니다. 보통 1g, 2g, 5g과 각각의 0.01배, 0.1배, 10배, 100배 등이 있고, 표면에 그 질량이 새겨져 있습니다.

　＝ 분추分錘.

천칭 天秤

天 하늘 **천**　秤 저울 **칭**

하늘의[天] 저울[秤].

　天秤에서 天의 의미는 정확히 알 수 없고, 天에는 '믿음으로 삼을 만한 것, 믿을 수 있는 것' 이라는 의미가 있는데, 이 뜻으로 사용되었다고 추정할 수 있습니다. 천칭은 사용 목적이나 정밀도에 따라 여러 종류가 있으며, 그 기본 구조는 지렛대의 중앙을 받침점으로 하고, 양쪽의 같은 위치에 접시를 매달아 한쪽에는 측정하고자 하는 물체를 올려놓고, 다른 쪽에는 분동分銅을 올려놓아 양쪽에 작용하는 힘이 균형을 이루어 지렛대가 수평을 이루도록 하는 원리를 이용한 저울입니다.

= 맞저울.

물질 物質

物 사물, 물질 물　質 바탕 질

물체의[物] 본바탕[質].

물질은 물체를 이루는 실제의 본바탕입니다. 물리에서는 일정한 공간을 점유하고 질량을 갖는 분자, 원자, 원자핵, 양성자 등 자연계의 구성 요소를 의미하지만, 화학에서는 고유한 성질을 갖는 분자를 뜻할 때가 많습니다.

변위 變位

變 변하다 변　位 위치 위

위치가[位] 변화한[變] 양.

변위는 위치의 변화량을 말합니다. 거리에 대응되는 표현으로 물체의 처음 위치에서 최종 위치로의 변화를 벡터(크기, 방향을 포함하는 표현)로 나타낸 것을 가리키는 말입니다. 이동 도중의 경로나 소요 시간 등은 고려하지 않는 표현입니다. 예를 들면 한 사람이 서울 시청에서 종로3가역을 거쳐 창경궁으로 3.5km 거리를 갔다면 거리는 '3.5km' 이나 변위로 표시하면 '북동쪽 2km' 라고 합니다.

비중 比重

比 비교하다 비　重 무겁다, 무게 중

물의 무게와[重] 비교되는 값[比].

'比' 는 어떤 두 개의 수 또는 양을 서로 비교하여 몇 배인가를 보이는 관계를 가리키는 말입니다. 비중은 어떤 물질의 질량과, 그 물질과 같은 부피의 4℃의 물의 질량 비율을 말합니다. 4℃의 물의 부피에 대한 질량의 비를 밀도 $1g/cm^2$로 두었으므로 비중은 밀도와 같은 값을 갖지만 비례 값이므로 단위는 없습니다.

속도 速度

速 빠르다 속 度 ~한 정도 도

빠른[速] 정도[度].

속도는 운동하는 물체의 단위 시간당 위치 변화량으로, 단위는 m/s, cm/s 등을 사용합니다. 예를 들면 동으로 2초 동안 10m를 이동하고 북으로 3초 동안 10m를 이동하였다면 속도는, 변위 $\vec{S}$(이동 과정을 무시한 위치의 최종 변화)가 북동쪽 $10\sqrt{2}\,m$ 이므로,

$$\vec{v} = \frac{\vec{S}}{t} = \frac{10\sqrt{2}\,m}{5\sec} = 2\sqrt{2}\ m/s \ \text{(북동쪽) 입니다.}$$

시간 간격을 매우 짧게 하였을 때 단위 시간당 위치 변화량을 순간 속도 瞬間速度라 하며, 이동하는 과정을 고려한 것을 속력速力이라 합니다.

가속도 加速度

加 더하다 가 速 빠르다 속 度 ~한 정도 도

단위 시간 동안 속도의[速度] 증가 값[加].

가속도는 일반적으로 시간의 경과에 따라 속도나 일의 정도가 차차 더해지는 것을 말하지만, 물리에서는 운동하는 물체의 단위 시간 내의 속도 증가 비율을 말합니다. 단위는 m/s², cm/s² 등을 사용합니다.

$$\text{가속도 } a = \frac{V_{\text{나중}} - V_{\text{처음}}}{t_{\text{나중}} - t_{\text{처음}}} \qquad (V : 속도, \ t : 시간\ )$$

각속도 角速度

角 뿔, 각도 각 速 빠르다 속 度 ~한 정도 도

단위 시간 동안 속도의[速度] 회전 값[角].

각속도는 운동체를 하나의 기준점으로 볼 때, 그 점에 대한 운동체의 회전의 빠르기를 나타내는 양입니다. 즉 회전하는 물체의 단위 시간에 변화되는 각도를 말합니다. 각속도를 ω라고 한다면, $\omega = \frac{d\theta}{dt}$이며, 단위는 rad/s(라디안 퍼 섹)입니다. 예를 들면 2초 동안에 한 번 회전하는 물체의 각속도는 2π/2 rad/s = π rad/s입니다. 또한 1초 동안의 회전수를 n이라 하면, 그 운동체의 각속도는 2πn rad/s가 됩니다.

각속도와 구별하는 표현으로 운동체의 경로를 따르는 속도, 즉 우리가 흔히 말하는 속도를 선속도線速度라 합니다. 선속도를 v, 운동체의 회전 반지름을 r이라 하면, ω = v/r, v = ωr의 관계가 성립합니다.

◑ **線速度** [線 줄 선　速 빠르다 속　度 ~한 정도 도]

등가속도 等加速度

等 등급, 같다 **등**　加 더하다 **가**　速 빠르다 **속**　度 ~한 정도 **도**

가속도가[加速度] 같은[等] 운동.

　등가속도는 가속도가 항상 일정한 것으로, 단위 시간당 속도 변화율이 일정합니다. 뉴턴의 운동 법칙에 의해 한 물체의 운동 가속도가 일정하면 그 물체에 주어지는 알짜 힘(합력)이 일정합니다. 그래서 지표 부근에 있는 물체의 운동은 운동중에 외력外力이 주어지지 않고 중력만 일정하게 작용하면 항상 등가속도 운동을 하게 됩니다.

상대 속도 相對速度

相 서로 **상**　對 마주 대하다 **대**　速 빠르다 **속**　度 ~한 정도 **도**

어떤 물체에서 본 다른 물체의[相對] 속도[速度].

　상대 속도는 움직이는 관찰자가 본, 움직이는 다른 물체의 속도를 말합니다. 그래서 물체의 상대 속도는 기준을 어떻게 잡느냐에 따라 그 값이 달라지게 됩니다. 가령 가로街路를 달리는 자동차의 속도가 시속 50km라면 이것은 지면을 기준으로 한 상대 속도인데, 기준을 지구의 중심으로 잡으면 자동차의 상대 속도는 시속 1,300~1,400km가 되며(지구의 자전 속도를 더함), 태양을 기준으로 하면 시속 약 11만km가 됩니다(지구의 공전 속도를 더함).

종단 속도 終端速度

終 끝나다 **종**　端 바르다, 끝 **단**　速 빠르다 **속**　度 ~한 정도 **도**

물체가 낙하할 때 속도가 더 이상 증가하지 않고[終端] 일정한 값을 갖게 되는 속도[速度].

　종단 속도는 물체가 떨어질 때 처음에는 속도가 증가하다 나중에는 일정한 속도로 떨어지는데, 이때의 마지막 속도를 말합니다. 물체가 공기 중에서 낙하할 때, 처음엔 속도가 느려 공기 저항력이 작습니다. 그래서 거의 중력 가속도로 속도가 증가하지만, 낙하 속도가 증가하면 공기의 저항력이 커집니다. 나중에는 중력의 크기와 같아지는데, 이때 알짜 힘이 없어져 일정한 속도로 낙하하게 됩니다. 이때 속도가 더 이상 증가하지 않고 일정한 값을 갖게 되는 속도를 '종단 속도'라 합니다. 저항이 클수록 일찍 종단 속도에 도달하는데, 고공에서 낙하산을 이용하는 것도 종단 속도를 빨리 도달하게 하는 원리에서 나온 것입니다.

초속도 初速度

初 처음 초   速 빠르다 속   度 ~한 정도 도

운동하기 시작할 때의[初] 속도[速度].

초속도는 물리에서 어떤 운동을 분석할 때 그 기준이 되는 시점에서의 속도를 말합니다.
= 초속.

속력 速力

速 빠르다 속   力 힘 력

움직이는 물체의[速] 이동 거리[力].

속력은 움직이는 물체의 단위 시간당 이동 거리로, 단위는 m/s, cm/s 등을 사용합니다. 예를 들면, 동으로 2초 동안 10m를 이동하고 북으로 3초 동안 10m를 이동하였다면 속력은, 이동 거리(이동하는 경로)가 20m이므로,

$$v = \frac{S}{t} = \frac{20m}{5s} = 4 \ m/s$$ 입니다.

이는 5초 동안의 평균 속력이라고도 합니다. 이에 대해 시간 간격을 매우 짧게 하였을 때 단위 시간당 이동 거리를 순간 속력이라 합니다.

수평면 水平面

水 물 수   平 평평하다 평   面 얼굴, 겉 면

물같이[水] 평평한[平] 표면[面].

수평면은 연직선鉛直線(중력의 방향을 나타내는 선)에 수직인 평면을 말합니다. 수평면 위에 있는 직선을 수평선이라 합니다.

운동 運動

運 움직이다 운   動 움직이다 동

움직임[運動].

운동은 어떤 기준점에 대한 물체의 공간적 위치가 시간의 경과와 함께 변하는 현상을 말합니다.

인공위성 人工衛星

人 사람 **인**　工 물건 만들다 **공**　衛 지키다 **위**　星 별 **성**

사람이[人] 만들어[工] 쏘아 올린 위성과[衛星] 같은 장치.

　'衛星'은 행성의 인력引力에 의해 그 행성의 주위를 도는 천체를 말합니다. 인공위성은 지구에서 쏘아 올려 지구의 둘레를 궤도 비행軌道飛行하는 인공적인 장치로, 관측·통신·기상 및 우주 탐사·우주 여행 등의 목적으로 발사됩니다.

원심력 遠心力

遠 멀다 **원**　心 마음, 가운데 **심**　力 힘 **력**

가운데로부터[心] 멀어지는[遠] 바깥쪽으로 작용하는 힘[力].

　원심력은 물체가 원운동圓運動을 할 때 바깥쪽으로 작용하는 힘입니다. 원운동은 운동 중심 방향으로 일정한 크기의 가속도가 있는 운동이며, 이 가속도를 일으키는 힘을 구심력이라 하고, 운동의 변화에 대항하려는 관성에 의해 나타나는 관성력을 원운동에서는 원심력이라 합니다.
　↔ 구심력.

구심력 求心力

求 찾다 **구**　心 마음, 가운데 **심**　力 힘 **력**

원의 중심으로[心] 향하여[求] 작용하는 힘[力].

　구심력은 물체가 원운동圓運動을 할 때, 그 원의 중심을 향하여 작용하는 힘으로, 원운동을 일으키는 원인이 되는 힘입니다. 이 힘에 의해 가속도가 생기며 가속도의 방향도 원 중심 방향입니다.
　↔ 원심력.

분력 分力

分 나누다 **분**　力 힘 **력**

하나의 힘을 이루는 각각의 나누어진[分] 힘[力].

　분력은 두 개 이상의 작은 힘이 한 힘을 낼 때, 그 각각의 힘을 말합니다.
　↔ 합력.

수평 분력 水平分力

水 물 수 平 평평하다 평 分 나누다 분 力 힘 력

분력[分力] 중에서 수평[水平] 방향의 힘.

　수평 분력은 어떤 힘을 둘 이상의 힘의 합력으로 보고, 그 합력을 구성하는 한 힘 중에서 수평 방향의 힘을 가리키는 말입니다.

합력 合力

合 합하다 합 力 힘 력

둘 이상의 것을 합한[合] 힘[力].

　합력은 한 물체에 동시에 작용하는 둘 이상의 힘과 똑같은 효과를 나타내는 하나의 힘을 말합니다. 한 물체에 결과적으로 나타나는 힘으로 이 힘을 알짜 힘이라고도 하며, 뉴턴의 운동 제2법칙에서 가속도를 일으키는 힘을 말합니다.
　↔ 분력.

인력 引力

引 당기다 인 力 힘 력

두 개의 물체가 서로 끌어당기는[引] 힘[力].

　인력은 공간적으로 떨어져 있는 물체끼리 서로 당기는 힘을 말합니다.
　↔ 척력.

만유인력 萬有引力

萬 만, 모든 만 有 있다 유 引 당기다 인 力 힘 력

모든 물체[萬有] 사이에서 서로 끌어당기는[引] 힘[力].

　'萬有'는 '우주에 존재하는 온갖 물건'이란 뜻입니다. 만유인력은 모든 물체 사이에 보편적으로 작용하는 서로 끌어당기는 힘을 말합니다. 뉴턴이 이 힘의 관계를 발견하였으며 뉴턴 이전에는 우리 주변에 있는 물체는 땅으로 떨어지려는 성질이 있으나 하늘에 있는 태양과 달, 별들은 떨어지지 않아 지상의 물체들과는 다른 것으로 인식하였습니다. 하지만 뉴턴은 모두 같은 물질이고 인력이 존재하며 다만 원운동에 의해 원심력이 작용하여 떨어지지 않음을 설명하였고, 모든 물체에 작용하는 인력의 의미로 만유인력이라 하였던 것입니다.

만유인력의 상수 萬有引力의 常數

萬 만, 모든 **만** 有 있다 **유** 引 당기다 **인** 力 힘 **력** 常 항상 **상** 數 숫자 **수**

만유인력의[萬有引力] 일정한[常] 수[數].

만유인력의 상수는 뉴턴의 만유인력의 법칙

$$F = G\frac{m_1 m_2}{r^2} \quad (m1, m2 : 물체의 질량, \ r : 물체의 중심간 거리)$$

에서 $G = 6.67259 \times 10^{-11} Nm^2/kg$의 값을 말합니다. 즉 1m 거리만큼 떨어진 질량이 각각 1kg인 2개의 물체 사이에 작용하는 인력의 값입니다.

상수 常數

常 항상 **상** 數 숫자 **수**

일정한[常] 수[數].

상수는 물질의 물리적 · 화학적 성질을 표시하는 수치. 즉, 일정한 상태에 있는 물질의 성질에 관하여 일정량을 보이는 수를 말합니다. 예를 들면 만유인력을 계산할 때는 항상 만유인력 상수가 곱해집니다. 질량 1kg인 두 물체가 1m 떨어져 있으면 그때 힘은 만유인력 상수와 같은 값을 가집니다. 또 다른 상수들은 중력 가속도 $g = 9.8m/s^2$, 전자의 전하량 $e = -1.6 \times 10^{-19}$, 빛의 속도 $c = 2.997902 \times 10^8 m/s$ 등이 있습니다.

중력 重力

重 무겁다 **중** 力 힘 **력**

지구의 중심 방향으로 끌어당기는[重] 힘[力].

중력은 지표 부근에 있는 물체를 지구의 중심 방향으로 끌어당기는 힘으로, 즉 지표 부근에 있는 물체는 만유인력과 지구 자전에 의한 원심력을 동시에 받는데, 그 힘의 합력을 중력이라 합니다. 또 중력은 물체의 무게와 같으며 물체의 질량과 중력 가속도의 곱(mg)에 해당됩니다. 중력은 위도에 따라 다른 값을 가지며 원심력이 없는 극에서 중력이 가장 크며 적도에서 중력이 가장 작습니다.

무중력 無重力

無 없다 **무** 重 무겁다 **중** 力 힘 **력**

중력이[重力] 없는[無] 상태.

   무중력은 무게를 느끼지 않는 상태로, 무중력은 인력引力이 없다는 뜻으로 이해할 수 있습니다. 보통 인공위성 안에서 무중력 상태가 나타나는데, 이는 지구 주위를 돌고 있는 인공위성 속에서 중력과 원운동에 의한 원심력(관성력)이 평형 상태이기 때문입니다. 또 무중력인 상태는 자유 낙하하는 엘리베이터 내에서도 나타납니다.

척력 斥力

斥 물리치다 **척**　力 힘 **력**

두 물체 사이에 서로를 떨쳐버리려고[斥] 작용하는 힘[力].

   척력은 같은 종류의 전기나 자기장을 가진 두 물체가 서로 밀어내는 힘을 말합니다.
   = 반발력 ↔ 인력.

장력 張力

張 당기다 **장**　力 힘 **력**

끌어당기는[張] 힘[力].

   장력은 물체 내의 임의의 면에 대해 수직 방향으로 양쪽에서 끌어당기는 힘을 말합니다. 즉 단위 면적당 당겨지는 힘을 나타냅니다. 하지만 줄을 당기는 힘을 일반적으로 장력이라 하기도 합니다.
   ↔ 압력.

표면 장력 表面張力

表 겉 **표**　面 얼굴, 겉 **면**　張 당기다 **장**　力 힘 **력**

표면에[表面] 나타나는 끌어당기는[張] 힘[力].

   표면 장력은 액체의 표면이 스스로 수축하여 가능한 한 작은 면적을 취하려는 힘을 말합니다.

항력 抗力

抗 대항하다 **항**　力 힘 **력**

운동 방향과는 반대쪽으로 저항하는[抗] 힘[力].

   항력은 어떤 물체가 **유체**流體 속을 운동할 때나, 다른 면과 접촉하여 운동할 때 운동 방향과는 반대쪽으로 물체에 미치는 저항력을 가리키는 말입니다. 또 물체가 접촉면에 대해 가해지는 압력에 대한 반작용을 항력이라고도 합니다. 마찰력을 계산할 때 책상 위에 놓인 물체가 면을 누르면 면이 물체를 미는 힘을 항력 또는 수직 항력이라 합니다.

❍ **流體** [流 흐르다 류 體 몸 체] 기체와 액체를 아울러 이르는 말.

전압력 全壓力

全 온전하다, 모두 **전** 壓 누르다 **압** 力 힘 **력**

물질의 전체를[全] 누르는[壓] 힘[力].

전압력은 전체 압력을 줄인 말로, 마찰 영역에서 두 고체 물질의 접촉면 전체에 가해지는 힘을 가리키는 말입니다. 압력은 단위 면적당 가해지는 힘($P = \dfrac{F}{S}$)을 말하며 전압력($P \cdot S = F$)은 압력과 면적을 곱한 힘을 말합니다.

일률 일率

率 비율 **률**

일의 비율[率].

일률은 단위 시간에 이루어지는 일의 양($P = \dfrac{W}{t}$)을 가리키는 말입니다. 이때 단위는 W(와트)입니다. 이러한 물리량이 필요한 이유를 알아봅시다. 한 사람이 물체를 운반하는 기계를 2개 구입하였는데 한 기계는 $600J$(주울)의 일을 한다고 기록되어 있고 다른 기계는 60만J의 일을 한다고 기록되어 있다면 어떤 기계가 더 좋을까요? 답은 알 수 없습니다. $600J$의 일을 하는 기계는 1분에 그렇다는 말이고, 60만J의 일을 하는 기계는 24시간을 가동하였을 때 그렇다면 어떨까요? 그래서 일률의 값을 표시하면 앞의 기계는 $\dfrac{600J}{60s} = 10W$, 같은 방법으로 계산하면 뒤의 기계는 약 $6.9W$가 됩니다. 즉 같은 1초 동안 하는 일의 양은 앞의 기계가 더 많습니다.

좌표계 座標系

座 자리 **좌** 標 표시하다 **표** 系 계통 **계**

어떤 공간 내의 자리를[座] 표시한[標] 집합체[系].

'系'는 일정한 상호 작용이나 관련이 있는 집합체를 나타내는 말입니다. 좌표계는 직선·평면 위 또는 공간 내 임의의 점에 위치나 속도를 표현하기 위해 구성한 것을 가리키는 말입니다. 평면 좌표계(x, y), 공간 좌표계(x, y, z), 극 좌표계(r, θ) 등이 있습니다.

질량 質量

質 바탕 질 量 수량 량

어떤 물체에 포함되어 있는 물질의[質] 양[量].

　질량은 어떤 힘이 물체를 움직이려고 할 때 물체의 저항의 정도를 나타내는 양을 말합니다. 같은 힘을 받더라도 질량이 큰 물체는 가속도 값이 적습니다. 뉴턴의 운동 제2법칙에서 정의되며 물체가 받은 힘을 그 물체의 가속도로 나눈 값입니다.

질점 質點

質 바탕 질 點 점, 장소나 한도를 나타내는 말 점

질량이[質] 모여 있다고 보는 점[點].

　질점은 물체의 크기를 무시하고 질량이 모여 있다고 보는 점입니다. 달리 말해 크기는 없고 질량과 위치만 정할 수 있는 가상의 점이라 할 수 있습니다. 물리적 계산에서 많은 경우 물체의 모양, 크기를 고려하지 않는데 이 경우는 물체를 질점으로 보고 계산할 때의 양입니다.

탄성 彈性

彈 (줄을) 튕기다 탄 性 성품, 성질 성

외부 힘에 의해 변하였다가 튕겨서[彈] 원래대로 돌아가려는성질[性].

　탄성은 다른 힘에 의하여 물체의 부피나 모양이 변한 상태에서 처음으로 되돌아가는 성질을 말합니다. 이때 나타나는 힘을 탄성력彈性力이라 합니다. 탄성력은 일반적으로 변형된 크기에 비례합니다.

포물선 운동 抛物線運動

抛 던지다 포 物 사물 물 線 줄 선 運 움직이다 운 動 움직이다 동

포물선의[抛物線] 궤도를 따라 움직이는 운동[運動].

　포물선 운동은 포물선의 궤도를 따라 움직이는 운동으로, 수직이 아닌 위로 비스듬하게 던진 물체가 떨어질 때까지 공중에서 이루어지는 운동 경로는 포물선입니다.

2. 전기 에너지

교류 交流

交 사귀다, 바꾸다 교 流 흐르다 류

주기적으로 바뀌어[交] 흐르는 전류[流].

교류는 시간에 따라 방향이 주기적으로 바뀌어 흐르는 전류, 또는 전압을 가리키는 말입니다. 전류의 크기만 바뀌고 방향은 바뀌지 않는 경우는 교류라 하지 않고 직류의 범주에 넣습니다. 우리나라의 전기는 1초에 60번씩 전류의 방향이 바뀌는 교류를 사용합니다.
↔ 직류.

직류 直流

直 곧다 직 流 흐르다 류

변화하지 않고 일정하게[直] 흐르는 전류[流].

직류는 회로의 속을 일정한 방향으로 흐르는 전류를 가리키는 말입니다. 전류의 크기만 바뀌고 방향은 바뀌지 않는 경우도 직류로 인정합니다. 건전지나 화학 전지에서 공급하는 전기는 직류에 해당합니다.
↔ 교류.

병렬 竝列

竝 나란히 하다 병 列 줄지어 놓다 렬

같은 전극끼리 나란히[竝] 연결함[列].

병렬은 두 개 이상의 발전기 · 전지 · 축전지 등의 (+)전극끼리, (−)전극끼리 각각 연결하는 것을 가리키는 말입니다. 또 회로에서 저항을 나란히 하여 전류가 나뉘어 흐르도록 연결한 것도 병렬 연결이라 합니다.
↔ 직렬.

직렬 直列

直 곧다 직 列 줄지어 놓다 렬

한 줄로 곧게[直] 연결함[列].

직렬은 발전기나 전지, 축전지를 연결할 때, (+)단자와 (−)단자를 순차적으로 한 줄로 연결하는 방식입니다. 또 저항, 축전기(콘덴서)를 연속으로 이어서 전류가 나뉘어지지 않고 흐르게 구성한 연결을 직렬 연결이라 합니다.

↔ 병렬.

기전력 起電力

起 일어나다 기 電 전기 **전** 力 힘 **력**

전기를[電] 움직이게 하는[起] 힘[力].

기전력은 전지나 발전기 등에서와 같이 회로에 전류가 계속 흐르도록 두 극 사이의 **전위차**電位差를 유지시켜 주는 능력을 말합니다. 전위차가 생기면 그 사이에 **전하**電荷가 이동하게 됩니다. 기전력은 전위차와 마찬가지로 볼트(V)라는 단위로 측정합니다.

◐ 電位差 [電 전기 전 位 지위, 위치 위 差 차이 차] 전기를 옮기는 데 필요한 두 점 사이의 전압의 차이.
◐ 電荷 [電 전기 전 荷 짊어지다 하] 어떤 물체가 갖고 있는 전기의 양.

역기전력 逆起電力

逆 거스르다 **역** 起 일어나다 **기** 電 전기 전 力 힘 **력**

반대로[逆] 움직이는 기전력[起電力].

역기전력은 전기 회로에 있어, 가해진 기전력에 반대로 움직이는 기전력을 말합니다. 코일에 전류를 처음 흘리는 순간 전자기 유도 현상에 의해 역기전력이 발생하였다가 점차 약해집니다. 그래서 코일에 전류를 갑자기 흐르게 하면 전류는 서서히 증가합니다.

대전 帶電

帶 띠, 데리고 다니다 대 電 전기 전

전기를[電] 띰[帶].

대전은 어떤 물체가 전기를 띠는 현상을 가리키는 말입니다. 모든 물체는 (+)전기를 띠는 원자핵과 (−)전기를 띠는 전자가 균형을 갖춰 전기적으로 중성인 상태로 있습니다. 그러나 어떤 원인에 의하여 어느 한쪽의 양이 많아지면, 많아진 쪽이 전기적 성질을 띠게 되는데, 이를 대전이라 부릅니다. 또 대전된 물체를 대전체라고 합니다.

= 하전하電 [荷 짊어지다 하 電 전기 전] 전기를 띰.

도선 導線

導 이끌다, 통하다 도 線 줄 선

전류를 통하게 하는[導] 줄[線].

도선은 전기의 양극兩極을 이어 전류를 통하게 하는 도체선導體線을 가리키는 말입니다. 도선을 회로에서 말할 때는 각 부품을 연결하는 선을 가리키며, 여기에는 저항이 없는 것으로 생각합니다.

도체 導體

導 이끌다, 통하다 도 體 몸 체

전기를 통하게[導] 하는 물질[體].

도체는 열이나 전기 따위를 잘 전달하는 물질입니다. 전기의 도체인 경우는 전기 저항이 매우 작아 단면적 $1m^2$, 길이 $1m$인 물체의 저항이 $1 \sim 10 \times 10^{-8} \Omega$ 정도입니다. 열인 경우 열전도율이 좋은 물체를 말합니다.

양도체 良導體

良 어질다, 좋다 량 導 이끌다, 통하다 도 體 몸 체

전기를 잘[良] 통하게[導] 하는 물질[體].

= 도체導體. ↔ 부도체不導體.

부도체 不導體

不 ~하지 않다 불 / 부 導 이끌다, 통하다 도 體 몸 체

전기를 통하지[導] 않게 하는[不] 물질[體].

부도체는 열이나 전기를 전달하기 어려운 물체를 가리키는 말입니다. 전기의 부도체인 경우는 전기 저항이 매우 커 단면적 $1m^2$, 길이 $1m$인 물체의 저항이 $10^6 \sim 10^{16} \Omega$ 정도입니다. 열인 경우 열전도율이 낮은 물체를 말합니다.

불량도체 不良導體

不 ~하지 않다 불 良 어질다, 좋다 량 導 이끌다, 통하다 도 體 몸 체

전기가 잘[良] 통하지[導] 않는[不] 물질[體].

= 부도체不導體.
→ 유전체 참조.

절연체 絕緣體

絕 끊다 절 緣 인연 연 體 몸 체

전기를 통하지[緣] 않게 하는[絕] 물질[體].

= 부도체不導體.
→ 유전체 참조.

반도체 半導體

半 반쪽 반 導 이끌다, 통하다 도 體 몸 체

도체와 부도체의[導體] 중간[半].

반도체는 자유 전자가 없는 규소 · 게르마늄에 미량의 불순물을 넣어 전공이나 전자를 통해 전류를 흐르게 하는 물질을 말합니다. 보통 온도에서는 부도체에 가까우며 온도가 높아지면 전기 저항이 도체와 달리 오히려 감소하는 특성을 보입니다. 트랜지스터 등 전자 기기에 광범위하게 이용됩니다.

초전도체 超傳導體

超 뛰어넘다 초 傳 전하다 전 導 이끌다, 통하다 도 體 몸 체

초전도성을[超傳導] 띠는 물질[體].

'超傳導'는 금속 등의 전기 저항이 절대 영도絕對零度(0K: -273.16℃)에 가까운 저온에서 제로가 되어 전류가 아무런 장애 없이 흐르는 현상입니다. 이렇게 저항이 전혀 없는 물체를 초전도체라 합니다. 초전도성을 나타내는 물체는 에너지 손실이 없는 송전과 자기적 반발력이 매우 큰 성질을 이용해서 자기 부상 열차에 이용될 수 있습니다. 현재는 더 높은 온도에서도 초전도성을 나타내는 물질을 개발하는 것이 중요 관심사입니다.

발전기 發電機

發 드러내다, 일어나다 발 電 전기 전 機 기계 기

전기를[電] 일으키는[發] 기계[機].

발전기는 도체導體가 자기장磁氣場 내에서 운동할 때 전기가 발생하는 것을 이용하여, 기계적 에너지를 전기적 에너지로 바꾸는 장치를 총칭하는

말입니다.

변압기 變壓器

變 변하다 변　壓 누르다 압　器 그릇, 기구 기

압력을[壓] 바꾸는[變] 기구[器].

　변압기는 전자기 유도 작용電磁氣誘導作用을 이용하여 교류 전압이나 전류의 값을 바꾸는 장치를 가리키는 말입니다. 일상생활에서 트랜스(trans)라 하기도 하나, 정확한 표현은 트랜스포머(transformer)입니다.

승압 변압기 昇壓變壓器

昇 오르다 승　壓 누르다 압　變 변하다 변　壓 누르다 압　器 그릇, 기구 기

압력을[壓] 올리는[昇] 변압기[變壓器].

　승압 변압기는 입력부의 1차 코일보다 출력부의 2차 코일의 감은 수의 비를 더 크게 하여 전압을 상승시키는 변압기를 말합니다. 이때 전압이 증가하면 전류는 줄어듭니다. 전압을 승압시키는 비율은 감은 코일 수에 비례하는데, 1차 코일 감은 수 및 2차 코일 감은 수를 N_1 및 N_2라 하고 1차에 가하는 전압을 V_1, 2차에서 얻어지는 전압을 V_2라 하면 $V_1/V_2 = N_1/N_2$인 관계가 성립합니다.

안전기 安全器

安 편안하다 안　全 온전하다 전　器 그릇, 기구 기

전기에서 생기는 문제가 없도록 안전하게[安全] 해 주는 기구[器].

　안전기는 안전 개폐기開閉器의 준말로, 파손 및 화재를 방지하기 위하여 전기 회로 가운데 끼우는 장치입니다. 일정량 이상의 전류가 흐르면 그 속의 퓨즈가 녹거나, 전자석을 이용하여 자동적으로 회로를 절단하게 되어 있습니다.

금속박 검전기 金屬箔檢電器

金 쇠, 금 금　屬 속하다 속　箔 금속의 얇은 조각 박　檢 검사하다 검　電 전기 전　器 그릇, 기구 기

금속[金屬] 조각으로[箔] 전기를[電] 검사하는[檢] 기구[器].

　금속박 검전기는 정전기 유도의 원리를 이용하여 물체의 대전 상태와 양陽·음陰의 구별 등을 조사하는 장치를 말합니다. 이 기기는 유리로 된 병

의 안쪽에 작은 금속박 2장을 면이 마주하도록 가까이 장치하고, 이 금속박과 유리병 밖의 도체판과 도체를 통해 연결하여 둔 것입니다. 만일 양으로 대전된 물체를 유리병 밖의 도체판 가까이 가져가면 도체판에는 음전하가 병 속의 금속박에는 양전하가 유도되는데 같은 양전하로 유도된 금속박은 서로 척력斥力이 작용하여 벌어지는 것을 관찰할 수 있습니다.

분극 分極

分 나누다 **분** **極** 끝 **극**

전극이[極] 나누어져[分] 생김.

분극은 절연체絕緣體를 전기장에 놓을 때 그 물체 양쪽 끝에 양(+)전기와 음(−)전기가 나타나는 현상을 가리키는 말입니다. 이는 대전체를 가까이 가져갈 때 자유 전자의 이동에 의해 도체의 양끝에 다른 전하가 나타나는 현상과 다르게, 절연체는 자유 전자가 없고 각 분자마다 양극의 중심과 음극의 중심이 약간 이동하여 배열되므로 나타나는 현상입니다.

유전체 誘電體

誘 꾀어내다 **유** **電** 전기 **전** **體** 몸 **체**

전기를[電] 유인하는[誘] 물질[體].

유전체는 양(+)이나 음(−)의 대전체를 가까이 가져가면 분극이 일어나지만, 자유 전자에 의한 전하의 이동은 없는 물체를 말합니다. 유전체, 절연체, 부도체는 모두 같은 물질의 상태이나 구분하여 말하면, 유전체誘電體는 외부의 양(+)이나 음(−)의 전기를 가까이 가져가면 물질 내부에 분극이 일어나 표면에는 마치 전하가 유인되어 나온 것 같은 현상을 강조하는 말이며, 절연체絕緣體는 전기를 차단한다는 의미로 합선을 방지하기 위한 물질 또는 도체의 피복으로 사용하는 물질을 나타내며, 부도체不導體는 저항이 커서 전기의 흐름이 매우 적다는 의미로 사용됩니다.

자기 유도 自己誘導

自 스스로 **자** **己** 자기 **기** **誘** 꾀어내다 **유** **導** 이끌다 **도**

스스로의[自] 몸[己] 안에서 유인하여[誘] 이끄는[導] 것.

자기 유도는 회로를 흐르는 전류가 변화할 때, 그 회로 자체에 전류의 변화를 방해하는 방향으로 기전력이 일어나는 현상을 가리키는 말입니다. 코일에 직류 전류를 갑자기 흐르게 하면 코일 주변에 자기장이 커지고, 자기장이 증가하면 코일의 전류는 자기장 증가를 방해하려는 방향으로 역기전력에 의한 처음 주어진 전류와 반대 방향의 전류가 나타나게 됩니다.

저항 抵抗

抵 막다 **저**　抗 대항하다 **항**

전류의 흐름을 막아[抵] 대항하는[抗] 값.

저항은 전류가 흐르기 어려운 정도를 나타낸, 단위를 Ω(오옴)으로 표시하는 값을 말합니다. 물체에 전압을 걸어 주면 전압의 크기(V)에 비례해서 전류가 흐르는데, 이때 전류(I) 값 앞에 둔 비례 상수를 저항(R)이라 합니다. 즉 이러한 관계 $V = IR$ 을 오옴의 법칙이라 하고, 저항 $R = \dfrac{V}{I}$ 로 구할 수 있습니다.

　= 전기 저항.

비저항 比抵抗

比 비교하다 **비**　抵 막다 **저**　抗 대항하다 **항**

단위의 단면적 또는 길이당 비교하는[比] 저항[抵抗] 값.

비저항은 단면적斷面積 1㎡, 길이 1m인 물체가 갖는 저항의 값을 말하며 단위는 Ωm입니다. 물체의 모양과 크기를 고정시켜 두어도 물체의 성질에 따라 고유한 저항 값을 가진다는 것을 뜻합니다. 저항은 도선의 길이에 비례하고 단면적에 반비례($R \propto \dfrac{l}{S}$)합니다. 비례 기호 대신 비례 상수 ρ를 넣으면 $R = \rho\dfrac{l}{S}$과 같이 되고, 이때 같은 길이, 같은 단면적을 갖 더라도 저항이 다른 것은 비례 상수 ρ의 값, 즉 물질의 고유한 성질이 다르기 때문이라고 할 수 있습니다. 이때 비례 상수 ρ를 비저항이라 합니다. 비저항 값은 도체인 경우 $1 \sim 10 \times 10^{-18}\Omega$m, 부도체인 경우 $10^{10} \sim 10^{16}\Omega$m 정도의 값을 가집니다.

가변 저항 可變抵抗

可 옳다, ~할 수 있다 **가**　變 변하다 **변**　抵 막다 **저**　抗 대항하다 **항**

바꿀 수 있는[可變] 저항[抵抗].

가변 저항은 저항 값을 연속적, 단계적으로 바꿀 수 있는 저항입니다. 즉 저항체의 한쪽에 회로의 전선을 연결하고, 다른 선은 직선 저항체의 여러 위치로 이동하면서 저항체의 간격을 변화시키는 방법입니다. 사용되는 예는 라디오의 볼륨, 전차의 속도 제어기 등 많습니다.

전극 電極

電 전기 전　極 끝 극

전류가[電] 드나드는 끝 부분[極].

전극은 전지·진공관 등에서 전류가 드나드는 곳으로, 전류가 나오는 쪽을 **양극**陽極, 들어가는 쪽을 **음극**陰極이라 합니다.

◑ **陽極** [陽 햇볕, 양의 기운 양　極 끝 극] 서로 대립하는 두 개의 전극 중 전위電位가 높은 쪽의 전극.

◑ **陰極** [陰 그늘, 음의 기운 음　極 끝 극] 서로 대립하는 두 개의 전극 중 전위電位가 낮은 쪽의 전극.

자극 磁極

磁 자석 **자**　極 끝 극

자석의[磁] 양쪽 끝[極].

자극은 쇠붙이를 끌어당기는 힘이 가장 강한 자석의 두 끝을 가리키는 말입니다. 항상 한 물체에서 자극이 존재할 때는 쌍극(N극과 S극)으로 존재합니다. 그러나 전하는 양(+)이나 음(−)의 단극도 존재할 수 있습니다.

자기 磁氣

磁 자석 **자**　氣 기운 기

자석의[磁] 기운[氣].

자기는 자석이 쇳조각을 끌어당기거나 전류에 작용을 미치는 현상의 원인이 되는 힘의 성질을 말합니다.

자기장 磁氣場

磁 자석 **자**　氣 기운 기　場 마당 장

자석의[磁] 기운이[氣] 미치는 공간[場].

자기장은 자석의 주위나 전류가 통하고 있는 쇠줄의 주위에 생기는, 자기력이 작용하는 공간을 말합니다.

자력선 磁力線

磁 자석 **자**　力 힘 **력**　線 줄 **선**

자석의[磁] 힘이[力] 작용하는 방향을 나타낸 선[線].

　자력선은 자기장 안에서 자기력이 작용하는 방향을 나타내는 곡선을 가리키는 말로, 자기력선이라고도 합니다.

자성 磁性

磁 자석 **자**　性 성품, 성질 **성**

자기적[磁] 성질[性].

　자성은 물체가 나타내는 자기적磁氣的 성질을 말합니다. 분자, 원자, 원자핵, 전자, 양성자 등 물질을 구성하는 기본 입자부터 작은 자석의 성질을 가지며, 이러한 성질을 자기 쌍극자라고 합니다. 물질 속에 이러한 자석의 방향이 한 방향으로 잘 배열되어 있으면 그 물질은 자석의 성질이 외부로 나타나겠지요. 그러다가 그 물질에 열을 가해 배열을 흩트리면 자성의 성질이 약해지기도 합니다. 또 그 물질의 외부에서 강한 자기장을 걸어 주면 자석의 성질이 생기기도 하는데 이런 경우 자화磁化되었다고 합니다.

자화 磁化

磁 자석 **자**　化 변화하다 **화**

자석의[磁] 성질로 변함[化].

　자화는 물체가 자성磁性을 지니게 되는 것을 말하며, 자기화磁氣化라고도 합니다. 물체가 자화되는 이유는 앞의 자성에서 설명한 바와 같이 물질을 구성하는 기본 입자부터 자기 쌍극자의 성질을 가지며 외부 자기장에 의해 이런 자기 쌍극자의 배열이 일어나기 때문입니다.

자기 부상 열차 磁氣浮上列車

磁 자석 **자**　氣 기운 **기**　浮 뜨다 **부**　上 위 **상**　列 줄지어 놓다 **렬**　車 수레 **거 / 차**

자석의[磁] 기운으로[氣] 위로[上] 떠서[浮] 가는 열차[列車].

　자기 부상 열차는 자력을 이용해 차량을 선로 위에 띄워 달리게 하는 열차를 말합니다. 부상하는 방법은 반발력을 이용하는 방법과 인력引力을 이용하는 방법이 있는데, 이 가운데 반발력을 이용하는 방법에는 영구 자석을 이용하거나, 코일의 유도 전류를 이용하는 방법 등이 있습니다.

전기장 電氣場

電 전기 전　氣 기운 기　場 마당 장

전기의[電] 기운이[氣] 미치는 공간[場].

　전기장은 전기력이 미치는 공간을 말합니다. 전기장의 크기는 전기장이 미치는 공간에서 1C(쿠울롬)의 전하가 받는 힘의 크기를 말하며 단위는 N/C 또는 V/m이고, 방향은 양(+)전하가 받는 힘의 방향이 됩니다.

접지 接地

接 닿다 접　地 땅 지

땅에[地] 이음[接].

　접지는 전기 장치의 전로電路의 일부를 도선導線과 접지판接地板을 통하여 땅에 접속하는 일을 말하며, 어스(earth)라고도 합니다. 이런 것을 만드는 이유는 접지판과 연결된 도선의 전위는 대지와 같은 0이 되므로 사람에게 닿아도 감전되지 않기 때문입니다. 전기 기기의 몸체나, 피뢰침의 경우도 이런 이유 때문에 접지를 시킵니다.

전력 電力

電 전기 전　力 힘 력

전류가[電] 단위 시간에 사용되는[力] 양.

　전력은 전류가 단위 시간에 하는 일, 또는 단위 시간에 사용되는 에너지의 양을 가리키는 말입니다. 단위는 와트(W)를 씁니다. 역학에서 일률과 같은 양입니다. 예를 들면 한 회로에 걸린 전압과 전류의 곱은 그 회로 전체가 소비하는 전력이며, 1초 동안에 한 일이 됩니다. 전력에 시간을 곱한 값을 전력량電力量이라 하는데, 이는 곱해진 시간 동안 한 일의 양을 나타내는 값으로, 단위는 주로 Wh(와트시)를 사용합니다. 이는 사용한 전체의 전기 에너지를 나타내는 양이며, 이를 기록하는 장치로 적산 전력계가 있습니다. 1Wh=3600Ws=3600J 에 해당합니다.

적산 전력계 積算電力計

積 쌓다 적　算 계산하다 산　電 전기 전　力 힘 력　計 (수를) 세다, 재는 기구 계

수치를 차례로 더하여[積] 계산하는[算] 방법으로 전력을[電力] 재는 기구[計].

　적산 전력계는 어떤 기간 동안 사용한 전력량電力量을 재는 기구를 가리

키는 말입니다. 주로 표시되는 단위는 kWh이며 1kWh=3.6×10^6J의 에너지에 해당합니다.

전류 電流

電 전기 전　流 흐르다 류

전기의[電] 흐름[流].

전류는 전기가 도선導線을 따라 흐르는 현상을 가리키는 말입니다. 전류는 도체 내부의 전위가 높은 곳에서 낮은 곳으로 흐르며, 양전기가 흐르는 방향을 전류의 방향으로 정하고 있습니다. 전류의 세기는 도선導線의 임의의 단면적을 1초 동안 지나는 전하량으로 나타내며, 1C(쿨롬)의 전하電荷가 통과할 때의 값을 단위로 하여 1A(암페어)라 합니다.

전압 電壓

電 전기 전　壓 누르다 압

전기의[電] 압력[壓].

전압은 전기장 또는 도체導體 내 두 점 사이의 전기적인 위치 에너지 차差를 가리키는 말로, 전위차電位差의 다른 표현입니다.

단자 전압 端子電壓

端 바르다, 끝 단　子 아들, 접미사의 하나 자　電 전기 전　壓 누르다 압

회로의 끝 부분의[端子] 전압[電壓].

‘端子’는 ‘전기 회로의 끝 부분’입니다. 단자 전압은 전등 · 전동기 등 전기 에너지를 소비하는 장치의 단자 사이에 나타나는 전압을 가리키는 말입니다. 또 단자에 공급하는 전압을 말하기도 합니다.

전원 電源

電 전기 전　源 근원 원

전력을[電] 공급하는 근원[源].

전원은 전류가 오는 원천, 즉 발전 시설 등 전기 에너지를 얻는 원천을 말하며, 일상에서는 일정한 전압을 공급하는 장치나 전기 코드의 콘센트를 말합니다.

전위 電位

電 전기 **전** 位 지위, 위치 **위**

전기적[電] 위치[位] 에너지.

전위는 단위 전하의 전기적 위치 에너지를 말합니다. 전기력이 전혀 없는 곳(전기장이 0인 곳), 즉 위치 에너지가 0인 곳을 기준으로 하여 전기장電氣場 안의 한 점까지 단위 전기량을 옮기는 데 필요한 일을 말합니다. 다시 말하면 전기력이 없는 곳에서 +1C의 전하를 어떤 한 점으로 이동하면서 소비한 일이 그 점에서의 전위가 됩니다. 단위는 V(볼트)를 사용하며 한 지점의 전위가 1V라면 1C의 전하를 옮기는데 1J의 일이 소비되었음을 뜻합니다. 이때 전위차를 전압電壓이라 합니다.

등전위면 等電位面

等 등급, 같다 **등** 電 전기 **전** 位 위치 **위** 面 얼굴, 겉 **면**

전위가[電位] 같은[等] 점을 연결한 곡면[面].

등전위면은 전기장電氣場 내에서 전위電位가 같은 점을 연결할 때 이루어지는 곡면을 말합니다. 등전위면에서 전하가 이동할 때는 일이 소비되지 않습니다.

전자 電子

電 전기 **전** 子 아들, 작은 것 **자**

음전하를[電] 가진 가장 작은 입자[子].

전자는 원자를 구성하고 있는 질량이 가장 작은 입자입니다. 음전기를 띠고 원자 핵 주위를 운동하며, 전자의 운동 범위에 따라 원자의 크기가 결정됩니다. 이때 전자가 가지고 있는 전하량이 기본 전하량이 되며 그 값은 1.6×10^{-19}C입니다. 즉 모든 전하량은 이 값의 정수 배로 이루어졌다고 합니다.

전자기파 電磁氣波

電 전기 **전** 磁 자석 **자** 氣 기운 **기** 波 물결, 진동하는 결 **파**

전기와[電] 자석의[磁] 기운으로[氣] 진동하는 결[波].

전자기파는 주기적으로 그 세기가 변하는 전자기장電磁氣場이 공간을 통해 전파해 가는 현상으로, γ선 · X선 · 자외선 · 가시광선 · 적외선 · 전파의 영역을 모두 포함하여 전자기파라 합니다.

전자석 電磁石

電 전기 **전** 磁 자석 **자** 石 돌 **석**

전류에[電] 의해 자기화[磁]되는 자석[石].

전자석은 코일에 전류를 흘리면 코일 주변이 자석과 같은 자기장이 형성되어 자석의 성질이 나타나는 경우를 말합니다. 코일의 내부에 철심을 넣거나, 코일을 더 많이 감거나, 전류를 증가시키면 자석의 성질이 더 강해집니다. 앞의 자성에서 설명한 것과 같이 분자, 원자, 핵 등의 물질을 이루는 기본 입자부터 자성을 띱니다. 이 입자들도 입자를 구성하는 전하의 흐름에 의해 만들어지는 전자석과 같습니다. 이러한 작은 입자의 자기 쌍극자가 배열이 잘 이루어진 상태를 영구 자석이라 합니다.

전파 電波

電 전기 **전** 波 물결, 진동하는 결 **파**

전기로[電] 진동하는 결[波].

전파는 전자기파 중에서 전기적 회로를 이용하여 만들 수 있는 전자기파를 말합니다. 다시 말하면 전기장과 자기장의 주기적 변화가 서로 영향을 미칠 때 공간을 전파해 가는 파동을 전자기파라 합니다. 파장이 긴 것부터 나열하면 전파 · 적외선 · 가시광선 · 자외선 · X선 · γ선 등이 있으며, 또 세분화하여 극초단파, 초단파, 단파, 중파, 장파 등으로 나뉘어집니다. 무선 통신, 방송, 전파 망원경 등으로 이용됩니다.

전지 電池

電 전기 **전** 池 (연)못 **지**

전기 에너지를[電] 얻는 원천[池].

전지는 화학적 반응을 이용하여 일정한 전위차를 유지시켜 회로에 전류를 일으키는 장치를 가리키는 말입니다. 전지에는 1차 전지와 2차 전지가 있습니다. 1차 전지는 화학 변화에 의해 생기는 전기 에너지를 이용하여 화학 변화가 끝나면 수명壽命이 다하여 재생할 수 없는 것을 가리키고 건전지가 여기에 속합니다. 2차 전지는 전기 에너지를 방출, 작용 물질이 변화한 후에 전지에 전기 에너지를 공급하여 충전함으로써 작용 물질이 재생되어 이를 되풀이할 수 있는 것을 말하며, 축전지가 이에 해당합니다.

전하 電荷

電 전기 전 荷 짊어지다 하

전기를[電] 띰[荷].

전하는 물체가 띠고 있는 정전기靜電氣의 양을 가리키는 말로, 물질 없이 전기적 성질만 존재할 수는 없습니다. 이런 의미로 전하라는 표현을 씁니다. 전하는 전기력을 일으키는 원인이 되는 것으로, 양(+)과 음(−) 전하의 2종류가 있습니다. 같은 종류의 전하끼리는 척력斥力이 작용하고, 다른 종류의 전하끼리는 인력引力이 작용합니다.

전기 회로 電氣回路

電 전기 전 氣 기운 기 回 돌다 회 路 길 로

전기가[電氣] 돌아다니는[回] 길[路].

전기가 어떤 점을 떠나, 도체導體를 돌아서 다시 그 자리까지 오는 길을 말합니다. 전기가 흘러가는 길에 전류나 전압에 영향을 주는 전기 소자素子가 있습니다. 이 **소자**素子들의 연결 구성 방법에 따라 직렬 회로, 병렬 회로로 나눕니다.

❏ **素子** [素 바탕 소 子 아들, 작은 것 자] 전기 회로·기계 회로 속에서, 그 기능이 전체의 기능에 대하여 본질적으로 중요한 의미를 가지는 낱낱의 구성 요소.

정전기 靜電氣

靜 고요하다 정 電 전기 전 氣 기운 기

머물러 있는[靜] 전기[電氣].

정전기는 흐르지 않고 머물러 있는 전기를 말합니다. 일반적으로 물체가 마찰하면 물체에 대전帶電되는 마찰 전기가 이에 해당합니다. 예를 들어 털가죽과 에보나이트를 문지르면 털가죽에 양(+) 전하가 대전되고, 에보나이트에 음(−) 전하가 대전되는데 이렇게 대전된 전기를 정전기라 합니다.

정류 整流

整 가지런하다 정 流 흐르다 류

흐름을[流] 고르게 함[整].

정류는 교류 전류를 직류 전류로 만드는 일을 말합니다. 교류 전류는 전류의 방향이 연속적으로 뒤바뀌지만, 한쪽으로만 전류가 계속 흐르도록 만든다는 뜻입니다. 한쪽 방향으로만 전류가 흐르도록 하는 전기 소자를 이용하여 반대 방향의 전류를 걸러 내어 정류합니다.

축전기 蓄電器

蓄 쌓다 **축** 電 전기 **전** 器 그릇, 기구 **기**

전기를[電] 모으는[蓄] 기구[器].

축전기는 일시적으로 전기를 모으는 장치로, 콘덴서(condenser)라고도 부릅니다. 기본 구조는 두 개의 넓은 도체판을 나란히 마주보게 하고 그 사이에 **유전체**誘電體를 넣어 도체판에 전압이 걸리면 도체판에 흘러 들어온 전하가 일시적으로 저장됩니다. 외부 모양은 작은 둥근 기둥 모양에 도체선이 다리 모양으로 나온 형태가 많으며, 그 외에도 다양한 모양이 있습니다. 도체판 사이에 모인 전하량 Q 는 전위차(전압) V에 비례하며, 이때 비례 상수를 전기 용량(C)이라 합니다($Q = CV$). 축전기는 전기를 모을 수 있는 능력인 전기 용량으로 그 크기를 표시하는데 단위는 F(farad, 페럿)을 사용합니다. 두 판 사이의 전위차가 1V일 때 1C의 전하가 모이면 이 축전기의 전기 용량은 1F입니다. 1F는 매우 큰 값이고 실제는 μF, pF(10^{-12}F)을 많이 씁니다.

❏ **誘電體** [誘 꾀어내다 유   電 전기 전   體 몸 체] 정전기장을 가할 때 (+),(−)로 극은 나뉘지만 직류 전류는 생기지 않게하는 물질.

축전지 蓄電池

蓄 쌓다 **축** 電 전기 **전** 池 (연)못 **지**

모아 두었다가[蓄] 전기를[電] 얻는 원천[池].

축전지는 전기 에너지를 화학 에너지로 바꾸어 모아 두었다가 필요한 때에 전기를 공급하는 장치입니다. 전기를 사용하는 것을 방전放電이라 하고, 전기 에너지를 화학 에너지로 저장하는 것을 충전充電이라 하며, 축전지에서는 방전과 충전이 모두 이루어질 수 있습니다. 앞의 전지電池 설명에서와 같이 이와 같은 전지를 2차 전지라고 합니다. 또 배터리(battery)라고도 부릅니다.

가변 축전기 可變蓄電器

可 옳다, ~할 수 있다 가 變 변하다 변 蓄 쌓다 축 電 전기 전 器 그릇, 기구 기

전기 용량을 바꿀 수 있는[可變] 축전기[蓄電器].

가변 축전기는 전기 용량을 바꿀 수 있는 축전기蓄電器로, 양(+)과 음(−) 두 전극판의 간격을 변화시키거나, 면적을 변화시켜 전기 용량을 바꿉니다. 바리콘(variable condenser)이라 부르기도 합니다.

3. 파동 에너지

가시광선 可視光線

可 옳다, ~할 수 있다 가 視 보다 시 光 빛 광 線 줄 선

눈으로 볼 수 있는[可視] 광선[光線].

가시광선은 전자기파 중에서 사람의 눈에 보이는 파장(약0.4μm~0.7μm)의 범위를 가지고 있는 광선을 말합니다. 파장에 따라 빛이 분산되면 무지개 색으로 나타나는데, 그 색깔별로 파장을 살펴보면 다음과 같습니다. 자색紫色(보라색) 파장이 0.4μm~0.46μm, 남색藍色 파장이 0.46μm~0.49μm, 청색靑色(파란색) 파장이 0.49μm~0.51μm, 녹색綠色(초록색) 파장이 0.51μm~0.58μm, 황색黃色(노란색) 파장이 0.58μm~0.60μm, 주황색朱黃色 파장이 0.60μm~0.62μm, 적색赤色(빨간색) 파장이 0.62μm~0.7μm입니다.

자외선 紫外線

紫 자줏빛 자 外 바깥 외 線 줄 선

자줏빛[紫] 가시광선 바깥에[外] 있는 선[線].

자외선은 가시광선 중 파장이 가장 짧은 자줏빛 영역 바깥에 있어 붙여진 이름입니다. 자외선은 자줏빛 가시광선可視光線보다 파장이 짧으며, X선보다는 긴 전자기파입니다. 파장이 약 0.01μm~약 0.4μm 범위로 사람의 눈에 보이지 않습니다. 적외선은 열 작용이 강하나 자외선은 화학 작용이 강합니다.

적외선 赤外線

赤 붉다 **적** 外 바깥 **외** 線 줄 **선**

붉은색[赤] 가시광선 바깥에[外] 있는 선[線].

가시광선 중 파장이 가장 긴 붉은색 영역 바깥에 있다는 의미로 적외선이라 합니다. 적외선은 붉은색 가시광선可視光線보다 파장이 길고 전파보다 파장이 짧은 전자기파입니다. 파장은 $0.7\mu\mathrm{m}$에서 $1\mathrm{mm}$ 범위에 속하며 사람의 눈에 보이지 않습니다. 열 작용이 큰 전자파입니다.

간섭 干涉

干 방패, 간여하다 **간** 涉 널리 통하다 **섭**

파동끼리 겹쳐짐[干涉].

간섭은 2개 이상의 파동이 한 점에서 만날 때, 그 점에서 파가 서로 상쇄되거나 보강되는 현상을 말합니다. 만일 진폭이나 파장이 같은 두 파동의 마루와 골이 겹치면 진동을 하지 않는 상쇄 간섭이 일어나고, 마루와 마루 또는 골과 골이 겹치면 보강 간섭이 일어나 진폭이 2배 커집니다. 이러한 파동을 관찰하면 파원波源들의 성질에 따라 특징적인 무늬가 나타나고, 위치에 따라 진동을 하는 곳과 하지 않는 곳이 나타납니다. 이것이 파동의 특성을 나타내는 기본 성질이라 합니다.

고저파 高低波

高 높다 **고** 低 낮다 **저** 波 물결, 진동하는 결 **파**

위아래로[高低] 진동하는 파[波].

고저파는 파동의 진행 방향과 파동을 전파하는 매질媒質의 진동 방향이 직각으로 된 파동을 말합니다. 예를 들면, 빛, 전파, 지진파의 S파, X선 등이 있습니다. 더 쉬운 예로는 잔잔한 수면 위에 돌을 던졌을 때 물결이 생겨 이동하는 현상도 고저파입니다.

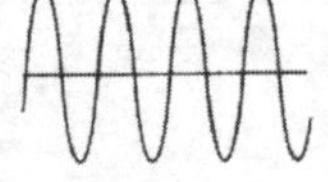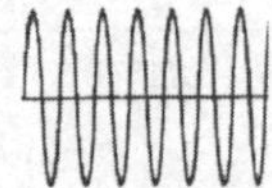

= 횡파 ↔ 소밀파(=종파).

횡파 橫波

橫 가로 **횡** 波 물결, 진동하는 결 **파**

진행 방향과 진동 방향이 직각인[橫] 파[波].

= 고저파.

소밀파 疏密波

疏 트이다, 간격이 뜨다 **소** 密 빽빽하다 **밀** 波 물결, 진동하는 결 **파**

간격이 벌어졌다[疏] 빽빽해졌다[密] 하면서 진동하는 파[波].

소밀파는 매질媒質의 진동 방향이 파동의 진행 방향과 일치하는 파동, 즉 파동의 진행 방향과 진동 방향이 나란하여 매질의 간격이 벌어진 부분과 빽빽한 부분이 반복해서 나타나는 파를 말합니다. 음파, 지진파의 p파가 이에 속합니다.

= 종파 ↔ 고저파.

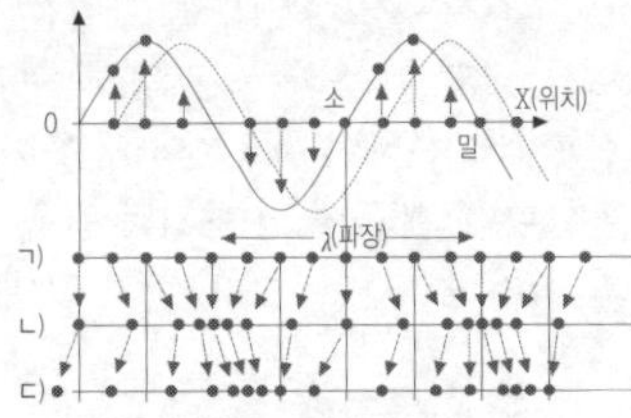

위 그림은(고저파)이고 시간이 경과한 후 점선으로 이동함. 아래 그림은 종파(소밀파)이며 ㄱ)은 파가 없는 상태 ㄴ)은 종파가 생긴 상태이고 시간이 경과 후 ㄷ) 상태로 변화함.

종파 縱波

縱 세로 **종** 波 물결, 진동하는 결 **파**

파동의 진행 방향과 진동 방향이 나란한[縱] 파[波].

= 소밀파.

단파 短波

短 짧다 **단** 波 물결, 진동하는 결 **파**

짧게[短] 진동하는 파[波].

단파는 파장이 100~10m인 전파로, 원거리 통신에 쓰입니다.

초단파 超短波

超 뛰어넘다 **초** 短 짧다 **단** 波 물결, 진동하는 결 **파**

매우[超] 짧게[短] 진동하는 파[波].

초단파는 전자기파의 전파 영역 중 매우 짧은 10~1m의 파장을 말하며, 주파수 30~300메가 헤르츠(MHz)입니다. VHF(very high frequency)로도 부릅니다. 초단파의 특징은 파장이 짧아 빛처럼 직진하기 때문에 산이나 큰 건물 등에 쉽게 반사되고 장파나 중파처럼 회절하지 못합니다. 그래서 장파, 중파, 단파보다 송수신 범위의 폭이 좁아 근거리 통신이나 레이더 등에 쓰이고, 경찰·소방용 무선통신, 아마추어 무선, 텔레비전 방송, FM 라디오 방송 등에 쓰입니다.

정상파 定常波

定 정하다 정　常 항상 상　波 물결, 진동하는 결 파

일정하게[定] 한곳에 머물러 공간적으로 이동하지 않는[常] 파동[波].

　'定常'은 '일정하여 늘 한결같음'이란 말로, '특별한 변동이 없이 제대로인 상태'를 뜻하는 '正常'과 구분해야합니다. 정상파는 파의 모양이 매질媒質을 통하여 더 진행하지 못하고 일정한 곳에 머물러 진동하는 파동을 말합니다. 예를 들면 주기와 진폭 파장이 같은 파동이 서로 마주 진행하다가 겹쳐 중첩될 때 마치 파가 그대로 머물러 있는 듯한 모습을 볼 수 있습니다.
　↔ 진행파.

진행파 進行波

進 나아가다 진　行 다니다 행　波 물결, 진동하는 결 파

머물러 있지 않고 진행하는[進行] 파동[波].

　진행파는 한 방향으로 전파되어 가는 파동으로, 음원音源·진원震源·광원光源에서 퍼지는 음파·지진파·광파 등의 총칭입니다. 일반적으로 모든 파동은 진행파이나 한정된 공간의 매질에서 진행파와 반사되어 오는 파와 만나 만들어지는 정상파에 대한 상대적인 표현이라 할 수 있습니다.
　↔ 정상파.

파동 波動

波 물결, 진동하는 결 파　動 움직이다 동

물결같이[波] 퍼져 가는 현상[動].

　파동은 공간의 한 점에 생긴 물리적인 상태의 변화가 차차 어떤 속도로 둘레에 퍼져 가는 현상을 말합니다. 즉 한 점의 변위가 이웃 점으로 이동해 가며 에너지가 전달되는 형태를 말합니다. 에너지의 이동은 질량을 갖는 물질의 이동과 파동에 의한 이동으로 나누어 볼 수 있습니다. 또 파동은 매질의 탄성력에 의해 에너지가 전달되는 탄성파와 매질이 없이도 에너지가 이동하는 전자기파로 나누어 볼 수 있습니다.

파장 波長

波 물결, 진동하는 결 파　長 길다 장

파동의[波] 길이[長].

   파장은 파동波動에서 서로 이웃한 두 점 사이의 거리를 가리키는 말입니다. 즉 파동의 마루에서 다음 마루까지, 또는 파동의 골에서 다음 골까지의 거리를 말합니다.

파형 波形

| 波 물결, 진동하는 결 **파** | 形 모양 **형** |

물결 같은[波] 모양[形].

   파형은 물결처럼 **기복**起伏이 있는 모양으로, 싸인파와 같이 모양이 아주 간단한 파도 있지만 이러한 싸인파를 여럿 합성한 파동도 있습니다. 음파로 예로 들면 소리굽쇠가 만드는 음파는 싸인파 형태이지만 피아노, 바이올린 등과 같은 것은 파의 산 모양이 좀더 복잡합니다. 이렇게 파의 모양에 따라 음색이 달라집니다. 또 라디오를 통해 듣는 사람의 목소리나 음악도 이런 다양한 파의 형태를 이용하여 전달하고 해석한 것입니다.

   ◐ **起伏** [起 일어나다 기 伏 엎드리다 복] 높았다가 낮아짐.

공명 共鳴

| 共 함께 **공** 鳴 울다, 소리를 내다 **명** |

외부 음파와 함께[共] 같은 진동수로 울림[鳴].

   공명은 물체가 진동할 때, 그 물체의 고유 진동수와 같은 진동수를 가진 외력外力이 주기적으로 주어지면 진폭이 계속 증가하는 현상을 말합니다. 이러한 현상의 가장 간단한 예는 그네를 밀어 주는 것인데, 그네의 진동 주기와 같은 주기로 밀어 주면 그네의 진폭이 커지는 현상도 공명의 예입니다. 또 설악산과 같은 계곡에 줄에 매달린 다리를 건너다가 출렁거리는 주기와 같이 몸을 흔들면 진폭이 계속 커져 다리가 끊어질 수도 있습니다. 악기의 공명통과 음원의 진동 주기를 같이 만들어 큰 음을 얻기도 하나, 자동차의 소음을 줄이기 위해 고유 진동수가 다른 부품을 연결하여 공명을 방해하기도 합니다.

광속도 光速度

| 光 빛 **광** 速 빠르다, 속도 **속** 度 ~한 정도 **도** |

빛의[光] 속도[速度].

   광속도는 빛의 속도로 진공 속에서 1초에 약 30만km를 이동합니다. 줄여서 광속이라고도 합니다. 물리학에서 중요한 상수常數의 하나로서 보통

c로 표시합니다. 좀더 정확한 값은 $2.99790 \times 10^{18} m/s$입니다. 또 광속의 성질은 세 가지가 있습니다. 첫째, 관찰자의 속도에 관계없이 일정합니다. 둘째, 진동수에 관계없이 일정한 크기를 가집니다. 셋째, 빛이 통과하는 물질의 종류에 따라 크기가 다릅니다.

광원 光源

光 빛 광   源 근원 **원**

빛을[光] 발하는 원천[源].

광원은 제 스스로 빛을 내는 물체란 뜻으로, 태양, 전구, 양초 등을 가리키는 말입니다.

구면파 球面波

球 공 **구**   面 얼굴, 겉 **면**   波 물결, 진동하는 결 **파**

공[球] 모양으로[面] 진동하는 결[波].

구면파는 **파면**波面이 공처럼 된 파동입니다. 파동의 마루나 골을 연결한 면을 파면이라 하는데 파원에서 만들어진 파동이 퍼져 나갈 때는 마루를 연결한 면이 구면이 됩니다. 2차원 평면에서 예를 들면 수면 위에 돌을 던지면 물결파가 퍼져 나갈 때 원 모양으로 퍼져 나가는 것을 볼 수 있습니다. 이것을 공간적으로 생각하면 구 모양으로 퍼져 나가는 것을 상상할 수 있겠지요.

❍ **波面** [波 물결, 진동하는 결 파   面 얼굴, 겉 면] 파동의 위상位相이 같은 점을 이은 것.

위상 位相

位 지위, 위치 **위**   相 서로, 모습 **상**

어떤 위치에서의[位] 모습[相].

위상은 진동이나 파동과 같은 주기 운동에서, 특정 시간이나 위치에서 같은 변위를 나타내는 상태를 말합니다.

주기 週期

週 돌다 **주**   期 기간 **기**

한 바퀴를 돌아[週] 제자리로 돌아오는 일정한 기간[期].

　일정한 시간이 경과할 때마다 같은 상태가 반복해서 나타나는 운동을 주기 운동이라 하고, 이때 같은 상태가 다시 나타나는 시간을 주기라 합니다. 대표적인 예로는 태양이 정 남쪽에서 다시 정 남쪽으로 오는 데 걸리는 시간이 약 24시간이며 이를 하루의 주기라 하고, 용수철에 매달린 추를 당겼다가 놓으면 올라갔다가 다시 제자리에 오는 데 걸리는 시간을 주기라 합니다.

굴절 屈折

屈 굽히다 **굴**　折 꺾이다 **절**

빛이나 소리의 진행 방향이 굽히고[屈] 꺾이는[折] 현상.

　굴절은 빛이나 소리가 한 매질媒質에서 다른 매질로 들어갈 때, 경계면에서 그 진행 방향이 바뀌는 현상을 말합니다. 이는 매질에 따라 파동의 속도가 달라지기 때문에 나타나는 현상입니다. 두 매질의 경계면과 직각인 선을 **법선**法線이라 하고, 파동의 진행 방향과 법선이 이루는 각을 입사각入射角, 굴절 후 파동의 진행 방향과 법선이 이루는 각을 굴절각屈折角이라 합니다. 이때 굴절각의 사인 값($\sin\theta_{굴절}$)에 대한 입사각의 사인 값($\sin\theta_{입사}$)의 비는 물질이 바뀌지 않는 동안에는 일정한 값을 가집니다. 이를 굴절률 $n=\dfrac{\sin\theta_{입사}}{\sin\theta_{굴절}}$ 이라 합니다.

◐ **法線** [法 법 법　線 줄 선] 평면상의 곡선 위에 있는 임의의 점의 접선에 수직되는 직선.

진동 振動

振 떨치다, 떨다 **진**　動 움직이다, 흔들리다 **동**

떨려[振] 흔들리는[動] 것.

　진동은 물리적 양이 어떤 값을 중심으로 주기적으로 변화하는 것을 말합니다. 물리적인 양을 더 구체적으로 말하면 물체의 위치, 전류나 전압의 세기, 자기장의 세기 등이 있으며, 이러한 값들이 규칙적으로 변화하는 것을 말합니다.

단진동 單振動

單 혼자, 복잡하지 않다 **단**　振 떨치다, 떨다 **진**　動 움직이다, 흔들리다 **동**

단순한[單] 진동[振動].

　단진동은 진동 중 가장 규칙적이고 단순한 진동을 말합니다. 물체가 등속 원 운동을 할 때 원의 면 방향에서 관찰하면 물체는 진동하는 것으로 보이는데, 이때의 진동이 단진동입니다.

진폭 振幅

振 떨치다, 떨다 **진** 幅 가로지른 거리 **폭**

진동하는[振] 폭[幅].

진폭은 진동하는 물체가 정지하고 있을 때를 기준으로 가장 많이 이동한 거리를 말합니다. 즉 평형 점에서 최대 변위를 진폭이라 말하며 거리나 각으로 표현합니다. 파동에서 에너지는 진폭의 제곱에 비례하는 값을 가집니다.

매질 媒質

媒 매개 **매** 質 바탕 **질**

중간에 전해 주는 역할을[媒] 하는 물질[質].

매질은 물리적 작용을 한 곳에서 다른 곳으로 전하여 주는 매개물媒介物을 말합니다. 소리를 전하는 매질은 공기, 물, 철, 암석 등이 있습니다. 물질이 없는 진공 속에서는 소리가 전해지지 않고 공기와 같은 물질을 통해 소리가 전달되어 갑니다. 이 외에 수면파水面波에서는 물이, 지진파에서는 지구를 이루는 광물과 암석이 매질이 됩니다. 그러나 전자기파와 같은 파동은 매질이 없이도 전파됩니다. 하지만 위에 예를 든 파는 모두 탄성파이며 탄성파의 전달은 반드시 매질을 필요로 합니다.

주파수 周波數

周 두루, 돌다 **주** 波 물결, 진동하는 결 **파** 數 숫자 **수**

주기적으로[周] 일어나는 파동의[波] 횟수[數].

주파수는 진동하는 물체나, 전파나 음파 등과 같은 파동에서 1초 동안에 진동하는 횟수를 말합니다.

입사각 入射角

入 들어가다 **입** 射 쏘다 **사** 角 뿔, 각도 **각**

입사할 때의[入射] 각도[角].

입사각은 어떤 매질媒質 속을 지나가는 빛이나 파동의 진행 방향과, 다른 매질의 경계면과 직각을 이루는 법선法線과의 각을 말합니다.

반사 反射

反 되돌리다 **반**　射 쏘다 **사**

파동이 원래의 매질 안으로 되돌아[反] 오는[射] 현상.

　반사는 일정한 방향으로 나아가는 빛이나 파동이 다른 매질을 만나면 그 경계면에서 일부가 방향을 바꾸어 같은 매질로 되돌아오는 현상을 말합니다. 나머지는 다른 매질로 굴절해서 들어갑니다. 여기서 경계면과 직각을 이루는 선을 법선이라 하며, 경계면으로 다가오는 빛이나 파동의 진행 방향과 법선이 이루는 각을 입사각入射角, 반사 후에 나아가는 방향과 법선이 이루는 각을 반사각反射角이라 합니다. 이 입사각과 반사각은 항상 같으며 이를 반사의 법칙이라 합니다.

난반사 亂反射

亂 어지럽다 **란**　反 되돌리다 **반**　射 쏘다 **사**

사방으로 흩어지는[亂] 반사[反射].

　난반사는 우툴두툴한 면에 부딪친 빛이나 파동이 사방으로 흩어지는 반사를 말합니다. 만일 영화를 볼 때, 영사기에서 나온 동일하게 진행하는 빛이 스크린에 비친 후 난반사가 일어나지 않는다면 주로 반사되어 나오는 방향에 앉은 사람에게만 밝게 빛이 옵니다. 그러나 다른 방향에 앉은 사람은 화면이 어둡게 보입니다. 그래서 영화 스크린은 난반사가 잘 되게 만듭니다. 또 대부분의 물질 또한 상당히 난반사가 잘 되어 어느 방향에서 보더라도 잘 보입니다.

전반사 全反射

全 온전하다, 모두 **전**　反 되돌리다 **반**　射 쏘다 **사**

반사율이 100%인[全] 반사[反射].

　전반사는 반사율이 100%인 빛의 반사를 말합니다. 굴절률이 큰 매질媒質에서 작은 매질로 빛이 굴절할 때, 입사각入射角이 임계각臨界角보다 크면 굴절하지 않고 전부 반사되어 굴절 광선이 존재하지 않게 됩니다.

임계각 臨界角

臨 임하다 **림**　界 (땅의) 경계 **계**　角 뿔, 각도 **각**

전반사가 시작되는 경계에[界] 다다른[臨] 입사 각도[角].

　임계각은 굴절이 하나도 없고 100% 반사하는 전반사全反射가 처음으로 생길 때의 입사각을 말합니다.

발광체 發光體

發 드러내다 **발** 光 빛 **광** 體 몸 **체**

빛을[光] 스스로 내는[發] 물질[體].

발광체는 제 몸에서 스스로 빛을 내는 물체로, 불꽃 · 태양 · 항성 등이 있습니다.

복사 輻射

輻 바큇살 **복** 射 쏘다 **사**

바큇살 모양으로[輻] 쏨[射].

복사는 열이나 전자기파電磁氣波가 물체로부터 바큇살처럼 내쏘는 현상을 말합니다.

= 방사放射.

실상 實像

實 실제 **실** 像 (사람을) 본뜬 모양, 모양 **상**

실제로[實] 광선이 모여 이루어진 상[像].

실상은 물체의 한 점에서 나아간 빛이 렌즈를 통과하거나, 구면경球面鏡에 반사한 빛이 다시 모여, 그 점이 보이는 것을 말합니다. 실제 빛이 모이지는 않으나 렌즈의 앞이나 거울의 뒤에서 모였다가 나오는 것처럼 보이는 경우를 허상虛像이라 합니다. 실상은 빛이 퍼져나갔다가 다시 모여야 하므로 볼록 렌즈나 오목 거울에서만 가능합니다.

투과 透過

透 꿰뚫다 **투** 過 지나가다 **과**

물질의 내부를 꿰뚫고[透] 지나감[過].

투과는 구멍을 내거나 찢지 않고 광선 등이 물질의 내부를 통과하는 것을 말합니다.

4. 에너지의 전환

마력 馬力

馬 말 마   力 힘 력

짐마차를 부리는 말이[馬] 단위 시간(1분)에 하는 일의 양[力].

　마력은 보통 말이 단위 시간(1분) 동안 낼 수 있는 힘의 양으로, 동력動力이나 일률을 측정하는 단위로 사용됩니다. 보통 짐마차를 부리는 말이 단위 시간(1분)에 하는 일을 실측하여 1마력으로 삼은 데서 유래합니다.

원자력 原子力

原 근원 원   子 아들, 작은 것 자   力 힘 력

원자핵의[原子] 변환에 따라서 방출되는 에너지[力].

　원자력은 원자핵의 붕괴나 핵 반응의 경우에 방출되는 에너지를 말합니다.

원자로 原子爐

原 근원 원   子 아들, 작은 것 자   爐 화로 로

원자핵을[原子] 이용하여 에너지를 얻는 화로와[爐] 같은 장치.

　원자로는 우라늄·플루토늄 등의 원자핵 분열 연쇄 반응의 진행 속도를 인위적으로 제어하여 원자력을 서서히 도출導出해 내는 장치로, 원자력 발전 등에 쓰입니다.

외연 기관 外燃機關

外 바깥 외   燃 불태우다 연   機 기계 기   關 빗장, 기관 관

외부에서[外] 불태워[燃] 움직이는 기관[機關].

　외연 기관은 기관의 외부에서 연소 작용을 하는 기관으로, 증기 기관이나 증기 터어빈이 대표적입니다. 증기 기관은 외부에서 연소한 열을 이용하여 가열한 고압의 수증기를 실린더에 공급합니다. 여기서 피스톤을 움직여 동력을 얻습니다. 증기 터어빈은 고압의 수증기를 노즐을 통해 내보냅니다. 여기서 회전축에 있는 여러 개의 날개가 달린 곳과 충돌시켜 회전력

을 얻습니다.

증기 기관 蒸氣機關

蒸 찌다 **증** 氣 기운, 공기 **기** 機 기계 **기** 關 빗장, 기관 **관**

증발하여[蒸] 생긴 공기로[氣] 움직이는 기관[機關].

증기 기관은 외연 기관의 일종으로, 외부에서 연소한 열로 고압의 수증기를 만든 다음 이를 실린더에 주입하면 피스톤이 움직여 동력動力을 얻는 기관입니다. 이때 실린더의 운동은 왕복 직선 운동인데 크랭크를 통해 회전 운동으로 바꾸어 사용합니다. 지금 사용하는 디젤 기관차 이전에는 증기 기관으로 기차를 움직였습니다.

내연 기관 內燃機關

內 안 **내** 燃 불태우다 **연** 機 기계 **기** 關 빗장, 기관 **관**

내부에서[內] 불태워[燃] 움직이는 기관[機關].

내연 기관은 실린더 내부에서 연료를 연소시켜 생긴 가스의 팽창력으로 피스톤을 움직이게 하는 **원동기**原動機의 총칭입니다. 자동차나 기차의 엔진은 모두 내연 기관이며 휘발유를 연료로 사용하면 가솔린 엔진, 경유를 사용하면 디젤 엔진이라 합니다. 소형으로 만들 수 있는 장점이 있습니다.

➡ **原動機** [原 근원 **원** 動 움직이다 **동** 機 기계 **기**] 자연계에 존재하는 에너지를 동력으로 바꾸는 기계 장치.

전열기 電熱器

電 전기 **전** 熱 뜨겁다, 열 **열** 器 그릇, 기구 **기**

전기로[電] 생기는 열을[熱] 이용하는 기구[器].

전열기는 전기에서 나오는 열을 이용하는 기구로, 니크롬 선 등 전기 저항이 높은 금속에 전류를 통하여 열을 내게 합니다. 대표적인 것으로는 전기 난로 · 전기 다리미 · 전기 밥솥 등이 있으며, 내부에서 기계적인 움직임이 없기 때문에 전동기의 '기' 자가 '機'가 아닌 '器'임에 유의해야 합니다.

전동기 電動機

電 전기 **전** 動 움직이다 **동** 機 기계 **기**

전기로[電] 움직이는[動] 기계[機].

　전동기는 자기장磁氣場에 의한 자력선磁力線과 전동자電動子에 말린 코일 사이에 흐르는 전류에 의하여 회전력回轉力을 발생시키는 기계를 말합니다. 즉 전기 에너지를 기계 에너지로 바꾸는 기계이며, 흔히 모터(moter)라고도 부릅니다.

효율 效率

效 효과 효　率 비율 률

효과가[效] 어느 정도인지를 나타낸 비율[率].

　효율은 기계가 한 일의 양과 기계에 공급된 모든 에너지와의 비율을 가리키는 말입니다. 즉 공급되는 에너지가 사용하고자 하는 에너지로 전환되는 비율을 말하며, 되도록 효율이 높은 기계를 사용하는 것이 좋습니다.

Ⅲ. 환경

1. 소음

소음 騷音

騷 시끄럽다 소　音 소리 음

시끄러운[騷] 소리[音].

　소음은 사람이 듣기 싫은 모든 소리를 말합니다. 만약 어떤 사람에게는 듣기 좋은 음악이라도 다른 사람에게는 소음이 될 수 있는데, 이와 같이 주관적인 판단에 의한 것을 인정하는 표현입니다. 그러나, 쾌적한 삶을 위한 제도적 장치로 장소나 시간에 따라 소리 크기의 기준을 정하여 두었습니다. 일반적으로 소리는 공기 압력의 변화가 인간의 고막에 가해질 때 느끼게 되며, 이러한 압력의 변화에 의한 소리의 감각을 나타내는 단위는 데시벨(dB)로 정하여 사용하고 있습니다.

음속 音速

音 소리 음　速 빠르다, 속도 속

소리의[音] 전파 속도[速].

　음속은 음파가 매질媒質 속을 진행하는 속도를 가리키는 말로, 기체인 t℃의 공기 속에서는 $V=331.5+0.6t(m/s)$입니다. 15℃를 기준으로 초당 약 340m입니다. 또 물에서는 초당 1500m, 벽돌에서는 초당 3700m, 강철에서는 초당 6000m입니다.

음원 音源

音 소리 음　源 근원 원

소리를[音] 만드는 근원[源].

　음원은 음을 만드는 에너지원으로, 진동하는 물체를 말합니다. 진동하는 물체에 의해 만들어진 파동이 매질을 통해 이동하여 먼 곳에서 소리가 관찰되는데 이때 소리가 처음 발생하는 곳, 또는 그 장치를 말합니다. 또 다양한 소리가 섞여 있을 때 각 소리의 원인이 되는 것을 말하기도 합니다.

음파 音波

흡 소리 **음**　波 물결, 진동하는 결 **파**

물체의 진동에 의해 생기는 소리의[音] 파동[波].

　음파는 진동하는 물체에서 접촉한 공기나 기타 매질媒質이 물체 진동을 받아서 생기는 파동을 가리키는 말입니다. 파동의 종류로 치면 탄성파이고, 종파(소밀)파에 해당합니다. 매질이 없는 진공에서는 진행하지 않으며, 액체나 고체에서는 일반적으로 속도가 더 빨라집니다.

초음파 超音波

超 뛰어넘다 **초**　音 소리 **음**　波 물결, 진동하는 결 **파**

귀로 들을 수 없는[超] 음파[音波].

　초음파는 사람의 귀로는 들을 수 없는 음파로, 진동수가 매초 20,000 이상인 음파를 말합니다. 지금은 초음파를 이용하여 병을 진단하는 의료기를 만들거나, 가습기의 수증기 발생 장치, 세척 장치 등 다양한 방면에 응용되고 있습니다.

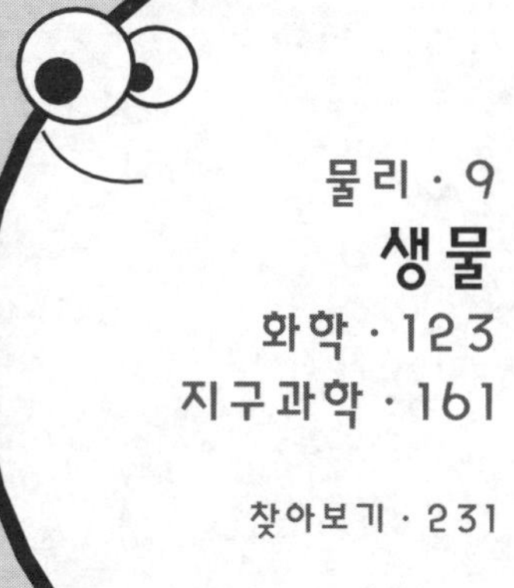

Ⅰ. 생물의 특성

개체 個體

個 낱개 **개** 體 몸 **체**

독립된[個] 생명체[體].

개체는 독립된 몸을 가지고 생활하는 하나 하나의 생물을 뜻하는 말입니다.

세포 細胞

細 가늘다 **세** 胞 세포 **포**

아주 작은[細] 생물의 구성 조직[胞].

세포는 생물체를 이루는 구성 단위로, 세포막으로 쌓여 있으며 원형질原形質과 후형질後形質로 구성됩니다.

원형질 原形質

原 근원 **원** 形 모양 **형** 質 바탕 **질**

근본이[原] 되는 형질[形質].

'形質' 은 동물의 정신이나 육체, 또는 식물의 여러 기관의 모양 · 크기 · 성질 등의 특질의 총칭입니다. 원형질은 세포의 생명 활동이 이루어지는 부분으로, 핵과 세포질이 여기에 해당됩니다.

후형질 後形質

後 뒤 **후** 形 모양 **형** 質 바탕 **질**

나중에[後] 만들어진 형질[形質].

'形質' 은 동물의 정신이나 육체, 또는 식물의 여러 기관의 모양 · 크기 · 성질 등의 특질의 총칭입니다. 후형질은 원형질의 생명 활동 결과, 나중에 만들어진 물질들은 가리키는 말입니다.

단세포 생물 單細胞生物

單 혼자 **단** 細 가늘다 **세** 胞 세포 **포** 生 살다 **생** 物 사물, 생물 **물**

한 개의[單] 세포로[細胞] 만들어진 생물[生物].

단세포 생물은 한 개의 세포로 살아가는 생물을 말합니다. 대표적인 예로는 짚신벌레, 아메바 등이 있습니다.
↔ 다세포 생물.

다세포 생물 多細胞生物

多 많다 **다** 細 가늘다 **세** 胞 세포 **포** 生 살다 **생** 物 사물, 생물 **물**

많은[多] 세포로[細胞] 만들어진 생물[生物].

다세포 생물은 분화된 많은 세포가 모여 한 개체를 이루는 생물을 말합니다. 대표적인 예로는 벼, 코끼리, 사람 등이 있습니다.
↔ 단세포 생물.

생장점 生長點

生 살다, 낳다 **생** 長 길다, 자라다 **장** 點 점, 장소나 한도를 나타내는 말 **점**

낳고[生] 자라게 하는[長] 부분[點].

생장점은 식물의 줄기와 뿌리 끝에 자리잡고 있으며, 세포 분열이 왕성하여 줄기나 뿌리가 뻗어 나가는 현상이 이루어지는 곳입니다.

형성층 形成層

形 모양 **형** 成 이루다 **성** 層 층 **층**

새로운 세포를[形] 만드는[成] 부분[層].

형성층은 식물의 뿌리나 줄기의 물관과 체관 사이에 있는 얇은 조직으로, 세포 분열을 통하여 새로운 세포를 만들어 부피 생장이 일어나도록 해 주는 부분입니다. 달리 부름켜라고도 합니다.

생체막 生體膜

生 살다 **생** 體 몸 **체** 膜 얇은 꺼풀 **막**

몸을[體] 살아 있게[生] 만드는 세포를 둘러싸고 있는 얇은 막[膜].

생체막은 세포 또는 세포 소기관의 겉을 싸고 있는 막을 가리키는 말입니다. 생체막에는 물질을 식별하거나 선택적으로 투과시키는 등 여러 가지 기능이 있습니다. 대표적인 예로는 세포막, 핵막, 미토콘드리아막, 엽록체막 등이 있습니다.

식세포 작용 食細胞作用

食 먹다 **식** 細 가늘다 **세** 胞 세포 **포** 作 만들다, 일하다 **작** 用 (물건을) 쓰다 **용**

낡은 세포를[細胞] 잡아먹는[食] 작용[作用].

　식세포 작용은 생체 내에 생기는 조직 파편이나 낡은 혈구, 노폐 조직, 외부로부터 침입한 병원균 등을 세포막으로 둘러싼 뒤, 세포 내로 잡아들여 분해시키는 작용을 말합니다. 식균食菌 작용이라고도 합니다. 아메바나 백혈구 등이 세균을 잡아먹는 작용이 대표적인 예입니다.

음세포 작용 飮細胞作用

飮 마시다 **음** 細 가늘다 **세** 胞 세포 **포** 作 만들다, 일하다 **작** 用 (물건을) 쓰다 **용**

세포를[細胞] 마시듯이 끌어들이는[飮] 작용[作用].

　음세포 작용은 살아 있는 세포가 용액 상태의 물질, 주로 단백질 상태의 거대 분자를 흡수하거나 세포질 내로 끌어들이는 작용을 말합니다. 즉, 액체 상태의 물질을 세포막으로 둘러싸서 세포 안으로 끌어들이는 작용을 말합니다.

기공 氣孔

氣 기운, 공기 **기** 孔 구멍 **공**

기체가[氣] 드나드는 구멍[孔].

　기공은 식물체의 표면에 있는 작은 구멍으로, 2개의 공변 세포로 싸여 있으며 기체가 드나드는 통로를 말합니다.

공변 세포 孔邊細胞

孔 구멍 **공** 邊 변두리 **변** 細 가늘다 **세** 胞 세포 **포**

기공의[孔] 변두리에[邊] 있는 세포[細胞].

　공변 세포는 기공을 싸고 있는 세포로, 식물체 안의 수분의 양에 따라 기공을 열고 닫아 수분을 조절하는 일을 합니다. 반달 모양의 2개의 세포로 이루어져 있습니다.

용혈 현상 溶血現象

溶 녹다 **용** 血 피 **혈** 現 나타나다 **현** 象 코끼리, 모양 **상**

적혈구를[血] 녹이는[溶] 현상[現象].

　'溶血'을 글자대로 풀이하면 '피를 녹인다' 라는 뜻이지만, 여기서의 의미는 이와 다릅니다. 적혈구를 농도가 낮은 용액에 담가 두면 삼투 현상에 의해 적혈구 내로 물이 흡수됩니다. 이때 적혈구가 터져 내용물이 밖으로 흘러나오는데, 이 현상을 용혈 현상이라고 합니다.

용혈소 溶血素

溶 녹다 **용** 血 피 **혈** 素 바탕 **소**

적혈구를[血] 녹이는[溶] 성분[素].

　적혈구를 어떤 동물의 몸속에 주사할 때, 그 동물의 혈청 속에 만들어져 적혈구를 용해시키는 단백질 성분.

섬모 纖毛

纖 가늘다, 가는 실 **섬** 毛 털 **모**

매우 가는 털[纖毛].

　섬모는 생물의 몸 표면에서 볼 수 있는 실 모양의 많은 털을 가리키는 말입니다. 섬모의 기능을 보면, 사람의 기관지氣管支에서는 그곳에 붙어 있는 물질을 몸 밖으로 가래와 함께 내보내는 구실을 하며, 개구리의 위턱에 있는 것은 작은 먹이를 식도로 보내는 작용을 합니다. 짚신벌레는 물속에서 섬모를 움직여서 헤엄을 칩니다.

편모 鞭毛

鞭 채찍 **편** 毛 털 **모**

가늘고 긴[鞭] 털[毛].

　편모는 유글레나나 정자의 꼬리 등에서 볼 수 있는 운동 및 영양 섭취 기관으로, 섬모와 달리 털이 길며 숫자가 적습니다.

상피 조직 上皮組織

上 위 **상** 皮 가죽 **피** 組 조직하다 **조** 織 (옷감을) 짜다 **직**

겉면을[上] 덮어 주는 가죽[皮] 같은 조직[組織].

'上皮'는 겉면을 덮어 주는 가죽을 뜻하는 말입니다. 상피 조직은 동물의 몸 표면이나 혈관·소화관·호흡기 따위의 내면을 덮고 있는 조직을 가리키는 말입니다. 보호 상피(피부 등)·흡수 상피(위, 창자 등의 점막), 감각 상피(코, 입 안의 점막 등), **선상피**腺上皮(땀샘, 눈물샘, 젖샘 등), 생식 상피 등으로 나뉩니다. 손톱, 털, 깃털 따위도 상피 조직이 변한 것들이라 할 수 있습니다.

◐ **腺上皮** [腺 샘, 분비 작용을 하는 기관 선]

표피 表皮

表 겉 **표**　皮 가죽 **피**

겉[表] 가죽[皮].

표피는 동물체·식물체의 겉면을 덮고 있는 세포 층으로, 주로 몸을 보호하는 구실을 합니다.

피질 皮質

皮 가죽 **피**　質 바탕 **질**

어떤 조직 겉부분의[皮] 바탕이[質] 되는 부분.

피질은 조직의 겉층을 이루는 부분으로, 그 조직의 이름을 앞에 붙여 ○○피질로 부릅니다.

피층 皮層

皮 가죽 **피**　層 층 **층**

표피[皮] 부분에 있는 세포층[層].

피층은 식물 조직계의 하나로, 표피와 중심주中心柱(뿌리나 줄기의 중심을 세로로 지나가는 부분) 사이의 세포층을 가리키는 말입니다. 이곳에는 **동화 조직**同化組織(엽록체), **저장 조직**貯藏組織 등이 자리하고 있습니다.

◐ **同化組織** [同 같다 동　化 변화하다 화　組 조직하다 조　織 (옷감을) 짜다 직]
식물의 체내에서 광합성을 주요 기능으로 하는 조직.

◐ **貯藏組織** [貯 저축하다 저　藏 감추다, 품다 장　組 조직하다 조　織 (옷감을) 짜다 직] 식물체에서 특정 물질을 다량으로 저장하는 조직.

조직액 組織液

組 조직하다 조 織 (옷감을) 짜다 **직** 液 액체 **액**

체액 중 조직[組織] 사이를 흐르는 액체[液].

조직액은 모세 혈관 벽을 스며 나와 조직 사이를 흐르는 체액으로, 혈액과 림프를 제외한 액체 성분을 가리키는 말입니다.

고장액 高張液

高 높다 고 張 당기다 **장** 液 액체 **액**

삼투압이 높아[高] 잘 당기는[張] 용액[液].

'高張'은 한 용액의 **삼투압**渗透壓이 다른 용액의 삼투압에 비하여 높다는 말입니다. 고장액은 두 가지 용액의 삼투압을 비교했을 때 삼투압이 높은 쪽의 용액을 가리키는 말입니다. 농도가 다른 두 용액을 **반투막**半透膜으로 막아 놓으면, 농도가 낮은 용액의 용매가 농도가 높은 용액으로 이동하면서 두 용액의 농도가 서로 같아집니다. 이는 반투막 양쪽의 압력에 차이가 있기 때문에 일어나는 현상인데, 이때 압력이 높은 쪽의 고농도 용액을 고장액이라 합니다.

➲ **渗透壓** [渗 물이 스미다 삼 透 꿰뚫다 투 壓 누르다 압] 저농도 용액에서 고농도 용액 쪽으로 세포막을 통하여 물이 이동할 때, 세포막(반투막半透膜)이 받는 압력.

➲ **半透膜** [半 반쪽 반 透 꿰뚫다 투 膜 얇은 꺼풀 막] 물과 같이 분자량이 작은 분자 또는 크기가 작은 이온 등은 통과시키지만, 설탕과 같이 비교적 큰 분자나 콜로이드 입자 등은 통과시키지 않는 막.

고정액 固定液

固 굳다 고 定 정하다 정 液 액체 **액**

고정하기[固定] 위한 액체[液].

고정액은 살아 있는 조직이나 세포를 가능하면 살아 있을 때와 가까운 상태로 유지하기 위하여 사용하는 시약試藥이나 혼합체를 가리키는 말입니다. 포르말린 등을 흔히 사용합니다.

팽압 膨壓

膨 불룩하다 **팽** 壓 억누르다 **압**

팽창할 때의[膨] 압력[壓].

식물의 세포를 저장액低張液에 담그면 삼투 현상에 의하여 세포 내로 물이 흡수되어 팽창을 하게 됩니다. 이때 팽창을 하면서 세포벽을 밀어내는 힘을 팽압이라 합니다. 세포벽에 팽압이 작용하면 이에 대한 반작용으로 크기는 같고 방향이 반대인 벽압壁壓이라는 것이 생깁니다.

현미경 顯微鏡

顯 나타나다 **현** 微 작다 **미** 鏡 거울 **경**

작은 것을[微] 잘 보이도록 드러내는[顯] 거울[鏡].

현미경은 아주 작은 물체를 확대하여 보는 장치입니다.

경통 鏡筒

鏡 거울 **경** 筒 대롱 **통**

두 개의 거울을[鏡] 연결해 주는 관[筒].

경통은 현미경 등에서 **접안 렌즈**와 **대물 렌즈**를 연결하는 둥근 통을 가리키는 말입니다.

● **對物 렌즈** [對 마주 대하다 대 物 사물 물] 현미경 따위의 광학 기계에서, 물체에 가까운 쪽에 있는 렌즈.

● **接眼 렌즈** [接 닿다 접 眼 눈 안] 현미경·망원경 등에서, 눈을 대고 보는 쪽에 있는 렌즈.

광학 현미경 光學顯微鏡

光 빛 **광** 學 배우다, 학문 **학** 顯 나타나다 **현** 微 작다 **미** 鏡 거울 **경**

빛을 사용하는[光學] 현미경[顯微鏡].

'光學'은 빛에 관한 현상을 연구하는 학문 분야입니다. 광학 현미경은 표본으로부터 빛을 사용하여 대물 렌즈에 의해 표본이 확대된 실상實相을 맺고, 이것을 접안 렌즈에 의해서 다시 확대하는 현미경을 말합니다. 일반적으로 현미경이라고 할 때는 이것을 가리킵니다.

한외 현미경 限外顯微鏡

限 한계 **한** 外 바깥 **외** 顯 나타나다 **현** 微 작다 **미** 鏡 거울 **경**

보통 현미경이 볼 수 있는 한계[限] 외의[外] 미립자를 볼 수 있는 현미경[顯微鏡].

한외 현미경은 특수 조명법에 의해서 보통 현미경으로는 볼 수 없는 미립자微粒子를 분별할 수 있는 현미경입니다.

생리적 식염수 生理的 食鹽水

生 살다 **생** 理 이치 **리** 的 ~한 성질을 띤 **적** 食 먹다 **식** 鹽 소금 **염** 水 물 **수**

살아 있는 상태로 유지하게 하는[生理的] 식염을[食鹽] 녹인 물[水].

'食鹽'은 식용으로 사용하는 소금이고, '食鹽水'는 식염을 탄 물입니다. 생리적 식염수는 동물의 혈액이나 조직액의 삼투압과 같도록 만든 식염수입니다. 이런 식염수는 세포나 체액의 삼투압과 같으므로, 살아 있는 세포를 이 속에다 넣어 두면 상당히 오랫동안 살아 있는 상태로 유지됩니다. 잘라 낸 동물의 조직이나 기관을 보존하는 데 쓰이기도 하고, 많은 출혈이 있을 때 수분 보급용으로도 쓰입니다. 혈액의 대용으로 주사하는 링거액도 생리적 식염수의 일종입니다.

녹말 綠末

綠 초록 **록** 末 끝, 가루 **말**

녹색 식물에서[綠] 만들어지는 가루[末] 같은 탄수화물.

녹말은 녹색 식물의 광합성 작용으로 만들어져 뿌리 · 줄기 · 종자에 저장되는 탄수화물입니다. 쌀, 보리 등에 많이 저장되어 있는 고분자 영양 물질입니다.

단백질 蛋白質

蛋 새알 **단** 白 희다 **백** 質 바탕 **질**

새알 같은[蛋] 흰색[白] 물질[質].

단백질은 생물 세포의 가장 중요한 성분으로, 탄수화물 · 지방과 함께 3대 영양소의 하나입니다. 탄소 · 수소 · 산소 · 질소 외에 요오드 · 황 · 인 · 철 등을 함유하고 있으며, 아미노산들이 많이 결합하여 수만~수십만의 분자량을 가진 고분자 화합물입니다. 달리 흰자질이라 부르기도 합니다.

지방 脂肪

脂 기름 지 肪 비계 방

기름 덩어리[脂肪].

지방은 3대 영양소의 하나로, 보통 온도에서 고체 상태인 기름을 말합니다.

포도당 葡萄糖

葡 포도 포 萄 포도나무 도 糖 사탕, 물에 녹아 단맛을 내는 탄수화물 당

포도[葡萄] 같은 과일에 있는 단 성분의 탄수화물[糖].

'糖'은 물에 녹아서 단맛을 내는 탄수화물을 가리키는 말입니다. 포도당은 과일이나 벌꿀 속에 들어 있는 당분의 일종으로, 주로 에너지원으로 소비됩니다.

II. 물질 대사

1. 광합성

광합성 光合成

光 빛 광 合 합하다 **합** 成 이루다 **성**

빛과[光] 합해지면서[合] 이루어지는[成] 작용.

광합성은 엽록소를 가진 식물이 빛 에너지를 이용하여 이산화탄소와 물로부터 녹말이나 포도당을 만드는 탄소 동화 작용同化作用을 말합니다. 광합성 작용은 태양의 빛 에너지를 화학 에너지로 바꾸어서 유기물에 저장한 뒤 생물의 생활에 이용할 수 있게 해 줍니다.

광호흡 光呼吸

光 빛 광 呼 부르다, 숨을 내쉬다 **호** 吸 빨아들이다 **흡**

식물이 빛을 쬐면서[光] 이루어지는 호흡 작용[呼吸].

광호흡은 식물이 빛을 쬘 때 하는 호흡 작용을 가리키는 말입니다. 만약에 빛을 차단하면 광합성은 곧 중단되지만, 광호흡은 한동안 계속되기 때문에 일시적으로 이산화탄소가 발생하기도 합니다.

광포화점 光飽和點

光 빛 광 飽 배부르다, 가득 차다 **포** 和 사이가 좋다 **화** 點 점, 장소나 한도를 나타내는 말 **점**

광합성이[光] 포화 상태에[飽和] 이른 한계점[點].

광포화점은 식물의 광합성 작용이 이루어질 때, 더 강하게 빛을 비추어도 광합성량이 더 이상 증가하지 않는 시점의 빛의 세기를 말합니다. 식물의 광합성량은 광합성에 필요한 물, 이산화탄소, 그리고 적당한 온도가 갖추어졌을 때, 어느 범위 내에서는 빛의 양에 비례합니다. 그러나 광포화점에 이르면 더 이상 광합성이 일어나지 않습니다.

명반응 明反應

明 밝다 **명** 反 되돌리다, 거스르다 **반** 應 응하다 **응**

빛이[明] 관여하는 반응[反應].

명반응은 광합성 단계 중 빛이 관여하는 반응 단계를 말합니다. 명반응에서는 물이 분해되어 수소와 산소로 나누어지며, 수소는 암반응으로 공급되며 산소는 기공을 통해 방출됩니다. 또한 빛 에너지를 이용하여 ATP(아데노신 3인산)를 생산합니다. 명반응에 이어서는 암반응이 진행됩니다.
↔ 암반응.

암반응 暗反應

暗 어둡다 **암** 反 되돌리다, 거스르다 **반** 應 응하다 **응**

빛과 관계없는[暗] 반응[反應].

암반응은 식물이 광합성을 하는 과정에서 빛이 관계하지 않는 반응을 말합니다. 이산화탄소가 여러 단계를 거쳐 당이나 녹말로 환원되는 과정을 말하며 캘빈 회로라고도 합니다.
↔ 명반응.

보상점 補償點

補 보태다 **보** 償 갚다 **상** 點 점, 장소나 한도를 나타내는 말 **점**

서로 보상을[補償] 해 주어 균형이 이루어지는 점[點].

보상점은 광합성량과 호흡량이 같을 때의 빛의 세기입니다. 즉 녹색 식물에서 호흡 작용으로 방출하는 이산화탄소의 양과 광합성 작용에 필요한 이산화탄소의 양이 같아, 겉보기에는 산소 또는 이산화탄소의 흡수·방출이 전혀 없을 때의 빛의 세기를 말합니다. 빛이 약할 때는 호흡 작용이 광합성 작용보다 활발하여 산소가 흡수되고 이산화탄소가 방출됩니다. 그러다가 빛이 점점 강해지면서 보상점에 이르면 산소와 이산화탄소의 흡수 또는 방출이 전혀 나타나지 않습니다.

엽록소 葉綠素

葉 잎 **엽** 綠 초록 **록** 素 바탕 **소**

잎의[葉] 색을 초록으로[綠] 보이게 하는 화합물[素].

엽록소는 녹색 식물의 잎이나 줄기의 껍질 속에 들어 있는 녹색의 화합물입니다. 타원형의 구조이며, 엽록소가 모여 엽록체를 이룹니다. 엽록체는 빛을 받아 광합성 작용이 일어나는 곳입니다.

책상 조직 柵狀組織

柵 울타리 책　狀 모양 상　組 조직하다 조　織 (옷감을) 짜다 직

울타리처럼[柵] 빽빽한 모양의[狀] 조직[組織].

책상 조직은 해면 조직과 함께 고등 식물의 잎에서 잎살[엽육葉肉]을 구성하는 조직입니다. 잎의 표면에 직각 방향으로 엽록체가 촘촘하게 배열되어 있어 광합성이 활발하게 일어납니다. 보통 잎의 윗면 가까운 쪽에 있습니다.
　=울타리 조직.

해면 조직 海綿組織

海 바다 해　綿 솜 면　組 조직하다 조　織 (옷감을) 짜다 직

해면 동물처럼[海綿] 엽록체가 엉성하게 분포된 조직[組織].

'海綿'은 해면 동물의 줄임말로, 솜처럼 부드러워 물을 잘 빨아들이며, 갯솜이라고도 합니다. 해면 조직은 잎살을 이루고 있는 조직의 하나로, 책상 조직과 달리 세포 사이의 틈이 넓고 엽록체가 엉성하게 분포되어 있습니다. 보통 잎의 뒷면 가까운 쪽에 있습니다.

동화 작용 同化作用

同 같다 동　化 변화하다 화　作 만들다, 일하다 작　用 (물건을) 쓰다 용

자체 고유의[同] 성분으로 변화시키는[化] 작용[作用].

동화 작용은 생물이 외부로부터 섭취한 물질을 자체 고유의 성분으로 변화시키는 작용을 가리키는 말입니다. 녹색 식물이나 광합성 세균류가 이산화탄소와 물로 탄수화물을 만드는 작용을 탄소 동화 작용炭素同化作用(광합성)이라 하고, 식물이 질소 화합물로부터 필요한 단백질을 만들어 내는 작용을 질소 동화 작용窒素同化作用이라고 합니다. 또 동물이 먹이를 소화 흡수하여 몸에 필요한 물질을 만드는 작용도 여기에 해당됩니다.

증산 작용 蒸散作用

蒸 찌다 증 散 흩어지다 산 作 만들다, 일하다 작 用 (물건을) 쓰다 용

증발하여[蒸] 흩어[散] 없어지는 작용[作用].

증산 작용은 식물의 뿌리에서 흡수된 수분이 기공氣孔을 통해 수증기로 바뀌어 배출되는 현상을 말합니다. 뿌리에서 흡수된 물은 그 일부가 팽압 膨壓의 유지나 물질 교대에 쓰이고, 나머지 대부분은 증산에 의해 방출됩니다.

체관 체管

管 대롱 관

체 모양의[체] 관[管].

'체'는 가루를 곱게 치거나 액체를 거르는 데 쓰는 기구입니다. 체관은 속씨 식물의 체관부를 구성하는 주요 조직으로, 양분의 이동 통로가 되는 체 모양의 관을 말합니다.

배양액 培養液

培 북돋우다 배 養 기르다 양 液 액체 액

북돋아[培] 길러 주는[養] 액체[液].

배양액은 식물을 물 재배(수경 재배)하기 위하여 생장에 필요한 여러 가지 영양소를 넣어 만든 액체입니다.

환상 박피 環狀剝皮

環 둘러싸다, 고리 환 狀 모양 상 剝 벗기다 박 皮 가죽 피

고리[環] 모양으로[狀] 껍질을[皮] 벗김[剝].

환상 박피는 과수 등에서 줄기의 나무 껍질을 폭 6mm 정도로, 표피에서 체관까지 고리 모양으로 벗겨 내는 일을 말합니다. 환상 박피를 하면 그 윗부분이 불룩하게 두터워지며, 이 현상을 통해 잎에서 합성된 양분은 체관을 통하여 이동한다는 사실을 알 수 있습니다.

2. 소화

소화 消化

消 사라지다, 삭이다 소 化 변화하다 화

음식물을 삭이어[消] 영양소로 변화시킴[化].

소화는 효소를 이용하여 먹은 음식물을 분해할 때, 세포 내로 흡수될 수 있는 작은 크기의 영양소로 변화시키는 작용을 말합니다.

대사 代謝

代 대신하다 대 謝 사례하다, 물러가다 사

바꾸고[代] 없앰[謝].

대사는 **신진** 대사新陳代謝를 줄인 말로, 생물의 체내에서 일어나는 물의 분해 및 합성 작용을 말합니다.
= 물질 대사, 에너지 대사.

◐ **新陳** [新 새롭다 신 陳 벌여놓다, 오래되다(묵다) 진] 새 것과 묵은 것.

융털 絨털

絨 두툼한 모직물 융

모직물 같은[絨] 털[털].

융털은 작은 창자의 점막에 있는 아주 작은 돌기를 가리키는 말입니다. 장의 표면적을 크게 하고 소화를 도우며 영양소의 흡수를 쉽게 합니다.

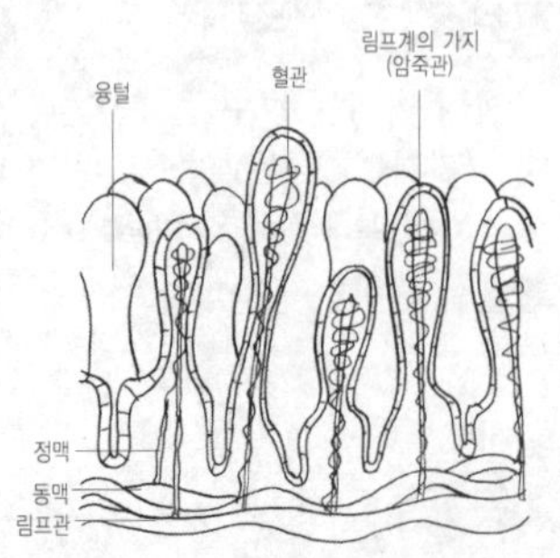

연동 운동 蠕動運動

蠕 꿈틀거리다 연 動 움직이다 동 運 움직이다 운 動 움직이다 동

꿈틀거리며[蠕] 움직이는[動] 운동[運動].

　연동 운동은 위벽胃壁, 장벽腸壁의 근육 수축에 의한 규칙적인 소화관의 운동을 가리키는 말입니다.

외분비선 外分泌腺

外 바깥 외 分 나누다 분 泌 세포에서 일정한 물질을 만들어 내보내다 비 腺 샘, 분비 작용을 하는 기관 선

바깥으로[外] 분비물을[分泌] 내보내는 조직[腺].

　'外分泌'는 몸 안에서 생긴 땀·대소변 따위의 물질을 몸 밖으로 내보내는 현상을 말합니다. 외분비선은 관을 통해 몸 표면이나 소화관 내로 물질을 분비하는 조직입니다. 몸 표면에서 분비하는 것에는 점액선·땀샘·피지선 등을 있으며, 소화관 내에 분비하는 것에는 침샘(타액선)·위샘 등이 있습니다.

내분비선 內分泌腺

內 안 내 分 나누다 분 泌 세포에서 일정한 물질을 만들어 내보내다 비 腺 샘, 분비 작용을 하는 기관 선

안으로[內] 분비물을[分泌] 내보내는 조직[腺].

　'內分泌'는 몸 안에서 생긴 호르몬을, 관管을 거치지 아니하고 직접 혈액이나 체액 속에 내보내는 작용입니다. 내분비선은 동물의 체내에 호르몬을 분비하는 조직을 가리키는 말입니다. 척추동물의 뇌하수체腦下垂體·갑상선甲狀腺 등 다양한 종류가 있습니다.

3. 순환

혈구 血球

血 피 혈 球 공 구

혈액을[血] 구성하는 둥근 모양의[球] 세포 성분.

혈구는 혈액을 구성하는 둥근 모양의 세포 성분으로, 적혈구 · 백혈구 · 혈소판 등이 있습니다.

적혈구 赤血球

赤 붉다 적 血 피 혈 球 공 구

붉은[赤] 혈구[血球].

적혈구는 혈구의 하나로, **헤모글로빈**을 함유하고 있으며 산소를 운반하는 역할을 합니다. 헤모글로빈은 철을 갖고 있어 산소와 결합하여 붉게 보입니다.

❍ hemoglobin – 철이 든 색소와 단백질이 결합된 화합물. 산소와 쉽게 결합하므로 척추동물의 호흡에서 산소의 운반에 중요한 구실을 함.

백혈구 白血球

白 희다 백 血 피 혈 球 공 구

맑게 보이는[白] 혈구[血球].

백혈구는 혈구의 하나로, 핵을 가지고 있지만 헤모글로빈이 없어 맑게 보이는 혈구입니다. 모양이 일정하지 않으며, 병균으로부터 몸을 보호하는 역할을 합니다.

혈소판 血小板

血 피 혈 小 작다 소 板 널빤지 판

혈액을[血] 구성하고 있는 작은[小] 판[板].

혈소판은 혈구의 하나로, 혈액을 응고시키는 트롬보키나제 효소를 함유하고 있어, 혈액의 응고나 지혈止血 작용에 중요한 역할을 합니다.

혈장 血漿

血 피 혈　漿 미음 장

혈액을[血] 구성하는 미음 같은[漿] 액체 성분.

　‘미음’은 쌀을 푹 끓여 체에 걸러 낸 걸쭉한 음식을 말합니다. 혈장은 혈액 속의 적혈구 · 백혈구 · 혈소판을 제외한 액체 성분을 가리킵니다. 영양소 · 노폐물 · 효소 · 호르몬 · 항체 따위를 운반하고, 출혈이 일어나면 혈소판과 함께 혈액을 응고시키는 역할을 합니다.

혈청 血淸

血 피 혈　淸 맑다 청

피가[血] 엉길 때 분리되는 투명한[淸] 액체.

　혈청은 피가 엉길 때 분리되는 엷은 황색의 투명한 액체입니다. 혈장에서 섬유소를 빼낸 것으로, 알부민 · 글로불린 등의 단백질이나 호르몬 · 지방 · 염류 · 효소 · 면역 항체 따위가 함유되어 있습니다.

혈압 血壓

血 피 혈　壓 누르다 압

혈액이[血] 혈관의 벽을 누르는 힘[壓].

　혈압은 심장에서 밀려나온 혈액이 혈관의 벽을 미는 힘을 가리키는 말입니다. 혈압은 심장으로부터 혈액을 밀어 내는 힘과 혈관 벽의 탄력 정도에 따라 정해집니다. 그래서 나이가 들면 혈관 벽의 탄력이 약해지면서 혈압은 높아집니다. 심장에 가까운 굵은 동맥에서는 혈압이 높고, 혈관이 가늘어짐에 따라 차차 낮아져서 정맥에서는 거의 압력이 없어집니다.

혈관 血管

血 피 혈　管 대롱 관

피가[血] 돌아다니는 관[管].

　혈관은 혈액이 지나가는 관으로, 척추동물에서는 동맥 · 정맥 · 모세 혈관으로 구분합니다.

동맥 動脈

動 움직이다 동　脈 맥 맥

피가 활발히 움직이는[動] 혈관[脈].

동맥은 심장에서 몸의 각 부분으로 나가는 혈액이 흐르는 혈관입니다.

관상 동맥 冠狀動脈

冠 갓 관　狀 모양 상　動 움직이다 동　脈 맥 맥

갓[冠] 모양의[狀] 동맥[動脈].

관상 동맥은 심장을 둘러싼 동맥, 즉 심장 근육 세포에 양분과 산소를 공급해 주는 동맥피가 흐르는 혈관입니다. 좌우로 2개가 있는데, 심방과 심실을 갓 모양으로 둘러싸고 있어 관상 동맥이라 부릅니다. 관상 동맥이 막히게 되면 심장 근육에 산소와 양분이 공급되지 않아서 심장 조직이 죽게 됩니다.

정맥 靜脈

靜 고요하다 정　脈 맥 맥

피가 고요하게[靜] 흐르는 혈관[脈].

정맥은 심장으로 들어가는 혈액이 흐르는 혈관입니다.

모세 혈관 毛細血管

毛 털, 지극히 작거나 가벼운 것의 비유 모　細 가늘다 세　血 피 혈　管 대롱 관

매우 가는 모양의[毛細] 혈관[血管].

모세 혈관은 온몸에 그물처럼 퍼져 동맥과 정맥을 이어 주는 혈관을 말합니다. 매우 가는 것은 적혈구 1개가 겨우 통과할 정도이며, 보통 지름은 $8{\sim}20\mu m$입니다.

심장

심장을 상하 두 부분으로 나눌 때, 윗부분을 심방心房, 아랫부분을 심실心室이라고 합니다. 심방과 심실이 각각 좌우로 나뉘어져 있는데, 우심실右心室은 우심방右心房에서 정맥피을 받아 이것을 폐동맥으로 보내고 좌심실左心室은 좌심방左心房에서 동맥피을 받아 이것을 대동맥으로 보냅니다

- **심방 心房** [心 마음, 심장 심 房 방 방] 심장 가운데 정맥과 직결되어 있는부분.

- **심실 心室** [心 마음, 심장 심 室 방 실] 심장 가운데 동맥과 직결되어 있는 부분.

- **우심실 右心室** [右 오른쪽 우 心 마음, 심장 심 室 방 실] 심장 안의 오른쪽 아랫부분.

- **우심방 右心房** [右 오른쪽 우 心 마음, 심장 심 房 방 방] 심장 안의 오른쪽 윗부분.

- **좌심방 左心房** [左 왼쪽 좌 心 마음, 심장 심 房 방 방] 심장 안의 왼쪽 윗부분.

- **좌심실 左心室** [左 왼쪽 좌 心 마음, 심장 심 室 방 실] 심장 안의 왼쪽 아랫부분.

심전도 心電圖

心 마음, 심장 **심** 電 전기 **전** 圖 그림 **도**

심장의[心] 운동에 따른 전기적인[電] 변화를 기록한 그림[圖].

심전도는 심장의 박동으로 일어나는 미세한 전기적인 변화를 그래프로 나타낸 그림입니다.

체순환 體循環

體 몸 체 循 빙빙 돌다 순 環 둘러싸다, 돌다 환

피가 몸을[體] 순환하는[循環] 과정.

체순환은 심장의 좌심실에서 나온 혈액이 폐를 제외한 온몸을 거쳐 다시 심장의 우심방으로 되돌아가는 순환 과정을 말합니다.
= 대순환.

판막 瓣膜

瓣 판막 판 膜 얇은 꺼풀 막

혈액이 거꾸로 흐르는 것을 막아 주는 막[瓣膜].

판막은 심장과 정맥 안에서 혈액이 거꾸로 흐르는 것을 막아 주는 막입니다.

면역 免疫

免 면하다 면 疫 전염병 역

병에 대한[疫] 저항력이[免] 생기는 일.

면역은 병원균에 대하여 대항하는 항체抗體가 혈액 속에 생겨남으로써 병에 대한 저항력이 생기는 일을 말합니다. 예를 들면 홍역을 한번 치르고 난 어린이가 평생 동안 다시 홍역에 걸리지 않는 것은 홍역에 대한 면역이 생겼기 때문입니다. 생체에는 병원균, 바이러스, 독소, 또는 자기의 것과 다른 물질이 체내에 침입하면, 면역 글로불린이라는 물질이 저절로 작용하여 그것을 물리칩니다. 면역이 생기게 하는 물질을 항원抗原이라고 합니다.

항원 抗原

抗 대항하다 항 原 근원 원

항체를[抗] 형성시키는 물질[原].

항원은 생체에 침입하여 항체抗體를 형성시키는 단백성 물질입니다. 이를테면 디프테리아에 걸린 사람의 혈청 속에는 디프테리아 균에 대한 항체가 생기는데, 그 항체를 만드는 근본 물질을 항원이라 합니다.

항체 抗體

抗 대항하다 **항** 體 몸 **체**

항원에 대항하는[抗] 물질[體].

   항체는 항원이 동물체 내에 들어가 동물체를 자극함으로써 혈청 속에 새로이 만들어지는 물질로, 생체에 그 항원에 대한 면역성을 줍니다.

4. 호흡

내호흡 內呼吸

內 안 **내** 呼 부르다, 숨을 내쉬다 **호** 吸 빨아들이다 **흡**

몸속[內] 체액과 조직 세포 사이에서 일어나는 호흡[呼吸].

   내호흡은 호흡이 일어날 때, 체액과 조직 세포 사이에서 산소와 이산화탄소를 교환하는 것을 말합니다. 이 작용에 의해서 몸의 각 부분에 혈액으로부터 산소가 공급되며, 각 부분에 생긴 이산화탄소는 혈액 속으로 흡수됩니다. 내호흡에 의해서 세포가 얻은 산소는 조직 속에서 양분을 산화시켜 분해하며, 효소의 도움을 받아 화학 반응을 일으키면서 에너지를 발생합니다. 이 에너지는 생장이나 그 밖의 에너지로 쓰입니다.

   = 세포 호흡.

외호흡 外呼吸

外 바깥 **외** 呼 부르다, 숨을 내쉬다 **호** 吸 빨아들이다 **흡**

몸 밖에서[外] 일어나는 호흡[呼吸].

   외호흡은 일반적으로 말하는 호흡으로, 폐나 아가미 등의 호흡기로 공기나 물에서 산소를 받아들이고 체내로부터의 이산화탄소를 내보내는 작용을 말합니다.

   = 호흡.

무기 호흡 無氣呼吸

無 없다 **무**　氣 기운, 공기 **기**　呼 부르다, 숨을 내쉬다 **호**　吸 빨아들이다 **흡**

공기가[氣] 필요 없는[無] 호흡[呼吸].

　　무기 호흡은 산소가 없는 상태에서 에너지를 얻는 호흡 작용을 말합니다. 여기에는 효모균, 젖산균이 일으키는 알코올 발효나 젖산 발효 따위가 있습니다.
　　↔ 산소 호흡.

유기 호흡 有氣呼吸

有 있다 **유**　氣 기운, 공기 **기**　呼 부르다, 숨을 내쉬다 **호**　吸 빨아들이다 **흡**

공기가[氣] 필요한[有] 호흡[呼吸].

　　유기 호흡은 산소를 이용하여 유기물을 분해하여 에너지를 생산하는 산소 호흡을 만합니다. 포도당 1분자가 분해되면 688kcal의 에너지가 생산됩니다.
　　= 산소 호흡.

폐포 肺胞

肺 허파 **폐**　胞 세포 **포**

허파[肺] 끝부분의 세포 조직[胞].

　　폐포는 폐 안에 있는 작은 공기 주머니로써 기체 교환 작용을 합니다. 포도송이처럼 갈라져 있으며 허파 하나에 100만 개 정도 있습니다.
　　= 허파꽈리.

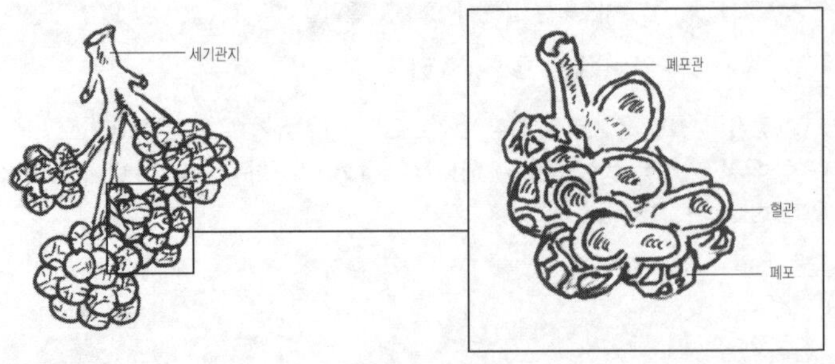

〈허파꽈리 - 폐포〉

폐기종 肺氣腫

肺 허파 **폐**　氣 기운, 공기 **기**　腫 종기 **종**

허파에[肺] 공기가[氣] 들어가 종기처럼[腫] 팽창되는 증세.

　'氣腫'은 조직 내에 공기가 침입하여 종기처럼 팽창 또는 확대된 상태를 말합니다. 폐기종은 폐포가 부풀어오르고 폐가 지속적으로 확장하여 호흡 장애를 일으키는 증세를 말합니다.

폐활량 肺活量

肺 허파 **폐**　活 살다 **활**　量 수량 **량**

허파의[肺] 활동[活] 양[量].

　폐활량은 폐 속에 최대 한도로 깊이 공기를 들어 마신 후, 다시 한껏 내쉴 적에 나오는 공기의 양을 가리키는 말입니다.

횡격막 橫膈膜

橫 가로 **횡**　膈 칸막이 **격**　膜 얇은 꺼풀 **막**

가로로[橫] 칸막이처럼[膈] 놓여 있는 막[膜].

　횡격막은 포유류의 배와 가슴 사이에 있는 근육성의 막으로, 수축 이완을 통하여 호흡을 하게 하는 막입니다.
　= 가로막.

5. 배설

배설 排泄

排 밀어내다 **배**　泄 새다 **설**

몸 밖으로 밀어내[排] 나오게 하는[泄] 작용.

　배설은 생명 활동의 결과로 생성된 노폐물을 오줌이나 땀의 형태로 몸 밖으로 내보내는 작용을 말합니다.

사구체 絲球體

絲 실 사 球 공 구 體 몸 체

털실[絲] 뭉치[球] 모양의 덩어리[體].

'絲球'는 털실 뭉치 모양으로 보인다고 하여 붙여진 이름입니다. 사구체는 콩팥의 피질皮質에 있는 말피기 소체에 들어 있는 모세 혈관의 덩어리입니다. 혈액이 이 사구체를 지나면 혈압이 갑자기 높아지는데, 이 압력으로 혈장 성분이 보우만 주머니로 여과됩니다.

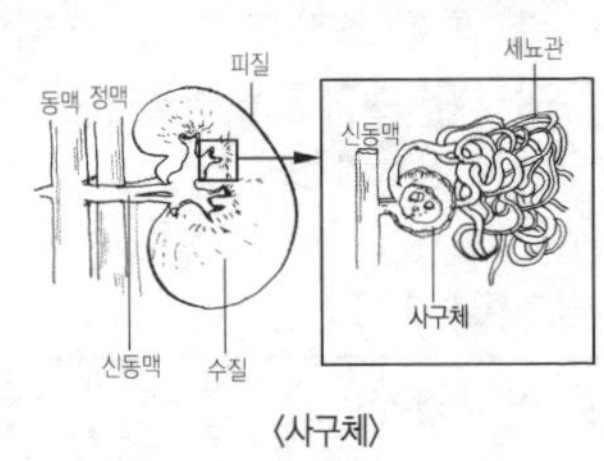

말피기 소체 Malpighi 小體

小 작다 소 體 몸 체

말피기가[Malpighi] 발견한 신장에 있는 조그만[小] 덩어리[體].

Malpighi는 사람 이름으로, 이탈리아의 생리학자이며 현미顯微 해부학의 창시자입니다. 말피기 소체는 신장腎臟의 피질皮質 속에 존재하며, 사구체와 보우만 주머니를 합쳐서 부르는 말입니다. 사람의 콩팥에는 100만~150만 개의 말피기 소체가 있습니다.

= 신소체腎小體.

세뇨관 細尿管

細 가늘다 세 尿 오줌 뇨 管 대롱 관

오줌을[尿] 걸러 내는 가느다란[細] 관[管].

세뇨관은 사구체에서 보우만 주머니로 여과된 원뇨原尿 성분이 지나가는 관입니다. 이 관을 지날 때 관 주위를 싸고 있는 모세 혈관과의 사이에서 재흡수와 분비 작용이 일어나 오줌이 생산됩니다.

수뇨관 輸尿管

輸 실어 나르다 수 尿 오줌 뇨 管 대롱 관

오줌을[尿] 실어 나르는[輸] 관[管].

수뇨관은 신장에서 생산된 오줌을 방광으로 보내는 관입니다.

요도 尿道

尿 오줌 뇨 道 길 도

오줌이[尿] 지나가는 길[道].

요도는 오줌을 방광으로부터 몸 밖으로 내보내는 관을 말합니다.

요소 尿素

尿 오줌 뇨 素 바탕 소

오줌[尿] 속에 있는 질소 화합물[素].

요소는 동물의 오줌 속에 들어 있는 질소 화합물로, 간에서 암모니아와 이산화탄소를 원료로 만들어지며 오줌을 통해 배설됩니다.

결석 結石

結 맺다 결 石 돌 석

오줌 성분 중 일부가 엉기어[結] 돌처럼[石] 된 물질.

결석은 오줌 성분 중의 일부가 신장이나 요도 등에서, 돌처럼 단단하게 엉기면서 만들어지는 물질을 가리키는 말입니다.

당뇨병 糖尿病

糖 사탕, 물에 녹아 단맛을 내는 탄수화물 당 尿 오줌 뇨 病 질병 병

오줌에[尿] 포도당을[糖] 배출하는 병[病].

당뇨병은 혈액 속의 당의 양이 정상보다 많을 때, 소변을 통해 포도당을 배출하는 만성 질환입니다.

III. 생물의 항상성

1. 자극과 반응

신경 神經

神 귀신, 영묘하다 **신**　經 날실, 지나다 **경**

뇌와 신체 사이에서 서로 내린 명령, 즉 영묘한 현상이[神] 지나가는 [經] 곳.

신경은 몸의 각 부분으로부터의 감각을 뇌에 전하거나, 뇌의 명령을 신체의 각 부분에 전달하는 길다란 모양의 기관입니다.

자율 신경 自律神經

自 스스로 **자**　律 법률, 절제하다 **률**　神 귀신, 영묘하다 **신**　經 날실, 지나다 **경**

자율적으로[自律] 활동하는 신경[神經].

자율 신경은 의지와는 관계없이 움직이는 내장內臟(콩팥, 소화관, 허파, 심장 등) 기관과 외분비선(침샘)·내분비선(호르몬 분비샘)·혈관을 지배하는 신경을 말합니다. 자율 신경에는 크게 **교감 신경**交感神經과 **부교감 신경**副交感神經이 있는데, 내장의 여러 가지 기관은 서로 반대 작용을 하는 이 두 가지 신경에 지배되고 있습니다. 이를테면 교감 신경은 심장 박동을 촉진하지만, 부교감 신경은 박동을 억제합니다. 자율 신경은 중추 신경(연수, 중뇌, 척수)으로부터 뻗어 나와 있으므로 때로는 중추 신경의 영향을 받기도 합니다. 놀라거나 부끄러울 때 얼굴 색깔이 변하는 것이 대표적인 예입니다.

◗ **交感神經** [交 사귀다, 서로 교　感 느끼다 감] 심장 박동 촉진·혈관 수축·소화관 운동 억제·땀 분비 촉진 등의 기능이 있음.
◗ **副交感神經** [副 다음 부] 교감 신경과 반대되는 작용을 하는 자율 신경의 하나.

중추 신경계 中樞神經系

中 가운데 중 樞 중심 축 추 神 귀신, 영묘하다 신 經 날실, 지나다 경 系 계통 계

중심이[中樞] 되는 신경 계통[神經系].

 '中樞'는 사물의 중심이 되는 중요한 부분이나 자리입니다. 중추 신경계는 뇌·연수延髓·척수脊髓 가운데 있으면서, 신경神經의 전달을 받고, 통합·판단하여 명령하는 중추 기관입니다.
　↔ 말초 신경계.

말초 신경계 末梢神經系

末 끝 말 梢 끝 초 神 귀신, 영묘하다 신 經 날실, 지나다 경 系 계통 계

끝부분을[末梢] 연결하는 신경 계통[神經系].

 '末梢'는 끝부분이라는 말입니다. 말초 신경계는 중추 신경계와 피부·근육·감각 기관 등을 연락하는 신경계의 총칭입니다.
　↔ 중추 신경계.

산만 신경계 散漫神經系

散 흩어지다 산 漫 생각나는 대로 하다 만 神 귀신, 영묘하다 신 經 날실, 지나다 경 系 계통 계

한 부분의 자극을 전체에 전달하는[散漫] 신경 계통[神經系].

 '散漫'은 어수선하여 걷잡을 수 없다는 말입니다. 산만 신경계는 한 부분이 자극을 받으면 그 흥분이 몸 전체에 전달되지만, 흥분을 통합하고 조절하여 일정한 반응을 나타내는 중추 기능은 없는 원시적인 신경계입니다. 히드라와 같은 강장 동물에서 볼 수 있습니다.

척수 脊髓

脊 등골뼈 척 髓 골수 수

척추[脊] 속 골수[髓].

 '골수骨髓'는 뼈 속을 채우고 있는 연한 조직입니다. 척수는 척추 속에 길게 뻗어 있는 대롱 모양의 중추 신경으로 연수延髓와 연결되어 있습니다. 뇌와 말초신경 사이의 자극 전달 및 반사反射 기능 등을 맡고 있습니다.
　= 등골.

연수 延髓

延 (시간을) 끌다, 뻗다 **연** 髓 골수 **수**

뇌에서 척수로 뻗어 있는[延] 골수[髓].

'골수骨髓'는 뼈 속을 채우고 있는 연한 조직입니다. 연수는 척추 동물의 뇌의 가장 아랫부분, 곧 척수의 바로 윗부분에 있으면서 뇌와 척수를 연결하는 부분입니다. 심장 박동·호흡 운동·소화액 분비 등 생명과 직결되는 활동을 조절하는 부분입니다.
= 숨골.

뇌

- **대뇌 大腦** [大 크다 대 腦 뇌 뇌] 척추 동물의 뇌의 대부분을 차지하는 기관.

- **소뇌 小腦** [小 작다 소 腦 뇌 뇌] 대뇌의 뒤쪽 아래에 있는 뇌의 한 부분.

- **간뇌 間腦** [間 사이 간 腦 뇌 뇌] 대뇌와 소뇌 사이에 있는 뇌의 한 부분.

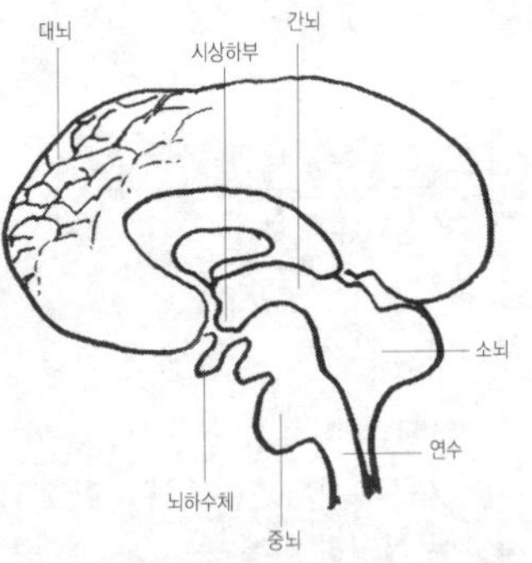

눈

- **시신경 視神經** [視 보다 시 神 귀신, 영묘하다 신 經 날실, 지나다 경] '볼 수 있게 하는 신경'이란 뜻으로, 눈의 망막網膜으로부터 대뇌로 시각을 전달하는 뇌신경의 하나.

- **동공 瞳孔** [瞳 눈동자 동 孔 구멍 공] 눈의 안쪽에 홍채로 둘러싸여 빛을 통과시키는 부분.

- **각막 角膜** [角 뿔 각 膜 얇은 꺼풀 막] 눈알의 앞쪽에 있는 뿔처럼 볼록 나온 접시 모양의 투명한 막.

- **망막 網膜** [網 그물 망 膜 얇은 꺼풀 막] 물체의 상이 맺히는 눈의 가장 안쪽의 막으로 시세포가 많이 분포되어 있음. 망막의 시각 세포는 그물과 같은 모양으로 서로 얽힌 막을 이루고 있음.

- **모양체 毛樣體** [毛 털 모 樣 모양 양 體 몸 체] 눈의 수정체와 연결되어 있어 수정체의 두께를 조절하여 원근 조절을 하는 털 모양의 부분을 가리키는 말.

- **맹점 盲點** [盲 눈멀다 맹 點 점, 장소나 한도를 나타내는 말 점] 망막의 시신경이 나가는 곳. 시세포가 없어서 맹점에 상이 맺히면 보이지 않게 됨.

- **야맹증 夜盲症** [夜 밤 야 盲 눈멀다, 눈이 어둡다 맹 症 증세 증] 어두운 곳에서 잘 보지 못하는 증세로서 주로 비타민 A의 결핍에 의하여 일어남.

- **원시 遠視** [遠 멀다 원 視 보다 시] 먼 곳에 있는 물체는 잘 보지만, 가까운 데에 있는 물체는 잘 보지 못하는 눈의 상태.

- **홍채 虹彩** [虹 무지개 홍 彩 무늬 채] 동공瞳孔의 주위에 무지개 같은 고리 모양의 막으로, 각막과 수정체 사이에서 동공의 크기를 변화시켜 눈으로 들어가는 빛의 양을 조절하는 부위.

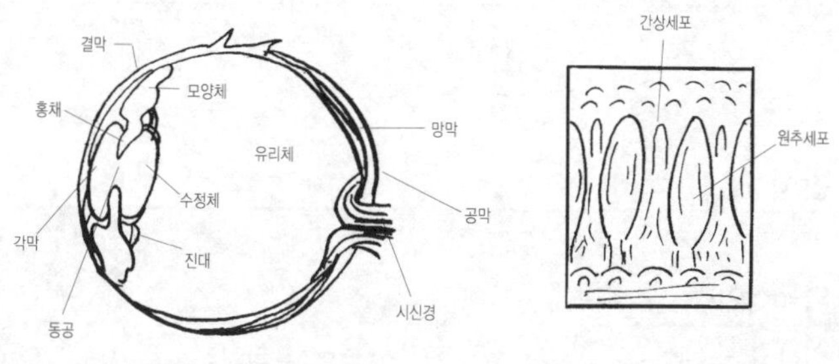

〈눈의 구조〉

- **청신경 聽神經** [聽 듣다 청 神 귀신, 영묘하다 신 經 날실, 지나다 경] 속귀에 분포되어 있는 달팽이관에서 청각을 대뇌로 전달하는 감각 신경.

- **고막 鼓膜** [鼓 북, 치다 고 膜 얇은 꺼풀 막] 소리가 막을 때린다는 뜻으로, 소리에 의

한 공기의 진동을 귓속으로 전달하는 얇은 막.
= 귀청.

• **전정 기관 前庭器官** [前 앞 전
庭 뜰 정 器 그릇, 기구 기 官 벼
슬, 신체의 기관 관] 속귀의 일부
로서, 반고리관과 달팽이관 사이
에서 앞쪽으로 불룩하게 나와 있
으며 몸의 위치 감각을 중추에 전
하는 기관.

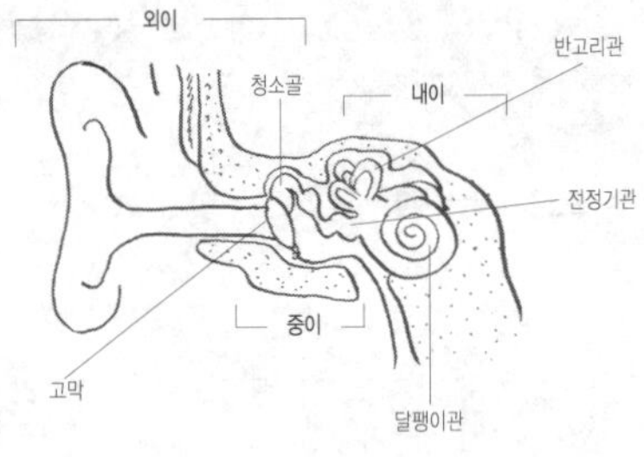

며

• **미신경 味神經** [味 맛 미 神 귀신, 영묘하다 신 經 날실, 지나다 경] 맛을 느끼도록
하는 신경.

• **미뢰 味蕾** [味 맛 미 蕾 꽃봉오리 뢰] 혓바닥의 작은 망울과 입 안의 일부 점막에 퍼
져 있어, 맛을 알게 하는 세포의 모임으로, 꽃봉오리 모양임.

반사 反射

反 되돌리다 **반** 射 쏘다 **사**

되돌리어[反] 응함[射].

반사는 연수 · 중뇌 · 척수가 중추가 되어 무의식적으로 빠르게 나타나
는 반응으로, 어떤 감각 자극에 대해 의지와는 관계없이 일어나는 반응입
니다. 예를 들면 손에 뜨거운 것이 닿으면 자기도 모르는 사이에 손을 움츠
리게 되는 것과 같은 반응입니다. 이러한 일은 자극이 일어나면 감각 신경
이 반사 중추에 전하고, 다시 운동 신경에 명령을 내려 근육의 반응을 일으
키기 때문입니다. 반사 운동은 자극이 대뇌에까지 전해지지 않으므로, 자
극을 받고 나서부터 반응이 일어날 때까지의 시간이 매우 짧습니다.

수상 돌기 樹狀突起

樹 나무 수　狀 모양 상　突 갑자기, 내밀다 돌　起 일어나다 기

나뭇가지[樹] 모양의[狀] 돌기[突起].

　'樹狀'은 나뭇가지 모양으로 복잡하게 가지가 나뉘어져 있다는 말입니다. '突起'는 어떤 부분이 뾰족하게 나온 것을 말합니다. 수상 돌기는 신경 세포에 있는 두 가지 돌기 가운데 짧은 돌기로, 앞에 위치한 다른 신경세포로부터 흥분을 받아들이는 작용을 합니다. 하나의 신경 세포에서 나뭇가지처럼 복잡하게 갈라져 나가기 때문에 붙여진 이름입니다.

축색 돌기 軸索突起

軸 중심 축 축　索 찾다 색 / 동아줄 삭　突 갑자기, 내밀다 돌　起 일어나다 기

길게 뻗어 나온[軸索] 돌기[突起].

　'軸'은 수레바퀴의 한가운데에 뚫린 구멍에 끼우는 긴 쇠나 나무를 가리키는 '굴대'입니다. '突起'는 어떤 부분이 뾰족하게 나온 것을 말합니다. 축색 돌기는 신경 세포의 두 가지 돌기 가운데 긴 돌기로, 흥분을 다음 신경 세포로 전도하는 작용을 합니다. 털과 같이 길게 뻗어 나와 축색이라 불리는데, '軸'과 '索'에 '길다'는 뜻이 담겨 있어서 붙여진 이름으로 추측할 수 있습니다.

자극 수용체 刺戟受容體

刺 찌르다 자　戟 찌르다 극　受 받다 수　容 받아들이다 용　體 몸 체

자극을[刺戟] 받아들이는[受容] 기관[體].

　자극 수용체는 자극을 받아들이는 감각 세포 또는 그 세포들의 집합체를 가리키는 말입니다.

실무율 悉無律

悉 모두 실　無 없다 무　律 법률 률

일정한 수치 이하나 이상에서 모두[悉] 반응이 없다는[無] 법칙[律].

　실무율은 생물체에 가한 자극이 일정한 수치 이하에서는 반응이 전혀 없다가, 일정한 정도에 이르면 최대의 반응을 보이지만, 그 이상은 아무리 강도를 높여도 변화가 없다는 법칙입니다. 신경 세포나 근 세포 등의 단일 세포체에 적용됩니다.

2. 호르몬, 항상성 유지

길항 작용 拮抗作用

拮 맞서다 길　抗 대항하다 항　作 만들다, 일하다 작　用 (물건을) 쓰다 용

상반되는 요인이 맞서[拮] 대항하는[抗] 작용[作用].

　길항 작용은 상반되는 요인이 동시에 작용하여 그 효과를 서로 상쇄시키는 일입니다. 예를 들어 자율 신경의 교감 신경과 부교감 신경은 서로 반대되는 작용을 합니다. 또한 서로 길항적으로 작용하는 호르몬이 체내에서 분비되어 항상성을 유지하도록 해 줍니다.

갑상선 甲狀腺

甲 첫째 천간, 갑옷 갑　狀 모양 상　腺 샘, 분비 작용을 하는 기관 선

갑상 연골甲狀軟骨[甲狀] 아래에 있는 내분비선[腺].

　갑상선은 **후두**喉頭의 전면 갑상연골甲狀軟骨 아래에 있는 내분비선으로, 발육 · 신진대사에 필요한 티록신 호르몬을 분비합니다.

- **甲狀軟骨** [軟 부드럽다 연　骨 뼈 골] 갑옷 모양(나비 모양)의 부드러운 뼈란 뜻으로, 후두의 골격 중 하나이며, 목의 정 중앙 앞쪽에서 볼록 튀어나온 단단한 구조물을 말합니다. 흔히 영어로 'Adams apple'이라고 합니다.
- **喉頭** [喉 목구멍 후　頭 머리, 첫머리 두] 사람의 호흡 기관과 소화 기관을 분리시키는 지점에 위치하면서 음식물과 공기를 각기 다른 곳으로 내려가게 하는 역할을 담당함.

송과선 松果腺

松 소나무 송　果 열매 과　腺 샘, 분비 작용을 하는 기관 선

솔방울처럼[松果] 생긴 분비선[腺].

　송과선은 솔방울과 비슷한 모양에서 유래한 이름으로, 척추 동물의 간뇌 윗부분에서 위로 뻗어 있는 내분비선입니다. 이곳에서는 멜라토닌이라는

호르몬의 생성을 조절하는 역할을 합니다. 멜라토닌은 호르몬 방출을 억제하고 피부의 색깔을 희게 합니다. 송과선은 어릴 때는 크고 생식선의 발육을 억제하며 사춘기가 되면서 크기가 줄어듭니다.

뇌하수체 腦下垂體

腦 뇌 **뇌**　下 아래 **하**　垂 드리우다 **수**　體 몸 **체**

뇌[腦] 아래에[下] 드리워져[垂] 있는 기관[體].

'下垂'는 아래로 늘어지거나, 또는 밑으로 드리워졌다는 말입니다. 뇌하수체는 척추 동물의 간뇌 밑에 있는 내분비 기관으로, 골밑샘이라고도 합니다. 사람의 경우는 완두콩 정도의 크기입니다. 전엽·중엽·후엽의 세 부분으로 되어 있는데, 전엽에서 나오는 전엽 호르몬은 생장을 촉진하고, 갑상선·난소·고환 등에 작용하여 여기에서 나오는 호르몬을 조절합니다. 중엽에서 나오는 중엽 호르몬의 작용은 확실하지 않으나, 개구리나 물고기에서는 피부의 색깔을 검게 하는 작용을 합니다. 후엽에서 나오는 후엽 호르몬은 혈관을 축소시켜 혈압을 높이거나, 자궁을 수축시키는 옥시토신이라는 호르몬을 분비합니다.

월경 月經

月 달 **월**　經 날실, 지나다 **경**

매월[月] 거쳐가는[經] 현상.

월경은 사춘기思春期 이후부터 50살 전후의 여성의 자궁에서, 매달 일정한 기간 동안 혈액 성분과 자궁점막이 탈락되어 흘러나오는 현상을 말합니다. 보통 여성들은 28일을 주기로 자궁의 점막粘膜 두께가 변화하는데, 월경 때는 그 점막이 파괴되어 출혈을 일으킵니다. 월경 후에는 벗겨진 자리에 다시 새로운 점막이 생겨서 차차 두꺼워집니다. 월경 전에 자궁점막이 두터워지고 부드러워지는 현상은 수정된 난자가 부착하기 쉽게 하기 위한 준비입니다.

항상성 恒常性

恒 항상 **항**　常 항상 **상**　性 성품, 성질 **성**

항상[恒常] 일정하게 유지하려는 성질[性].

항상성은 체온이나 혈당량의 유지 등과 같이 몸의 내부 환경을 일정하게 유지하려는 성질을 말합니다.

혈당 血糖

血 피 혈　糖 사탕, 물에 녹아 단맛을 내는 탄수화물 당

피 속에[血] 녹아 있는 포도당[糖].

　혈당은 혈액에 함유되어 있는 포도당의 양을 말합니다. 정상적인 사람은 공복 때 혈액 100㎖에 80~100㎎으로 거의 일정한데, 이것을 혈당치血糖值라고 합니다. 혈당치는 식후 한때 증가하다가 약 2시간 후에는 원래의 값으로 되돌아옵니다. 혈당치가 올라가면 포도당이 글리코겐으로 합성되어 혈당치를 감소시키며, 혈당치가 내려가면 이 글리코겐은 당이 되어 혈액 속으로 나갑니다.

주성 走性

走 달리다 주　性 성품, 성질 성

일정한 방향으로 이동하는[走] 성질[性].

　주성은 동물이 외부 자극에 대해 일정한 방향으로 이동하는 성질을 말합니다. 대표적인 예로는 나방이 빛을 향해 모이거나 지렁이가 빛을 피하는 성질 등이 있습니다.

내성 耐性

耐 견디다 내　性 성품, 성질 성

견뎌 내는[耐] 성질[性].

　내성은 감염증을 일으키는 기생寄生 생물, 즉 바이러스 · 리케차 · 세균[구균 · 간균 · 나선균 · 방선균] · 진균 따위가 일정한 약물에 견뎌내는 성질을 말합니다. 즉 몸 속에 일정한 양의 약물을 계속 사용하여도, 바이러스나 여러 질병 균이 점차 강한 저항성을 갖게 되는 것을 말합니다. 저항성이라고도 합니다.

굴성 屈性

屈 굽히다 굴　性 성품, 성질 성

굽어지는[屈] 성질[性].

　굴성은 식물이 외부의 어떤 자극에 대해 생장 속도의 차이로 인해 일정한 방향으로 굽는 성질을 말합니다. 줄기가 빛을 향해 뻗어 나가거나, 뿌리가 빛의 반대 방향으로 뻗어 가는 성질이 대표적인 굴성입니다.

Ⅳ. 생명의 연속성

1. 세포 분열

생식 生殖

生 살다, 낳다 **생** 殖 번식하다 **식**

낳고[生] 번식함[殖].

생식은 생물이 그 종족을 유지하기 위해 자기와 닮은 새로운 개체를 만드는 일을 말합니다. 생식은 **유성 생식**有性生殖과 **무성 생식**無性生殖으로 나뉩니다. 유성 생식은 난자와 정자가 합쳐서 새 개체를 만드는 수정과 같은 생식법이고, 무성 생식은 분열 · **출아**出芽 · **포자**胞子 · 땅속 줄기 등에 의해 모체의 일부가 분리되어 새로운 개체가 되는 생식 방법으로, 주로 하등 생물에서 이루어집니다. 식물의 꺾꽂이나 휘묻이 따위는 인공적인 무성 생식에 속합니다.

- **有性生殖** [有 있다 유 性 성품, 남녀 성] 성性이 구별되는 생물들에서의 생식 방법. 예)수정.
- **無性生殖** [無 없다 무 性 성품, 남녀 성] 성性이 없는 것에 의한 생식.
- **出芽** [出 나가다, 낳다 출 芽 싹 아] 싹이 틈. 식물체에 싹이라는 작은 돌기가 생겨, 그것이 발달하여 식물체에 가지 나누기가 생기게 하는 과정.
- **胞子** [胞 세포 포 子 아들, 작은 것 자] 한 개의 세포로 되어 있는데, 모체를 떠나 새로운 개체를 이루는 것.

단위 생식 單爲生殖

單 혼자 **단** 爲 하다 **위** 生 살다, 낳다 **생** 殖 번식하다 **식**

혼자서[單] 하는[爲] 생식[生殖].

단위 생식은 미수정란未受精卵이 혼자 발생하여 새로운 개체가 되는 것을 말합니다. 꿀벌의 경우 미수정란에서는 수벌이 발생하고, 수정란에서는 암벌이 발생합니다. 이 밖에 진딧물이나 물벼룩도 단위 생식으로 발생합니다. 달리 처녀 생식, 단성 생식이라고도 합니다.

영양 생식 營養生殖

營 경영하다 **영**　養 기르다 **양**　生 살다, 낳다 **생**　殖 번식하다 **식**

영양 기관[營養]에서 새로운 개체가 만들어지는 생식[生殖].

　영양 생식은 식물의 모체로부터 영양 기관(뿌리, 줄기, 잎)의 일부가 분리 발육하여 독립적인 한 개체로 발전하는 생식을 말합니다.

체세포 體細胞

體 몸 **체**　細 가늘다 **세**　胞 세포 **포**

몸을[體] 구성하는 세포[細胞].

　체세포는 생물체를 구성하고 생활 작용이 일어나는 세포로, 생식 세포를 제외한 모든 세포를 가리키는 말입니다.

감수 분열 減數分裂

減 덜다 **감**　數 숫자 **수**　分 나누다 **분**　裂 찢다 **렬**

숫자가[數] 줄어드는[減] 세포 분열[分裂].

　감수 분열은 염색체의 수가 반으로 줄어드는 생식 세포 분열을 말합니다. 생식 세포인 정자와 난자를 만들 때 일어나는 세포 분열입니다. 제1분열과 제2분열의 연속된 핵분열이 일어나며 4개의 딸세포를 만드는 것이 특징입니다.

간기 間期

間 사이 **간**　期 기간 **기**

사이의[間] 기간[期].

　간기는 세포 분열이 끝난 후부터 다시 분열이 시작되기 전까지의 시기를 말합니다.

염색체 染色體

染 물들이다 **염**　色 색깔 **색**　體 몸 **체**

색에[色] 잘 물드는[染] 물질[體].

염색체는 세포 분열이 일어날 때 핵 속에 나타나는 끈 모양의 물질입니다. 헤마톡실린이나 카민과 같은 염기성 색소에 염색이 잘 되므로 염색체라 부릅니다. 염색체의 수나 모양은 생물의 종류에 따라서 정해져 있습니다. 이를테면 사람은 46, 개는 78, 완두는 14개입니다. 염색체에는 형질을 결정하는 유전자가 들어 있어 어버이의 형질이 자손에게 계속 전해지게 됩니다. 상염색체常染色體와 성염색체性染色體로 나누는데, 그 중 성염색체는 암수를 결정하는 데 중요한 역할을 합니다.

상동 염색체 相同染色體

相 서로 **상**　同 같다 **동**　染 물들이다 **염**　色 색깔 **색**　體 몸 **체**

서로[相] 같은[同] 염색체[染色體].

상동 염색체는 체세포에 들어 있는 같은 모양, 같은 크기의 한 쌍의 염색체를 말합니다. 한쪽은 아버지에게서, 다른 한쪽은 어머니에게서 온 것으로, 유전자의 종류와 수 그리고 유전자의 배열이 서로 같습니다.

이가 염색체 二價染色體

二 둘 **이**　價 값 **가**　染 물들이다 **염**　色 색깔 **색**　體 몸 **체**

상동 염색체가 2개씩[二價] 접합하여 이루어진 염색체[染色體].

이가 염색체는 생물의 감수 분열 과정에서 상동 염색체가 2개씩 접합하여 이루어진 염색체를 말합니다. 예를 들면, 초파리의 체세포 염색체 수는 8이고, 감수 분열에서는 2개씩 쌍이 되어 4개의 이가 염색체를 만듭니다. 이가 염색체는 감수 분열 제1분열 때 서로 다른 딸세포로 분리하여 두 개의 핵으로 나뉘어지므로 염색체 수는 반감됩니다.

방추사 紡錘絲

紡 실 뽑다 **방**　錘 저울 **추**　絲 실 **사**

방추 모양의[紡錘] 실[絲].

'紡錘'는 물레로 실을 뽑을 때, 고치솜에서 풀려 나오는 실을 감는 쇠꼬챙이를 가리키는 말입니다. 방추사는 세포가 유사 분열을 할 때 양극과 염색체를 연결하는, 실처럼 보이는 물질을 말합니다. 방추형(중앙이 볼록하고 양끝이 뾰족한 모양)의 실처럼 보이기 때문에 붙여진 이름입니다. 방추사는 염색체를 양극으로 분리하는 중요한 일을 합니다.

난자 卵子

卵 알 란　子 아들, 씨 **자**

알 같은[卵] 것[子].

　난자는 성숙한 암컷의 난소에서 생산된 생식 세포입니다. 여성은 보통 28일에 난자 한 개씩을 배란합니다.

난소 卵巢

卵 알 란　巢 집 소

난자를[卵] 만드는 집[巢].

　난소는 난자를 만들고 호르몬을 분비하는, 동물의 암컷에 있는 생식 기관입니다. 난소는 끊임없이 세포 분열을 하여 **난원 세포**卵原細胞를 만들며, 이것이 감수 분열을 통해 난자가 됩니다.

◑ **卵原細胞** [卵 알 란　原 근원 원　細 가늘다 세　胞 세포 포] 난소의 안에 있는 난자의 근원이 되는 세포.

난할 卵割

卵 알 란　割 베다, 나누다 **할**

수정란이[卵] 나뉨[割].

　난할은 수정란이 체세포 분열을 하여 세포 수를 늘리는 과정을 말합니다. 분열이 진행되면서 딸세포(할구)의 크기가 점점 작아지게 되어 난할이라고 부릅니다.

배 胚

胚 아이 배다, 시초 **배**

초기 단계에 있는 생물체[胚].

　배는 다세포 생물의 발생 초기 단계에 있는 생물체를 말합니다. 일반적으로 배의 상태로 있는 동안에 각 기관의 기본 틀이 완성됩니다.

상실배 桑實胚

桑 뽕나무 **상**　實 실제, 열매 **실**　胚 아이 배다, 시초 **배**

뽕나무[桑] 열매처럼[實] 생긴 배[胚].

'桑實'은 뽕나무 열매인 오디를 말합니다. 상실배는 다세포 동물의 개체 발생 초기 중 한 시기의 배입니다. 발생 초기에 난할이 진행되면서 **할구**割球 수가 32개 정도가 됩니다. 이 모양이 마치 오디와 비슷하여 상실배라 부릅니다.

▶ **割球** [割 베다, 나누다 할 球 공 구] 수정란의 세포 분열 결과 만들어진 딸세포.

포배 胞胚

胞 세포 **포** 胚 아이 배다, 시초 **배**

공 모양의 세포가[胞] 되는 시기의 배[胚].

포배는 상실기桑實期 다음에 오는 발생 단계의 배로, 이때는 배의 내부에 있는 할구들이 호흡을 위해 공 모양으로 배의 표면으로 떠오르고 내부에 빈 부분이[**할강**割腔] 형성됩니다. 이 시기에 착상이 일어납니다.

▶ **割腔** [割 베다, 나누다 할 腔 속이 비다 강] 포배 시기의 배에서 한가운데에 형성된 빈 공간.

낭배 囊胚

囊 주머니 **낭** 胚 아이 배다, 시초 **배**

주머니 모양[囊]의 배[胚].

낭배는 동물 난자의 발생 과정에서 포배胞胚 다음에 오는 발생 단계의 배입니다. 이 단계에서는 배의 안쪽이 들어가면서 바깥 세포층(외배엽)과 안쪽 세포층(내배엽)으로 구분되어 전체적으로 주머니 모양의 상태의 배가 됩니다.

배엽 胚葉

胚 아이 배다, 시초 **배** 葉 잎, 본 줄기에서 벗어난 갈래 **엽**

배가[胚] 발육하는 단계에서 생기는 세포층[葉].

배엽은 배가 발육하는 단계에서, 수정한 난자가 세포의 분열을 거듭하여 생기는 세포층으로, **외배엽**外胚葉 · **중배엽**中胚葉 · **내배엽**內胚葉으로 나뉘며 그 각각의 배엽에서 일정한 기관이 만들어집니다.

▶ **外胚葉** [外 바깥 외] 배胚의 맨 겉층을 이루는 세포층. 중추 신경 · 감각

기관·피부를 형성하는 부분.

○ **中胚葉** [中 가운데 중] 외배엽이나 내배엽에서 만들어지며, 골격·혈액 등의 결합 조직과 근육·신장·생식 기관 등을 형성하는 부분. 하등 동물인 강장 동물은 생성되지 않음.

○ **內胚葉** [內 안 내] 배胚의 안쪽에 만들어지는 세포층. 소화 기관·호흡 기관 따위를 형성하는 부분.

형성체 形成體

形 모양 **형**　成 이루다 **성**　體 몸 **체**

특정 기관이 형성되게[形成] 영향을 주는 부분[體].

'形成'은 어떤 모양을 이룬다는 말입니다. 형성체는 수정란이 발생되는 초기에 외배엽外胚葉에 작용하여, 특정 기관이 만들어지도록 영향을 주는 부분을 말합니다.

배란 排卵

排 밀어내다 **배**　卵 알 **란**

난자를[卵] 몸 밖으로 밀어내는[排] 현상.

배란은 여성이 사춘기로부터 약 28일에 한 번씩 좌우 난소에서 한 개의 난자를 배출하는 현상을 말합니다.

수란관 輸卵管

輸 실어 나르다 **수**　卵 알 란　管 대롱 관

난자를[卵] 실어 나르는[輸] 관[管].

수란관은 난소로부터 난자가 자궁으로 옮겨가는 관으로, 난관卵管이라고도 합니다. 정자와의 수정이 이루어지는 곳도 이곳입니다.

황체 黃體

黃 노랗다 **황**　體 몸 **체**

노랗게[黃] 변한 조직[體].

황체는 난소에서 **여포**濾胞가 터지면서 난자를 배출한 뒤에, 여포가 노랗게 변화된 것을 가리키는 말입니다. 황체에서 분비되는 프로게스테론(**자성**雌性 호르몬)은 자궁벽을 계속 두텁게 발전시켜 주며, 임신이 안 되면 퇴화하여 월경 현상이 나타나게 됩니다.

> ○ **濾胞** [濾 맑게 하다 려 胞 세포 포] 난소 속에서 난자가 만들어질 때,
> 난자를 싸고 있는 주머니. = 난포卵胞.
> ○ **雌性** [雌 암컷 자 性 성품, 성질 성] 암컷을 형성하는 성질.

수정 受精

受 받다 **수** 精 자세하다, 정자 **정**

난자가 정자를[精] 받음[受].

수정은 난자와 정자가 합쳐지는 일을 말합니다.

수정란 受精卵

受 받다 **수** 精 자세하다, 정자 **정** 卵 알 **란**

정자를[精] 받아들인[受] 난자[卵].

수정란은 정자를 받아들여 수정을 한 난자를 가리키는 말입니다.

중복 수정 重複受精

重 무겁다, 거듭하다 **중** 複 겹치다 **복** 受 받다 **수** 精 자세하다, 정자 **정**

2개의 정핵이 난세포와 극핵에 각각[重複] 수정하는[受精] 현상.

중복 수정은 속씨 식물에서 꽃가루에 있는 2개의 정핵精核이, 하나는 난세포와 수정하여 배를 만들고, 다른 하나는 극핵極核과 수정하여 배젖을 만드는 현상을 말합니다.

체내 수정 體內受精

體 몸 **체** 內 안 **내** 受 받다 **수** 精 자세하다, 정자 **정**

암컷의 몸[體] 안에서[內] 수정하는[受精] 현상.

체내 수정은 정자가 암컷의 몸 속에 들어가 그곳에서 수정이 이루어지는 것을 말합니다.
↔ 체외 수정.

자가 수정 自家受精

自 스스로 **자** 家 집, 집안 **가** 受 받다 **수** 精 자세하다, 정자 **정**

한 개체 안에서[自家] 수정하는[受精] 현상.

　자가 수정은 한 개체에서 암수 배우자가 모두 생성되어 그 배우자들이 융합하는 것을 말합니다.

착상 着床

着 붙다 **착**　床 상, 자리 **상**

자궁의 안쪽 벽에[床] 붙음[着].

　착상은 수정 후 만들어진 포배 단계의 배가 자궁의 안쪽 벽에 자리 잡게 되는 것을 말합니다.

정자 精子

精 자세하다, 정자 **정**　子 아들, 씨 **자**

수컷의 생식 세포[精子].

　정자는 정소精巢에서 만들어지는 수컷의 생식 세포로, 난자와 결합하여 새로운 개체를 만듭니다.

정소 精巢

精 자세하다, 정자 **정**　巢 집 **소**

정자를[精] 만드는 집[巢].

　정소는 포유 동물 중 수컷의 정자를 만들고 남성 호르몬을 분비하는 생식 기관으로, 고환睾丸이라고도 합니다.

정핵 精核

精 자세하다, 정자 **정**　核 사물의 가장 중심, 세포의 중심에 있는 것 **핵**

정자의[精] 핵[核].

　정핵은 동물에서는 정자의 핵을, 식물에서는 **화분관**花粉管 내의 생식핵生殖核이 분열하여 생기는 두 개의 핵을 가리키는 말입니다.

◑ **花粉管** [花 꽃 화　粉 가루 분　管 대롱 관] 꽃가루관. 수술의 꽃밥에서 만들어진 정핵을 암배우자인 배낭 쪽으로 이동시키는 관.

정관 精管

精 자세하다, 정자 **정** 管 대롱 관

정자가[精] 지나가는 관[管].

정관은 고환에서 만들어진 정자를 **정낭**精囊으로 보내는 가느다란 관을 말합니다.

➡ **精囊** [精 자세하다, 정자 정　囊 주머니 낭] 정관 끝에 있는 정자 저장 주머니.

음낭 陰囊

陰 그늘, 생식기 **음**　囊 주머니 **낭**

불알을[陰] 싸고 있는 주머니[囊].

음낭은 불알을 싸고 있는, 주머니처럼 생긴 부분을 가리키는 말입니다.

태반 胎盤

胎 태아를 싸고 있는 조직 **태**　盤 쟁반, 받침 **반**

태아를 둘러싸고 있는[胎] 원반 모양의[盤] 기관.

태반은 임신중에 모체의 자궁 내벽과 태아 사이에서, 영양 공급·호흡· 배출 등의 기능을 맡은 원반 모양의 기관을 말합니다.

양막 羊膜

羊 양 **양**　膜 얇은 꺼풀 막

양수가[羊] 새지 않게 받쳐 주는 막[膜].

양막은 포유류의 태아를 둘러싼 반투명의 얇은 막으로, 속에는 **양수**羊水 가 들어 있습니다. 羊자를 쓰는 이유는 羊의 모양과 관련이 있을 것으로 추 정하나 정확한 유래는 알 수 없습니다.

➡ **羊水** [羊 양 양　水 물 수] 양막羊膜 안의 액液으로, 태아를 보호하며 출산할 때는 흘러나와 분만을 쉽게 함.

일란성 쌍생아 一卵性雙生兒

一 하나 **일** 卵 알 **란** 性 성품, 성질 **성** 雙 짝이 되다 **쌍** 生 살다, 낳다 **생** 兒 아이 **아**

한 개의[一] 난자의[卵] 성질을[性] 갖고 분화되어 쌍둥이로[雙] 태어나는[生] 아이[兒].

　일란성 쌍생아는 한 개의 난자와 정자의 결합으로 생긴 쌍생아로, 한 개의 수정란이 분열되어 발육해 가는 도중에 2개로 분할되면서 각자 따로 발생하여 생기는 쌍둥이입니다.

이란성 쌍생아 二卵性雙生兒

二 둘 **이** 卵 알 **란** 性 성품, 성질 **성** 雙 짝이 되다 **쌍** 生 살다, 낳다 **생** 兒 아이 **아**

각각 두 개의[二] 난자의[卵] 성질을[性] 갖고 쌍둥이로[雙] 태어나는[生] 아이[兒].

　이란성 쌍생아는 두 개의 난자가 두 개의 정자에 각기 따로 수정되어 태어난 쌍생아를 가리키는 말입니다.

자웅 동체 雌雄同體

雌 암컷 **자** 雄 웅장하다, 수컷 **웅** 同 같다 **동** 體 몸 **체**

암컷과[雌] 수컷의[雄] 성질이 한[同] 몸에[體] 있음.

　자웅 동체는 난소卵巢와 정소精巢를 한 몸에 가지고 있는 형태를 말합니다.
　↔ 자웅 이체.

자웅 이체 雌雄異體

雌 암컷 **자** 雄 웅장하다, 수컷 **웅** 異 다르다 **이** 體 몸 **체**

암컷과[雌] 수컷의[雄] 성질이 각각 다른[異] 몸에[體] 있음.

　자웅 이체는 난소卵巢를 지닌 암컷 개체와 정소精巢를 지닌 수컷 개체가 따로 있는 형태를 말합니다.
　↔ 자웅 동체.

난생 卵生

卵 알 **란** 生 살다, 낳다 **생**

알의[卵] 상태로 태어남[生].

난생은 새끼를 알의 상태로 낳는 것을 말합니다.
↔ 태생.

태생 胎生

胎 태아를 싸고 있는 조직 **태** 生 살다, 낳다 **생**

태아의[胎] 상태로 태어남[生].

태생은 모체 안에서 발생이 진행되어 새끼로 태어나는 것을 말합니다.
↔ 난생.

배축 胚軸

胚 아이 배다, 시초 **배** 軸 중심 축 **축**

배의[胚] 중심[軸].

배축은 속씨 식물의 배胚(발생 초기의 생물체)의 중심을 이루는 부분을
말합니다.

화분 花粉

花 꽃 **화** 粉 가루 **분**

꽃의[花] 가루[粉].

화분은 수술의 꽃밥에서 만들어진 수배우자 입니다.
=꽃가루.

수분 授粉

授 주다 **수** 粉 가루 **분**

꽃가루를[粉] 줌[授].

수분은 수술에서 만들어진 꽃가루가 암술에 달라붙는 것을 말합니다

우화 羽化

羽 깃털, 날개 **우**　化 변화하다 **화**

날개를[羽] 단 모습으로 변화함[化].

　우화는 곤충이 애벌레 또는 번데기에서 껍질을 벗고 어른 벌레가 되는 일을 말합니다.

2. 유전

유전 遺傳

遺 남기다 **유**　傳 전하다 **전**

남겨[遺] 전함[傳].

　유전은 어버이의 성질, 몸의 모양 등이 자손에 전해지는 일을 말합니다.

모성 유전 母性遺傳

母 어머니 **모**　性 성품, 성질 **성**　遺 남기다 **유**　傳 전하다 **전**

어머니의[母] 성질 쪽을[性] 통한 유전[遺傳].

　모성 유전은 자성雌性 생식 세포인 난자의 세포질에 있는 유전 인자因子가 자손에게 전해져 어머니의 형질이 나타나는 유전 현상을 말합니다.

반성 유전 伴性遺傳

伴 짝 **반**　性 성품, 성질 **성**　遺 남기다 **유**　傳 전하다 **전**

성별의[伴] 성질과[性] 깊은 관계를 가지는 유전[遺傳].

　반성 유전은 유전 인자因子가 성염색체性染色體에 있기 때문에 성별에 따라 유전 현상이 다르게 나타나는 유전 현상을 말합니다. 사람의 색맹 유전이 이에 해당됩니다.

종성 유전 從性遺傳

從 따라가다 종 性 성품, 성질 성 遺 남기다 유 傳 전하다 전

성을[性] 따라가는[從] 유전[遺傳].

　종성 유전은 성염색체에 있는 유전자와 관계 없는 유전 현상으로, 주로 성호르몬의 영향으로 나타나는 유전 현상입니다. 예를 들어 대머리는 남성 호르몬의 분비에 의해 나타나므로, 여자 대머리는 거의 없습니다.

한성 유전 限性遺傳

限 한계 한 性 성품, 성질 성 遺 남기다 유 傳 전하다 전

한쪽의 성에[性] 한하여[限] 나타나는 유전[遺傳].

　한성 유전은 형질이 암수의 어느 한쪽 성性에서만 나타나는 유전을 말합니다. 귓속 털은 유전자가 Y염색체에 존재하기 때문에 남성에게만 나타나는 현상이 대표적인 예입니다.

십자 유전 十字遺傳

十 열 십 字 글자 자 遺 남기다 유 傳 전하다 전

십자 형태로[十字] 엇갈려 나타나는 유전[遺傳].

　십자 유전은 성염색체 중에 있는 유전자에 의한 유전에서, 부모의 성과 관련된 어떤 형질이 자식의 암수에는 반대로 나타나는 유전을 말합니다. 반성 유전에서 나타납니다. 어머니가 색맹이면 아들은 반드시 색맹이 되며, 아버지의 색맹 유전자는 반드시 딸에게 전해지는 현상이 대표적인 예입니다.

중간 유전 中間遺傳

中 가운데 중 間 사이 간 遺 남기다 유 傳 전하다 전

어머니 쪽도 아버지 쪽도 아닌 중간의[中間] 성질로 나타나는 유전[遺傳].

　중간 유전은 잡종 제1대가 양친의 중간 형질을 나타내는 유전 현상을 말합니다. 분꽃의 경우 붉은 꽃의 순종과 흰 꽃의 순종을 교배시키면 분홍 꽃이 만들어지는 현상이 대표적인 예입니다.

역위 逆位

逆 거스르다 **역** 位 지위, 위치 **위**

거꾸로[逆] 그 위치에[位] 다시 붙음.

역위는 염색체의 일부가 잘라져서 거꾸로 되어 다시 붙는 현상을 말합니다.

교차 交叉

交 사귀다, 엇갈리다 **교** 叉 깍지 끼다 **차**

서로 엇갈림[交叉].

교차는 감수 분열 시에 상동 염색체의 부분 교환이 일어나서 유전자의 일부 조합이 뒤바뀌는 현상을 말합니다.

배수체 倍數體

倍 곱절 **배** 數 숫자 **수** 體 몸 **체**

배수로[倍數] 되어 있는 개체[體].

배수체는 어떤 생물의 염색체의 수가 보통 개체[2n]의 배수로 되어 있는 개체를 말합니다. 예를 들어 염색체가 3n이면 3배체, 4n이면 4배체라 부릅니다.

핵치환 核置換

核 사물의 가장 중심, 세포의 중심에 있는 것 **핵** 置 두다 **치** 換 바꾸다 **환**

핵을[核] 바꾸어[換] 놓음[置].

핵치환은 체세포의 핵을 무핵 난자에 이식시켜 복제 생물을 만드는 유전 공학 기술을 말합니다.

변이 變異

變 변하다 **변** 異 다르다 **이**

변하여[變] 다르게[異] 됨.

변이는 같은 종에 속하는 생물에서 개체 사이에 형질의 차이가 나타나는 현상을 말합니다. 변이는 크게 **개체 변이**個體變異와 **돌연 변이**突然變異가 있는데, 개체 변이는 외부 환경의 차이 때문에 일어나며, 돌연 변이는 유전자나 염색체의 이상으로 일어나는 변이입니다.

○ **個體變異** [個 낱개 개 體 몸 체] 유전이 아닌 환경에 의하여 개체의 성질이나 모양이 달라지는 현상.

○ **突然變異** [突 갑자기 돌 然 그러하다, 상태를 나타내는 접미사 연] 어버이의 계통에는 없던 새로운 형질이 돌연히 자손이 되는 생물체에 나타나는 현상.

육종 育種

育 기르다 **육** 種 씨 **종**

우수한 품종을[種] 육성함[育].

육종은 교잡에 의하여 우수한 특성을 가진 품종을 육성하거나 개량종을 만드는 일입니다.

형질 도입 形質導入

形 모양 **형** 質 바탕 **질** 導 이끌다 **도** 入 들어가다 **입**

다른 형질로[形質] 끌어[導] 들임[入].

'形質'은 동물의 정신이나 육체, 또는 식물의 여러 기관의 모양·크기·성질 등의 특질의 총칭입니다. 형질 도입은 박테리오파지와 같은 바이러스의 유전 물질이 대장균과 같은 세균으로 옮겨지는 현상을 말합니다.

형질 전환 形質轉換

形 모양 **형** 質 바탕 **질** 轉 구르다, 바꾸다 **전** 換 바꾸다 **환**

새로운 형질로[形質] 바뀌는[轉換] 현상.

'形質'은 동물의 정신이나 육체, 또는 식물의 여러 기관의 모양·크기·성질 등의 특질의 총칭을 가리키는 말입니다. 형질 전환은 한 계통의 세균의 DNA를 다른 계통의 세균에 주입시키면, 받는 쪽의 형질이 바뀌게 되는 현상을 말합니다.

가계도 家系圖

家 집 **가** 系 계통 **계** 圖 그림 **도**

집안의[家] 유전 계통을[系] 그림으로[圖] 나타낸 표.

가계도는 특정 유전 형질을 가지는 가계에서 그 형질이 어떻게 유전되는지를 알아보기 위하여, 가족이나 친족, 조상이나 후손의 유전 상황을 조사한 표를 가리키는 말입니다.

보인자 保因者

保 보호하다 보 因 원인 인 者 사람 자

어떤 원인을[因] 그대로 계속 유지하고 있는[保] 사람[者].

　　보인자는 겉으로는 정상으로 보이지만 해당 유전자를 보유하고 있는 잠재성 개체를 말합니다. 예를 들어 색맹色盲인 남자와 정상인 여자 사이에서 태어나는 자식 중 아들은 모두 정상이나, 딸은 보인자입니다. 즉 겉으로는 정상으로 보이지만 색맹 유전자를 갖고 있습니다.

근친 교배 近親交配

近 가깝다 근　親 친하다, 성姓과 본本이 같은 사람 친　交 사귀다, 짝짓다 교　配 짝짓다 배

가까운[近] 일가끼리[親] 짝짓기를 함[交配].

　　근친 교배는 근친간에 행하여지는 교배로, 집에서 기르는 짐승의 개량에 널리 이용됩니다.

역 교배 逆交配

逆 거스르다 역　交 사귀다, 짝짓다 교　配 짝짓다 배

혈통을 거슬러[逆] 올라가 어버이 중 한쪽과 행해지는 교배[交配].

　　역 교배는 교배에 의해 형성된 잡종 제1대와 이 교배에 이용된 어버이 중 어느 한쪽과의 교배를 말합니다. 특히 열성인 부모와의 교배를 통해 잡종 제1대의 유전자형을 확인할 수 있습니다.

단성 잡종 單性雜種

單 혼자 단　性 성품, 남녀 성　雜 섞이다 잡　種 씨, 종류 종

단일한[單] 형질을[性] 가진 잡종[雜種].

　　단성 잡종은 한 쌍의 대립 유전자에 대해서만 우성 유전자와 열성 유전자가 조합된 잡종을 말합니다. 즉, 우성의 순종(AA)과 열성의 순종(aa) 사이에서 Aa의 유전자를 갖는 단성 잡종이 생깁니다.

양성 잡종 兩性雜種

兩 둘 량　性 성품, 남녀 성　雜 섞이다 잡　種 씨, 종류 종

두 쌍의[兩] 대립 형질을[性] 가진 잡종[雜種].

　양성 잡종은 두 쌍의 대립 형질을 가지는 잡종으로, 유전자의 조합이 AaBb로 나타나는 것처럼 두 가지 형질이 모두 잡종인 개체를 말합니다.

미맹 味盲

味 맛 **미**　盲 눈멀다, 눈이 어둡다 **맹**

맛을[味] 느끼지 못함[盲].

　미맹은 미각에 이상이 있는 병적 상태, 또는 그런 사람을 가리키는 말로, 미맹인지 아닌지는 PTC 용액에 쓴맛을 느끼느냐, 못 느끼느냐로 구분합니다.

색맹 色盲

色 색깔 **색**　盲 눈멀다, 눈이 어둡다 **맹**

색깔을[色] 구별 못함[盲].

　색맹은 색깔을 가리지 못하거나 다른 색깔로 잘못 보는 병적 상태, 또는 그러한 사람을 가리키는 말입니다.

3. 생명의 기원, 진화

진화 進化

進 나아가다 **진**　化 변화하다 **화**

앞으로 나아가고[進] 변화함[化].

　진화는 생물이 단순하고 미세한 원시 생명으로부터 단계적으로 복잡 다양한 것으로 변화·발전하는 일을 말합니다.

종의 기원 種의 起原

種 씨, 종족 **종**　起 일어나다, 시작하다 **기**　源 근원 **원**

생물의 각 종에 대한[種] 기원[起原]을 밝힌 책.

　종의 기원은 영국의 생물학자 찰스 다윈(1809~1882)의 생물의 진화론에 관한 책입니다.

용불용설 用不用說

用 (물건을) 쓰다 용 不 ~하지 않다 불 用 (물건을) 쓰다 용 說 밝히어 말하다 설

사용하면[用] 할수록 발달하고, 사용하지[用] 않으면[不] 쇠퇴한다는 이론[說].

　용불용설은 진화론의 하나로, 생물은 환경의 변화에 따라 많이 사용되는 기관器官은 발달하고 별로 쓰이지 않는 기관은 퇴화하여, 대代를 거듭하면 다른 형태로 바뀌게 된다는 설을 말합니다.

상동 기관 相同器官

相 서로 상 同 같다 동 器 그릇, 기구 기 官 벼슬, 신체의 기관 관

본래는 서로[相] 같은[同] 기관[器官].

　상동 기관은 생물의 기관이 겉으로는 다르나 그 발생의 기원과 기본 구조가 같은 것을 말합니다. 즉 새의 날개와 짐승의 앞다리 등이 대표적인 예입니다.

상사 기관 相似器官

相 서로 상 似 비슷하다 사 器 그릇, 기구 기 官 벼슬, 신체의 기관 관

기능이 서로[相] 비슷한[似] 기관[器官].

　상사 기관은 종류가 다른 생물의 기관이 발생적으로 그 기원은 다르나, 그 기능이나 작용이 서로 일치하는 일을 말합니다. 새의 날개와 벌레의 날개 등이 대표적인 예입니다.

흔적 기관 痕跡器官

痕 흉 흔 跡 발자취 적 器 그릇, 기구 기 官 벼슬, 신체의 기관 관

흔적만[痕跡] 남아 있는 기관[器官].

　흔적 기관은 진화 과정에서 그 기능을 상실하여 흔적만 남아 있는 동물의 기관을 말합니다. 즉 인간의 꼬리뼈나 남성의 젖꼭지 등이 대표적인 예입니다.

수렴 收斂

收 거두다 수 斂 거두다 렴

하나로 모아짐[收斂].

수렴은 생물의 진화에 있어서 계통이 서로 다른 생물들이 그 기관이나 몸 전체의 형태가 비슷하게 되는 일을 말합니다. 고래의 앞다리와 물고기의 지느러미는 헤엄을 치기에 적당하게 변하는 경우가 대표적인 예입니다.

획득 형질 獲得形質

獲 얻다 **획**　得 얻다 **득**　形 모양 **형**　質 바탕 **질**

유전이 아닌 후천적으로 얻어진[獲得] 형질[形質].

'形質'은 동물의 정신이나 육체, 또는 식물의 여러 기관의 모양·크기·성질 등의 특질의 총칭입니다. 획득 형질은 생물이 태어난 후의 환경이나 훈련에 의하여 얻게 된 형질을 말합니다. 축구 선수들의 허벅지 근육이 발달되어 있거나, 사고로 신체의 일부가 손상된 경우 등이 대표적인 예입니다.

적응 방산 適應放散

適 알맞다 **적**　應 응하다 **응**　放 놓다 **방**　散 흩어지다 **산**

주어진 환경에 적응하고[適應] 구조나 기능이 다양하게 변함[放散].

'放散'은 제자리에 가만히 있지 않고 사방으로 흩어진다는 말입니다. 즉 고정되어 있지 않다는 뜻입니다. 적응 방산은 생물의 진화에 있어서 각 생물들이 가능한 한 모든 적응 방법을 통해 갖가지 조건이나 환경에 순응하여 확산 발전한다는 학설입니다. 척추 동물들의 앞다리는 물고기의 경우 가슴지느러미로, 새의 경우 날개로, 사람의 경우 팔로 진화된 것이 대표적인 예입니다.

자연 선택 自然選擇

自 스스로 **자**　然 그러하다 **연**　選 가려 뽑다 **선**　擇 가려 내다 **택**

자연 환경에[自然] 적응하는 것만 선택되어[選擇] 살아남.

자연 선택은 자연 환경에 적응하는 생물은 살아 남고 적응하지 못하는 생물은 차차 사라져 가는 일로, 자연 도태 혹은 적자 생존適者生存이라 하기도 합니다.

◐ **適者生存** [適 알맞다 적　者 사람, 것 자　生 살다 생　存 있다 존] 생존 경쟁의 결과 주변 환경에 적응하는 생물만 살아 남고 적응하지 못하는 것은 도태되어 사라짐.

V. 생물의 다양성

1. 분류

분류 分類

分 나누다 분　類 종류 류

무리를 지어[類] 나눔[分].

　분류는 생물들을 차이점과 유사점에 따라 무리 지음으로써 생물계를 정리하여 질서를 세우는 일을 말합니다.

학명 學名

學 배우다, 학문 학　名 이름 명

학문상의[學] 이름[名].

　학명은 학문의 편의상, 세계 각국에 공통되게 만든 동식물 이름으로, 라틴어로 표기합니다. 사람은 Homo Sapiens Linne, 벼는 Oriza sativa Linne입니다.

이명법 二名法

二 둘 이　名 이름 명　法 법 법

두 개의[二] 이름으로[名] 구성하는 법[法].

　이명법은 생물의 각 종의 이름을 그 종이 속하는 속명屬名과 그 종 자체의 이름인 종명種名을 병기하여 2단어로 구성하는 명칭법입니다. 예를 들어 사람의 학명은 Homo sapiens인데, Homo는 속명이고, sapiens는 종명이며, 속명의 첫 문자는 대문자로, 종명의 첫 문자는 소문자로 나타냅니다.

생물 분류 단계

계 → 문 → 강 → 목 → 과 → 속 → 종

계 系 [系 계통 계]
생물의 특징을 중심으로 해서 분류하는 단위로 가장 상위 단위에 해당함.

• **문 門** [門 문, 생물 분류의 단위 문]
생물 분류 단계의 하나로, 강綱보다는 크고, 계系보다는 작은 단계.

• **강 綱** [綱 사물의 주가 되는 것 강]
생물 분류학상의 한 단위로, 목目보다는 크고 문門보다는 작은 단계.

• **목 目** [目 눈, 생물 분류의 단위 목]
생물 분류 단계의 하나로, 과科보다는 크고, 강綱보다는 작은 단계이며, 강에
비해서 훨씬 자연적으로 이루어진 군群이 많음.

• **과 科** [科 조목 과]
생물 분류 단계의 하나로, 목目과 속屬의 중간에 위치하는 계급명階級名.

• **속 屬** [屬 속하다 속]
생물을 분류할 때 사용하는 집합 단위의 하나로, 종種의 윗단계이고, 과科의
아랫단계.

• **종 種** [種 씨, 종류 종]
생물을 분류할 때 기본이 되는 단위로, 같은 종 사이에서는 생식 능력이
있는 자손을 생산할 수 있지만, 서로 다른 종 사이에서는 생식 능력이 있는
자손이 생산되지 않습니다.

검색표 檢索表

檢 검사하다 검 索 찾다 색 表 겉, 사항을 열거하여 한눈에 볼 수 있게 만든 표 표

검사하여[檢] 찾아보기[索] 쉽게 만든 표[表].

검색표는 생물의 특징을 간단하게 표시하여 그 특징의 소유 여부에 따라 각각의 생물을 분류하기 위하여 만든 분류표를 말합니다.

계통수 系統樹

系 계통 계 統 거느리다, 줄기 통 樹 나무 수

생물의 계통을[系統] 나무와[樹] 같은 그림으로 나타낸 것.

계통수는 생물의 발생과 진화의 계통을 한 그루의 나무에 비유하여 나타낸 그림을 말합니다.

2. 원생 생물계

안점 眼點

眼 눈 안 點 점, 장소나 한도를 나타내는 말 점

눈처럼[眼] 빛을 느끼는 기관[點].

안점은 유글레나 같은 원생 생물이나 하등 무척추 동물이 갖고 있는 빛 감각 기관입니다.

위족 僞足

僞 거짓 위 足 발 족

가짜[僞] 발[足].

위족은 원생 동물인 아메바에서 볼 수 있는 운동 기관의 한 가지로, 발처럼 보이기 때문에 붙여진 이름입니다. 수시로 늘였다 줄였다 하여 움직이고 먹이도 잡습니다. 달리 헛발, **가족**假足이라 부르기도 합니다.

❍ **假足** [假 거짓 가 足 발 족]

3. 식물계

경엽 식물 莖葉植物

莖 줄기 **경** 葉 잎 **엽** 植 심다, 초목 **식** 物 사물, 생물 **물**

줄기와[莖] 잎의[葉] 구별이 있는 식물[植物].

경엽 식물은 뿌리·줄기·잎의 구별이 확실한 식물을 가리키는 말입니다.
↔ 엽상 식물.

엽상 식물 葉狀植物

葉 잎 **엽** 狀 모양 **상** 植 심다, 초목 **식** 物 사물, 생물 **물**

전체가 잎[葉] 모양의[狀] 식물[植物].

엽상 식물은 세포가 분화되지 않고 관다발이 없는 식물, 즉 뿌리·줄기·잎으로 나누어져 있지 않고 전체가 잎 모양으로 된 식물을 가리키는 말입니다.
↔ 경엽 식물.

양치 식물 羊齒植物

羊 양 **양** 齒 이빨 **치** 植 심다, 초목 **식** 物 사물, 생물 **물**

양[羊] 이빨 모양의[齒] 식물[植物].

양치 식물은 고생대에 번성했던 식물로 뿌리·줄기·잎의 구분이 있고, 관다발이 발달되어 있으며, 줄기가 땅속에 있는 식물입니다. 고사리 류가 여기에 해당됩니다. 양의 이빨과 비슷한 모양이 많아 붙여진 이름으로 추정하고 있습니다.

장란기 藏卵器

藏 감추다, 품다 **장** 卵 알 **란** 器 그릇, 기구 **기**

난자를[卵] 품고[藏] 있는 기관[器]

장란기는 난자를 형성하는 기관을 말합니다. 장란기는 이끼 식물이나 양치 식물羊齒植物 등의 **배우체**配偶體 위에 생기는 **자성**雌性의 생식 기관으로 난자를 생산하는 기관입니다.

● **配偶體** [配 짝짓다 배　偶 짝이 되다 우　體 몸 체] 배우자를 만드는 생식 기관을 갖고 있는 생물체 또는 생물체의 기관.

● **雌性** [雌 암컷 자　性 성품, 성질 성] 암컷을 형성하는 성질.

장정기 藏精器

藏 감추다, 품다 **장**　精 자세하다, 정자 **정**　器 그릇, 기구 **기**

정자를[精] 품고[藏] 있는 기관[器].

장정기는 이끼 식물이나 양치 식물羊齒植物 등에서 정자를 형성하는 기관을 말합니다.

균사 菌絲

菌 버섯, 세균 **균**　絲 실 **사**

곰팡이나 버섯의[菌] 몸을 이루는 실 모양의[絲] 물질.

균사는 곰팡이 류의 몸을 이루는 실 모양의 부분으로, 흰빛이며 엽록소가 없습니다.

4. 동물계

무척추 동물 無脊椎動物

無 없다 **무**　脊 등뼈 **척**　椎 망치 **추**　動 움직이다 **동**　物 사물, 생물 **물**

척추가[脊椎] 없는[無] 동물[動物].

무척추 동물은 동물 분류학상으로 문門에 속하며, 등뼈가 없는 동물의 총칭입니다. 하나의 세포로 되어 있는 동물에서부터 복잡한 구조로 되어 있는 다세포 동물에 이르기까지 그 체제가 다양합니다. 알려진 현생 동물의 90% 이상을 차지합니다. 대표적인 무척추 동물에는 원생 동물原生動物 · 편형 동물扁形動物 · 선형 동물線形動物 · 연체 동물軟體動物 · 절지 동물節肢動物 · 극피 동물棘皮動物 등이 있습니다.

원생 동물 原生動物

原 근원 **원**　生 살다 **생**　動 움직이다 **동**　物 사물, 생물 **물**

원시적인[原] 생물체와[生] 같은 동물[動物].

　원생 동물은 단일 세포로 된 최하등의 아주 작은 동물로, 분열에 의하여 번식합니다. 아메바·짚신벌레 등 종류가 많으며 대부분 물속에 존재하나 다른 생물에 기생寄生하기도 합니다.

편형 동물 扁形動物

扁 넓적하다 **편**　形 모양 **형**　動 움직이다 **동**　物 사물, 생물 **물**

몸이 납작한[扁] 모양의[形] 동물[動物].

　편형 동물은 몸이 납작하며, 소화관의 발달이 불량하고, 대체로 항문이 없는 동물입니다. 암수 한몸인 것이 특징입니다. 자유 생활을 하는 플라나리아, 기생寄生 생활을 하는 촌충·디스토마 등이 여기에 속합니다.

선형 동물 線形動物

線 줄 **선**　形 모양 **형**　動 움직이다 **동**　物 사물, 생물 **물**

선[線] 모양의[形] 동물[動物].

　선형 동물은 몸이 대체로 가는 선 모양이며, 긴 원통형입니다. 혈관·호흡기가 없고, 암수 딴몸이며 기생寄生도 합니다. 회충, 편충, 십이지장충 따위가 여기에 속합니다.

연체 동물 軟體動物

軟 부드럽다 **연**　體 몸 **체**　動 움직이다 **동**　物 사물, 생물 **물**

뼈가 없어 부드러운[軟] 몸을[體] 가진 동물[動物].

　연체 동물은 뼈가 없고 부드러우며 근육이 풍부합니다. 모두 유성 생식을 하며 대부분 물속에서 생활합니다. 오징어, 달팽이, 조개 따위가 여기에 속합니다.

외투막 外套膜

外 바깥 **외**　套 덮개 **투**　膜 얇은 꺼풀 **막**

몸의 밖을[外] 덮고 있는[套] 막[膜].

　외투막은 연체 동물의 몸을 싸고 있는 막을 가리키는 말입니다.

절지 동물 節肢動物

節 마디 **절** 肢 팔다리 **지** 動 움직이다 **동** 物 사물, 생물 **물**

여러 개의 마디가[節] 있는 다리를[肢] 가진 동물[動物].

절지 동물은 일반적으로 몸이 작고 여러 개의 **환절**環節을 이루며, 마디가 있는 다리를 가진 동물을 말합니다. 곤충, 거미, **갑각류**甲殼類, 지네 따위가 여기에 속합니다.

◐ **環節** [環 둘러싸다, 고리 환 節 마디 절] 곤충·지렁이 따위와 같이 몸이 여러 개의 고리 모양의 나뉘어진 마디로 이루어지는 것의 그 하나 하나의 마디.

◐ **甲殼類** [甲 첫째 천간 갑, 갑옷 갑 殼 껍질 각 類 종류 류] 몸에 갑옷처럼 딱딱한 껍질이 있는 동물로, 기본적으로는 수중 생활을 하며, 아가미가 있어 물로 호흡하고, 몸은 머리·가슴·배로 나누어지고 각각은 몸마디로 되어 있는 동물.

극피 동물 棘皮動物

棘 가시나무 **극** 皮 가죽 **피** 動 움직이다 **동** 物 사물, 생물 **물**

가시가[棘] 몸 표면에[皮] 돋아난 동물[動物].

극피 동물은 몸 표면에 털 같은 석회질의 가시가 돋아 있으며, 모두 바다에 사는 동물을 말합니다. 성게, 불가사리, 해삼 따위가 여기에 속합니다.

수관계 水管系

水 물 **수** 管 대롱 **관** 系 계통 **계**

몸 안에 수분(바닷물, 체액)이[水] 통과하는 관의[管] 총칭[系].

수관계는 극피 동물에 있는 호흡과 운동 배설을 담당하는 기관을 말합니다.

척추 동물 脊椎動物

脊 등뼈 **척** 椎 망치 **추** 動 움직이다 **동** 物 사물, 생물 **물**

척추가[脊椎] 있는 동물[動物].

척추 동물은 척추를 가진 고등 동물의 총칭입니다. 대표적인 척추 동물에는 어류魚類·양서류兩棲類·파충류爬蟲類·조류鳥類·포유류哺乳類 등이 있습니다.

양서류 兩棲類

兩 둘 량　棲 살다 서　類 종류 류

물과 육지 양쪽에[兩] 서식하는[棲] 종류[類].

　양서류는 생장生長하는 과정에는 물에 살며 아가미로 호흡하다가, 나중에 땅 위로 올라와 폐로 공기 호흡을 하며 사는 동물입니다. 개구리, 두꺼비, 도롱뇽 따위가 여기에 속합니다.

파충류 爬蟲類

爬 긁다. 기어다니다 파　蟲 벌레 충　類 종류 류

기어다니는[爬] 벌레 같은[蟲] 종류[類].

　파충류는 피부는 비늘로 덮여 있고, 대개 꼬리가 길고 네 다리는 짧아 기어다니며(뱀은 예외), 허파로 호흡을 하는 동물을 말합니다. 거북 · 뱀 · 악어 따위가 여기에 속합니다.

조류 鳥類

鳥 새 조　類 종류 류

새[鳥] 종류[類].

　조류는 날개가 있고 온몸이 깃털로 덮여 있으며 알을 낳는 동물의 한 종류를 말합니다.

포유류 哺乳類

哺 먹이다 포　乳 젖 유　類 종류 류

새끼에게 젖을[乳] 먹이는[哺] 종류[類].

　포유류는 새끼를 낳아 젖으로 기르는 동물로, 몸은 머리 · 목 · 몸통 · 꼬리의 4부분으로 구분되며 털로 덮여 있습니다.

VI. 생물과 환경

1. 생태계 환경오염

생태계 生態系

生 살다 생 態 모양 태 系 계통 계

생물의 생활[生] 상태에[態] 관한 체계[系].

　'生態'는 생물의 생활 상태를 뜻하는 말입니다. 생태계는 생물의 군집群集과 그 환경을 합친 체계, 즉 어느 환경 속에서 살아가는 생물들이 서로 관계를 맺으며 균형과 조화를 이루는 자연의 세계를 통틀어 부르는 말입니다.

군집 群集

群 무리 군 集 모으다 집

무리가[群] 모여[集] 생활함.

　군집은 같은 종류의 생물이 한 군데에 떼지어서 생활하는 형태를 말하며, 생산자인 녹색 식물과 소비자인 동물, 그리고 세균이나 곰팡이 같은 분해자로 이루어져 있습니다.

천이 遷移

遷 옮기다 천 移 옮기다 이

식물의 집단이 바뀜[遷移].

　천이는 식물의 집단이 시간이 지남에 따라 변천하여 가는 현상을 말합니다. 예를 들어 처음에 맨 땅이었던 것이 풀이 자라고, 몇 년 뒤에는 관목灌木이, 그 다음에 숲으로 바뀌는 것을 천이라고 합니다.

귀화 생물 歸化生物

歸 돌아가다 귀　化 변화하다 화　生 살다 생　物 사물, 생물 물

다른 곳으로 옮겨 가[歸] 그곳에 알맞게 변화하여[化] 사는 생물[生物].

　귀화 생물은 원산지에서 다른 지역으로 이동하여 그 지역에서 토착하여 살아가는 생물을 가리키는 말입니다. 황소개구리, 솔잎흑파리, 개망초 등이 있습니다.

기생 寄生

寄 보내다, 붙어살다 기　生 살다 생

다른 생물에 붙어[寄] 삶[生].

　기생은 혼자서는 살 수 없는 생물이 다른 생물의 몸이나 겉에 붙어 숙주宿主로부터 양분을 얻어 살아가는 것을 말합니다. 대표적인 예로 회충, 십이지장충 등이 있습니다.

숙주 宿主

宿 (잠자며) 머무르다 숙　主 주인 주

다른 생물이 기생할 수 있도록 머무르게 해 주는[宿] 주인 같은[主] 생물.

　숙주는 한쪽 생물이 다른 생물에 기생寄生할 때 기생당하는 생물을 가리키는 말입니다. 회충이 기생하는 동물이나 사람 등이 대표적인 예입니다.

관목 灌木

灌 물 대다, 나무가 더부룩이 나다 관　木 나무 목

중심 줄기가 없이 우거진[灌] 나무[木].

　관목은 키가 작고 중심 줄기가 분명하지 않은 채, 가지가 여러 갈래로 크게 자라는 나무입니다. 진달래 · 철쭉 · 앵두나무 따위가 여기에 속합니다.

교목 喬木

喬 높이 솟다 교　木 나무 목

높이 자라는[喬] 나무[木].

　교목은 줄기가 곧고 굵으며, 높이 자라는 나무를 말합니다. 소나무 · 참나무 · 향나무 따위가 여기에 속합니다.

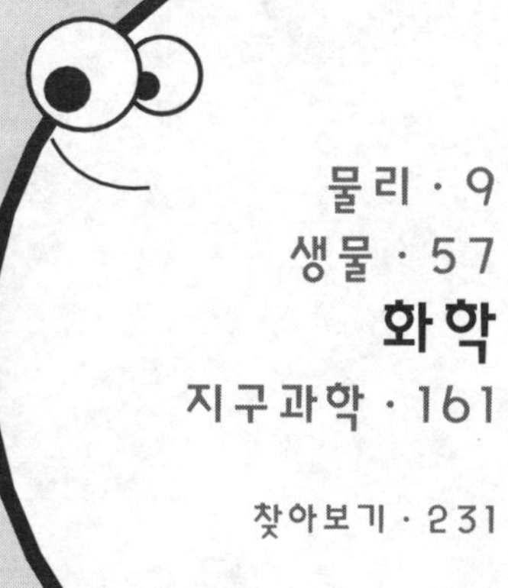

Ⅰ. 물질의 상태와 용액

1. 기체, 액체, 고체

결정 結晶

結 맺다, 엉기다 **결**　晶 밝다, 수정(水晶) **정**

서로 엉기어[結] 있는 고체 물질[晶].

결정은 일정한 기하학적 모양을 갖고 있으며, 끓는점·녹는점이 일정한 고체 물질을 말합니다. 고체 결정에는 입자의 종류에 따라 이온 결정과 원자 결정, 분자 결정, 금속 결정 등이 있습니다. 반면에 고체이지만 고무나 엿 등은 비결정이라고 합니다.

고체 固體

固 굳다 **고**　體 몸 **체**

딱딱하게 굳어 있는[固] 물질[體].

고체는 일정한 모양과 부피를 가진 단단한 물질입니다. 일반적으로 단단한 것, 즉 일정한 형태와 부피를 가지고 있는 물체를 가리킵니다. 그러나 딱딱한 물체를 고체라고 규정하면 물엿이나 고무와 같은 물질도 포함됩니다. 그래서 입자가 고정된 위치를 차지하며, 일정하게 정해진 외형을 유지하고, 분자 운동은 진동 운동만 하는 것을 고체라고 말합니다.

광천수 鑛泉水

鑛 광석 **광**　泉 샘 **천**　水 물 **수**

광물질이[鑛] 들어 있는 샘물[泉水].

광천수는 칼슘 마그네슘 칼륨 등의 광물질이 미량 함유되어 있는 땅속에서 솟아나는 물로, 미네랄 워터(mineral water)라고도 합니다.

수화물 水化物

水 물 **수** 化 변화하다 **화** 物 사물, 물질 **물**

물이[水] 다른 화합물에 결합하면서 생긴 화합물[化物].

수화물은 고체 결정을 이룰 때 물 분자를 포함하는 화합물로, 결정수를 의미합니다. 예를 들면, $CuSO_4 \cdot 8H_2O$, $Na_2CO_3 \cdot 10H_2O$ 등을 말합니다.

무수물 無水物

無 없다 **무** 水 물 **수** 物 사물, 물질 **물**

물 분자가[水] 빠져나간[無] 수화물[物].

무수물은 수화물水化物에서 물 분자가 빠져나간 것을 말합니다. 수화물인 $Na_2CO_3 \cdot 10H_2O$(탄산나트륨10수화물)에서 결정수인 $10H_2O$(10수화물)이 없어진 Na_2CO_3(탄산나트륨무수물)을 말합니다.

기체 氣體

氣 기운, 공기 **기** 體 몸 **체**

공기 같은[氣] 물질[體].

기체는 고체와 달리 일정한 모양과 부피를 갖지 않으며, 액체처럼 유동성流動性은 있으나 액체보다 훨씬 압축되기 쉬운 상태에 있는 물체의 상태를 가리킵니다. 어떤 물질이든지 고온·저압 상태에서는 기체로 변합니다. 액체가 기체로 변하는 것을 기화氣化라 하고 고체가 액체 상태를 거치지 않고 바로 기체 상태로 변하는 것을 승화昇華라 합니다.

기화 氣化

氣 기운, 공기 **기** 化 변화하다 **화**

기체로[氣] 변화함[化].

기화는 액체가 기체로 바뀌는 현상입니다. 예를 들면 물이 수증기로 변하는 과정을 말합니다.

면심 입방 결정 面心立方結晶

面 얼굴, 쪽 **면** 心 마음, 가운데 **심** 立 서다 **립** 方 방향, 네모 **방** 結 맺다, 엉기다 **결** 晶 밝다, 수정(水晶) **정**

육면체의[立方] 꼭지점 이외에 6개 면의[面] 중심에도[心] 결정의[結

晶] 구성 입자가 위치함.

　‘立方’은 ‘세제곱’의 옛날 용어로 입방체立方體는 정육면체를 말합니다. 면심 입방 결정은 원자·이온·분자 어느 경우나 결정의 구성 입자가 정육면체의 8개 꼭지점 이외에 6개의 면 중심에도 위치하고 있는 결정 구조를 말합니다.

물질의 삼태 物質의 三態

物 사물, 물질 **물** 　質 바탕 **질** 　三 셋 **삼** 　態 모양 **태**

순수한 물질[物質]이 원칙적으로 취할 수 있는 세 가지[三] 상태[態]. 즉, 고체·액체·기체.

　모든 물질은 일반적으로 압력이나 온도의 여러 조건에 따라 고체·액체·기체의 세 상태 중 어느 하나를 취합니다. 어떤 압력에서 온도가 낮은 동안은 원자·분자가 규칙적으로 배열되어 있고 진동 운동만 하는 고체로 되고, 온도가 상승함에 따라 배열이 흐트러져서 액체가 되면 진동 운동·회전 운동·병진 운동을 느리게 하고, 원자와 분자 사이의 간격이 훨씬 더 벌어져서 진동 운동·회전 운동·병진 운동을 활발하게 하는 기체로 됩니다. 이렇게 고체·액체·기체 상태를 물질의 삼태라고 합니다.

물질 物質

物 사물, 물질 **물** 　質 바탕 **질**

물체를[物] 이루는 실제적인 본바탕[質].

　물질을 물리학에서는 자연계의 한 요소로서 일정한 공간을 점유하고 질량을 갖는 것을 의미하지만, 화학에서는 모양과 질량을 가지고 있으면서 물체를 구성하고 있는 순물질을 말합니다.

밀도 密度

密 빽빽하다 **밀** 　度 ~한 정도 **도**

물질의 빽빽한[密] 정도[度].

　밀도는 보통 단위 부피당 물질의 질량입니다. 고체나 액체는 g/mL, 기체는 g/L로 단위를 표시하며, 그 값은 수치상 비중比重과 거의 일치하지만, 비중은 단위가 없습니다. 예를 들면 물에서는 물보다 밀도가 크면 아래로 가라앉고, 작으면 물위에 뜹니다. 공기 중에서는 밀도가 공기보다 작으면 가벼워서 날아가고, 크면 무거워서 가라앉습니다.

비등 沸騰

沸 끓다 **비**　騰 뛰어 오르다 **등**

끓어[沸] 오름[騰].

　비등은 액체의 내부에서까지 기화가 일어나는 현상을 말하며, 끓음이라고도 말합니다. 이에 대하여 액체의 표면에서만 기화가 일어나는 현상은 증발蒸發이라고 합니다. 비등은 일정한 압력 아래에서는 액체에 따라 일정한 온도를 가지며, 이때의 온도를 끓는점 또는 비등점이라고 합니다. 예를 들면 물은 대기압 1기압에서 100℃에서 끓습니다.

비중 比重

比 비교하다 **비**　重 무겁다, 무게 **중**

질량의[重] 상대적 비[比].

　‘比’는 어떤 두 개의 수 또는 양을 서로 비교하여 몇 배인가를 보이는 관계를 가리키는 말입니다. 비중은 어떤 물질의 질량과 그것과 같은 부피의 4℃ 물의 질량 비율(물의 비중을 1이라 정하고)을 말합니다. 예를 들면 4℃ 물의 부피와 같은 부피의 수은의 질량은 물 질량의 13.6배입니다. 따라서 수은의 비중은 13.6입니다.

삼중점 三重點

三 셋 **삼**　重 무겁다, 거듭하다 **중**　點 점, 장소나 한도를 나타내는 말 **점**

기체 · 액체 · 고체, 세[三] 가지 상相이 동시에[重] 공존하는 지점[點].

　삼중점은 온도와 압력으로 물질의 상태를 그래프로 나타냈을 때, 기체 · 액체 · 고체가 동시에 공존하는 상태를 말합니다.

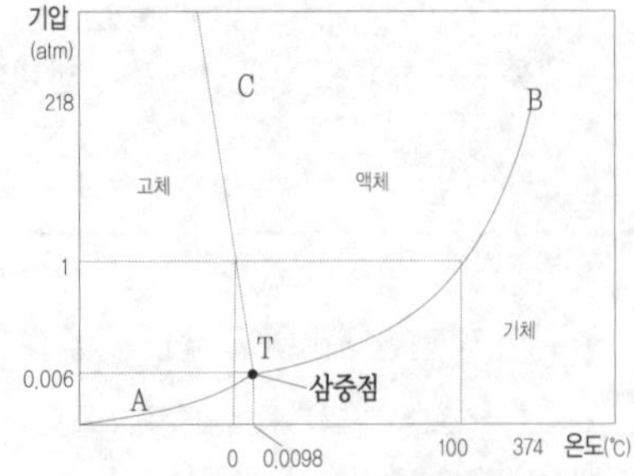

수상 치환 水上置換

水 물 **수**　上 위 **상**　置 두다 **치**　換 바꾸다 **환**

물[水] 위에서[上] 바꾸어[換] 둠[置].

　수상 치환은 어떤 화합물 속의 수소나 산소 등을 다른 원자 · 원자단으로 바꾸어 놓고, 물에 녹지 않는 수소 · 산소 기체 등을 발생시켜 물속에서 이 기체들을 모으는 방법입니다. 이 장치는 먼저 기체를 모으려는 시험관에 물을 가득 채웁니다. 다음에 그 시험관을 물이 들어 있는 물통(수조)에 거꾸로 세웁니다. 여기서 기체가 발생하는데, 이를 시험관에 유리관으로 연결하면 기체가 모아집니다. 즉 물에 녹지 않는 기체는 시험관 위쪽의 진공 상태인 곳부터 채워지면서 물을 아래로 밀어내다가 위쪽에 모으고자 하는 기체가 채워집니다. 이 방법은 진공 상태(엄밀히 말하면 습기가 존재)에서 얻어지므로 순수한 기체를 얻을 수 있는 장점이 있습니다.

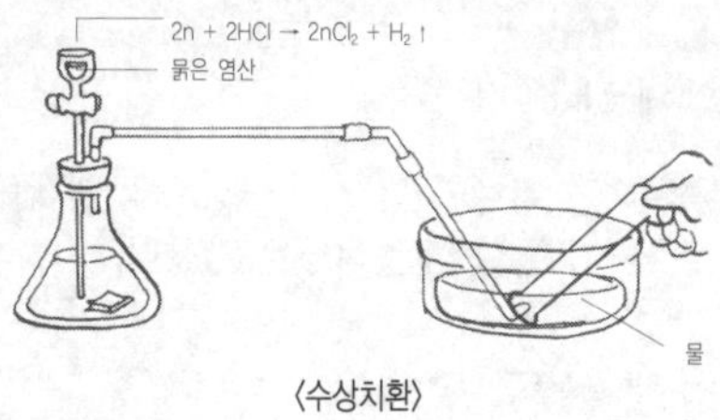

승화 昇華

昇 오르다 **승** 華 화려하다 **화**

화려한[華] 곳에 오름[昇].

　'昇華'는 본래 영화롭고 권세 있는 지위에 오르는 것을 말합니다. 승화는 고체가 액체 상태를 거치지 않고 직접 기체로 변하는 현상입니다. 또 그 반대의 과정을 포함해서 말할 때도 있습니다. 예를 들면, **장뇌**樟腦나 나프탈렌 · 드라이아이스 등을 공기 속에 방치하면 온도를 올려 주지 않아도 액체를 거치지 않고 바로 기체가 됩니다.

❍ 樟腦 [樟 녹나무 장　腦 뇌 뇌] 녹나무를 증류하여 얻는 유기 화합물의 한 가지로, 셀룰로이드 · 필름의 제조 및 방충제 · 방부제 등으로 쓰임.

액정 液晶

液 액체 **액** 晶 수정(水晶) **정**

액체와[液] 결정의[晶] 중간 상태.

　액정은 입자의 배열이 액체와 고체 결정結晶의 중간 상태에 있는 것으로, 노트북 · 벽걸이 TV 등에 이용되고 있습니다.

액체 液體

液 액체 **액** 體 몸 **체**

물 같은[液] 물질[體].

액체는 물이나 기름과 같이 자유로이 움직이는 물질로, 용기容器의 모양에 따라 모양이 변합니다. 또한 진동 운동·회전 운동·병진 운동을 아주 느리게 하며, 압축해도 거의 부피가 변하지 않습니다.

액화 液化

液 액체 **액** 化 변화하다 **화**

액체로[液] 변함[化].

액화는 기체 상태에 있는 물질이 액체로 변하는 현상입니다. 예를 들면 수증기가 물로 되는 현상을 말합니다.

융해 融解

融 녹다 **융** 解 풀다 **해**

녹아서[融] 풀어짐[解].

융해는 고체에 열을 가했을 때 액체로 변하는 현상으로, **용융**熔融(=鎔融)이라고도 합니다. 모든 고체 물질은 열을 가하면 이 변화가 일어납니다. 고체를 가열하면 일정 온도에 도달했을 때 갑자기 녹기 시작하고, 고체가 전부 녹을 때까지 온도가 더 이상 올라가지 않고 일정하게 유지됩니다. 이렇게 열을 가하여도 온도가 일정하게 유지되는 것은 고체에서 액체로 상태가 변화하는 데 열이 사용되기 때문입니다.

➲ **熔融, 鎔融** [熔, 鎔 쇠를 녹이다 용 融 녹다 융] 熔은 鎔의 속자俗字.

응고 凝固

凝 엉기다 **응** 固 굳다 **고**

엉기고[凝] 굳어짐[固].

응고는 액체가 고체로 변하는 일로, '언다' 고 말할 수 있습니다. 물이 얼음이 되는 경우가 이에 해당됩니다.

절대 온도 絕對溫度

絕 끊다 **절** 對 마주 대하다 **대** 溫 따뜻하다 **온** 度 ~한 정도 **도**

물질의 특이성에 의존하지 않고[絕對] 눈금을 정의한 온도[溫度].

절대 온도는 열역학적으로 기체의 부피가 0이 되는 온도를 0으로 정한 것입니다. 눈금은 섭씨 온도와 같게 정해진 온도를 말하며, 기호는 K(켈빈)

로 나타냅니다. 절대 온도와 섭씨 온도와의 관계는 다음과 같습니다. $T(K)$ = $t(℃) + 273$

진공 眞空

眞 참 진　空 비다 공

완전히[眞] 비어 있음[空].

진공은 물질이 전혀 존재하지 않는 공간을 말합니다. 그러나 실제로는 완전한 진공을 만들기란 극히 어려워 보통 $1/1000(10^{-3})$mmHg 정도 이하의 저압을 진공이라 합니다.

질량 質量

質 바탕 질　量 수량 량

물질의[質] 양[量].

질량은 어떤 물체에 포함되어 있는 양을 말하며, 질량의 SI(세계 표준 기구) 단위는 킬로그램(kg)입니다.

증발 蒸發

蒸 찌다 증　發 드러내다, 일어나다 발

김이 올라가고[蒸] 연기가 피어[發] 올라가는 것과 같은 현상.

증발은 액체 또는 고체의 표면에서 물체가 기체로 변하는 현상입니다. 그러나 고체가 증발하는 경우는 승화昇華라고 하는 경우가 많으며, 또 액체의 내부에서까지 기화가 일어나는 경우를 끓음(비등沸騰)이라고 하여 구별합니다. 액체마다 차이는 있지만, 모든 액체는 어느 온도에서나 증발이 일어나고, 온도가 올라갈수록 증발은 잘 일어납니다.

치환 置換

置 두다 치　換 바꾸다 환

바꾸어[換] 둠[置].

치환은 화합물 속의 원자·이온(ion)·기基 등이 다른 원자·이온·기 등과 바뀌는 화학 변화의 일종입니다. 예를 들면 다음과 같이 황산(H_2SO_4) 속의 수소 이온(H^+)이 아연(Zn)으로 자리를 바꾸는 경우를 말합니다. $Zn + H_2SO_4 \rightarrow ZnSO_4 + H_2$

확산 擴散

擴 넓히다 **확**　散 흩어지다 **산**

넓게[擴] 흩어지며[散] 섞여 가는 현상.

　확산은 어떤 물질 속에 다른 물질이 점차 섞여 들어가는 현상을 말합니다. 예를 들어 컵의 물에 잉크를 한 방울 떨어뜨리면 시간이 지남에 따라 잉크가 퍼져 전체가 균일하게 섞이는 현상이나, 밀폐된 공간에서 한쪽에서 냄새를 피우면 다른 쪽에서 냄새가 나는 현상 등이 있습니다. 물질 사이에 확산이 저절로 일어나는 것은 물질 분자가 끊임없이 병진竝進 운동을 하고 있기 때문입니다.

2. 용액

용매 溶媒

溶 녹다 **용**　媒 매개 **매**

어떤 물질을 녹이는[溶] 매체[媒].

　용매는 용질溶質을 녹여서[溶] 용액溶液을 만드는[媒] 액체를 말합니다. 화학 공장에서는 **용제溶劑**라고도 합니다. 액체와 액체가 섞여서 용액이 될 때는 다량으로 존재하는 쪽을 용매, 소량인 쪽을 용질로 봅니다.

▶ **溶劑** [溶 녹다 용　劑 약 제] 물질을 용해시키는 데 쓰이는 액체. 알코올 · 가솔린 등.

용질 溶質

溶 녹다 **용**　質 바탕 **질**

녹는[溶] 물질[質].

　용질은 용매溶媒에 녹아들어 가서 용액을 만드는 물질을 말합니다. 예를 들면, 소다수에는 이산화탄소(탄산가스), 술에는 알코올, 바닷물에는 소금(염화나트륨)이 녹아 있는데, 이들은 모두 용매인 물에 녹아들어 간 용질입니다.

용액 溶液

溶 녹다 용 液 액체 액

두 가지 이상의 물질이 녹아[溶] 섞여 있는 액체[液].

    용액은 보통 기체 · 액체 · 고체가 액체에 녹아 두 가지 이상의 물질이 섞여 있는 액체를 말합니다. 이때 녹은 기체 · 액체 · 고체 등을 용질溶質, 이것을 녹인 액체를 용매溶媒라고 합니다. 용매로는 주로 물이 사용되며, 이때의 용액을 수용액이라 합니다.

용해 溶解

溶 녹다 용 解 풀다 해

녹고[溶] 풀어지면서[解] 다른 물질과 섞임.

    용해는 기체 · 액체 · 고체인 물질이 다른 기체 · 액체 · 고체와 혼합하여 균일均一한 상태로 되는 것을 말합니다. 일반적으로는 액체에 기체나 고체를 혼합시켜 액체가 되는 일을 가리키며, 물에 소금이 녹아들어 가거나 물에 이산화탄소가 녹아들어 가는 경우를 말합니다.

용해도 溶解度

溶 녹다 용 解 풀다 해 度 ~한 정도 도

용액 속에 녹아 있는[溶解] 용질의 정도[度].

    용해도는 포화 용액 속에 녹아 있는 용질의 질량을 말합니다. 용질이 용매에 용해될 때, 일정 온도에서는 그 양에 한도가 있습니다. 이 한도를 용질의 용매에 대한 용해도라 하며, 일정 온도에서 용매 100g 속에 최대로 녹아들어 있는 용질의 g수로 나타냅니다. 예를 들면, 물 100g에 대하여 염화나트륨은 20℃에서 최대로 35.8g까지 녹습니다. 이 경우 염화나트륨의 물에 대한 용해도는 20℃에서 35.8이라고 합니다. 용해도는 용질이 고체인 경우는 온도의 영향을 받고, 기체인 경우는 온도와 압력의 영향을 받습니다.

수용액 水溶液

水 물 수 溶 녹다 용 液 액체 액

물에[水] 녹은[溶] 액체[液].

    수용액은 용액 중에서 용매가 물인 것을 말합니다. 예를 들어 설탕과 물이 섞여서 된 설탕물은 수용액입니다.

수화 水和

水 물 수 和 사이가 좋다 화

물 분자와[水] 화합하는[和] 현상.

수화는 수용액水溶液 속에서 용질의 분자나 이온이 그 둘레에 몇 개의 물 분자를 끌어당겨 하나의 분자 집단을 이루는 현상을 말합니다. 예를 들면 알루미늄 양 이온과 같은 몇몇 금속 이온들이 물 분자와 **배위 결합**配位 結合 형태로 존재하는 아쿠아 착 이온을 말합니다.

○ **配位結合** [配 짝짓다 배 位 위치 위 結 맺다 결 合 합하다 합] 한 원자에서만 제공되는 두 개의 원자가原子價 전자의 공유에 의하여 생기는 원자의 결합.

농도 濃度

濃 짙다 농 度 ~한 정도 도

용액의 짙은[濃] 정도[度].

농도는 용액에서 용질의 양을 나타내는 수치입니다. 여기에는 여러 가지 표시법이 있으나, %로 나타내는 무게 백분율(=퍼센트 농도. 용액 100g 속에 녹아 있는 용질의 g수), M 또는 몰/ℓ 로 나타내는 몰 농도, N으로 표시하는 노르말 농도, m으로 표시하는 몰랄 농도 등이 있습니다.

재결정 再結晶

再 다시 재 結 맺다, 엉기다 결 晶 밝다, 수정(水晶) 정

다시[再] 결정을[結晶] 만드는 방법.

재결정은 불순물이 섞여 있는 고체를 용매에 녹인 후 다시 결정을 **석출**析出시켜 순수한 고체를 얻는 방법으로, 결정성 물질을 정제하는 방법의 하나입니다. 예를 들면 소금 결정을 높은 온도에서 물에 포화 상태로 녹였다가 낮은 온도로 내리면 소금이 다시 결정으로 석출되는 것을 말합니다.

○ **析出** [析 쪼개다 석 出 나가다, 나오다 출] 화합물을 분석하여 어떤 물질을 분리해 냄.

침전 沈澱

沈 가라앉다 **침** · 澱 앙금 전

바닥에 가라앉아[沈] 쌓인 것[澱].

침전은 일반적으로 액체 속에 존재하는 작은 고체가 용매인 물에 녹지 않고 액체 바닥에 가라앉아 쌓이는 것을 말합니다. 다시 말하면, **시약**試藥을 가하거나 가열 · 냉각 등에 의하여 일어나는 화학 변화의 생성물이 용액 속에 고체 상태로 가라앉거나, 용질이 포화 상태가 되어 용액 속에 결정結晶으로 생긴 고체를 가리킵니다.

➡ **試藥** [試 시험 시   藥 약 약] 화학 분석에서 물질의 검출이나 정량定量을 위한 반응에 사용하는 약품.

염석 鹽析

鹽 소금, 염(기) **염**   析 쪼개다 석

염으로[鹽] 용질溶質을 석출함[析].

염석은 수용액에 무기 염류 등을 가하여 용질을 석출析出시키는 일을 말합니다. 예를 들면, 두부를 만들 때 간수(주로 염화마그네슘)를 넣으면 단백질이 엉겨서 두부가 만들어지는 경우를 말합니다.

콜로이드 colloid

콜로이드는 기체 · 액체 · 고체 속에 흩어져 있으며, 분자보다는 크고 확산 속도가 느린 물질로, 반투막半透膜을 통과하지 못합니다.

소수 콜로이드 疎水 colloid

疎 트이다, 친하지 않다 소   水 물 수

물과[水] 친화력이 약한[疎] 콜로이드.

소수 콜로이드는 물과 콜로이드 입자와의 친화력이 약해 물에 잘 녹지 않는 콜로이드를 말합니다. 예를 들어 흙은 물과 친하지 않아 가라앉는데, 이러한 입자들을 말합니다.

친수 콜로이드 親水 colloid

親 친하다 **친** 水 물 **수**

물과[水] 친한[親] 콜로이드.

친수 콜로이드는 물과 친해서 물에 잘 녹는 콜로이드 입자를 말합니다. 비누와 같은 친수성 콜로이드는 물과 친해서 잘 녹습니다.

투석 透析

透 꿰뚫다 **투** 析 쪼개다 **석**

막을 뚫고 들어가고[透] 분리하는[析] 방법.

투석은 콜로이드 입자와 참용액의 입자가 섞여 있는 혼합물을, 투석막을 사용하여 콜로이드 용액과 참용액의 입자를 분리 정제하는 방법입니다. 즉 반투막으로 콜로이드 용액을 싸서 다량의 용매 속에 담가 두면은 저분자나 이온은 빠져나가고 콜로이드 입자는 그대로 남습니다. 예를 들면, 콜로이드 입자인 녹말과 참용액의 입자인 설탕을 물에 녹여 투석막 주머니(주로 오줌보, 셀로판지)에 넣어서 흔들면 설탕물은 빠져나가고 투석막 주머니 속에는 입자가 큰 녹말만 남는 경우를 말합니다.

반투막 半透膜

半 반쪽 **반** 透 꿰뚫다 **투** 膜 얇은 꺼풀 **막**

일부만[半] 통과시키는[透] 막[膜].

반투막은 수용액과 같은 혼합물에서 물과 같이 입자가 작은 성분은 통과시키지만, 입자가 큰 성분은 통과시키지 않는 막입니다. 즉 용액에서 용매만 통과시키고 용질은 통과하지 못하는 막입니다.

삼투압 滲透壓

滲 물이 스미다 **삼** 透 꿰뚫다 **투** 壓 누르다 **압**

삼투에 의해[滲透] 나타나는 압력[壓].

농도가 다른 두 용액을 반투막을 사이에 두고 방치하면 용액의 특성 중 농도가 같아지려는 성질 때문에 저농도 용액에서 고농도 용액 쪽으로 반투막(세포막)을 통하여 용매인 물이 뚫고 이동하는 것을 삼투 혹은 삼투 현상이라고 하며, 이때 반투막半透膜이 받는 압력을 삼투압이라 말합니다.

조해성 潮解性

潮 (아침에 들어왔다 나가는) 바닷물 조 解 풀다 해 性 성품, 성질 성

바다의[潮] 소금처럼 녹는[解] 성질[性].

조해성은 공기 중에 노출되어 있는 수산화나트륨과 같은 고체가 수분을 흡수하여 저절로 녹는 현상을 말합니다. 예를 들면, 바닷물에서 채취한 소금을 가마니에 두면 불순물 중에서 염화마그네슘이 공기 중의 습기를 흡수하면서 녹아 액체(일명 간수)가 흘러나옵니다.

흡착 吸着

吸 빨아들이다 흡 着 붙다 착

고체나 액체의 표면에 분자나 원자를 빨아들여[吸] 표면에 붙게 함[着].

흡착은 콜로이드 용액 속에 있는 콜로이드 입자 표면에 다른 액체나 기체 분자가 달라붙으면서 입자의 표면에 이들의 농도가 증가되는 현상을 말합니다.

혼합물 混合物

混 섞다 혼 合 합하다 합 物 사물, 물질 물

서로 섞이고[混] 합해져[合] 있는 물질[物].

혼합물은 두 종류 이상의 순 물질이 서로 화학 결합을 하지 않고 각자의 성질을 그대로 유지하면서 단지 섞여만 있는 것으로, 화합물化合物에 대응되는 말입니다. 혼합물을 만드는 각각의 순물질들이 고르게 섞이는 경우를 **균일 혼합물**均一混合物이라 하며, 성분비가 일정하지 않은 혼합물을 **불균일 혼합물**不均一混合物이라 합니다. 예를 들면 공기는 질소와 산소, 그 밖의 기체 혼합물을 성분으로 하는 균일 혼합물입니다. 반면에 암석, 흙탕물 등은 불균일한 혼합물입니다. 일반적으로 혼합물은 물리적 수단만으로 성분을 분리할 수 있습니다.

❑ 均一混合物, 不均一混合物 [不 ~하지 않다 불 均 평평하다, 고르다 균 一 하나 일 混 섞다 혼 合 합하다 합 物 사물, 물질 물] 성분비가 일정한 혼합물과 일정하지 않은 혼합물.

II. 물질의 구조

1. 원자 구조와 주기율

원자 原子

原 근원 **원**　子 아들, 작은 것 **자**

물질을 구성하는 기본적인[原] 입자[子].

　원자는 화학 원소로서의 특성을 잃지 않는 범위에서 도달할 수 있는 물질의 기본적인 최소 입자를 말합니다.

원자가 原子價

原 근원 **원**　子 아들, 작은 것 **자**　價 값 **가**

어떤 원소의 원자 한 개와 화합할 수 있는 수소 원자의[原子] 수[價].

　원자가는 원자 또는 원자단이 수소 원자 몇 개와 직접 또는 간접으로 화합할 수 있는가를 나타낸 수를 말합니다.

원자핵 原子核

原 근원 **원**　子 아들, 작은 것 **자**　核 사물의 가장 중심, 원자핵 **핵**

원자의[原子] 가장 중심이 되는 곳[核].

　원자핵은 원자의 중심부에 있어서 중핵이 되는 작은 입자를 가리키는 말입니다. 원자핵은 몇 개의 양성자陽性子와 중성자中性子가 결합하여 이루어져 있습니다.

원소 元素

元 근본 **원**　素 바탕 **소**

어떤 물질을 쪼개어 나갈 때 가장 근본[元] 바탕이[素] 되는 물질.

원소는 물질을 구성하는 더 이상 쪼갤 수 없는 가장 간단한 성분을 말합니다.

원자단 原子團

原 근원 **원**　子 아들, 작은 것 **자**　團 모임 **단**

원자의[原子] 집단[團].

원자단은 화합물의 분자 내에서 공유 결합을 하고 있는 원자의 집단으로, 한 원자의 이온처럼 행동하는 이온을 말하며, 다원자 이온이라고도 합니다.

양성자 陽性子

陽 햇볕, 양의 기운 **양**　性 성품, 성질 **성**　子 아들, 작은 것 **자**

양(+)의[陽] 성질을[性] 띤 입자[子].

양성자는 원자 속에 있는 핵자核子의 하나로, 프로톤이라고도 하며, 보통 p 또는 H^+으로 표시합니다. 또한 원자 번호를 양성자 수로 정하고 있습니다.

중성자 中性子

中 가운데 **중**　性 성품, 성질 **성**　子 아들, 작은 것 **자**

양(+)이나 음(−)이 아닌 가운데[中] 성질을[性] 가진 입자[子].

중성자는 원자핵 속에 존재하는 중성의 전하를 가진 **소립자**素粒子 중의 하나로, 뉴트론이라고도 하며, 질량은 양성자陽性子보다 약간 크고 전기적으로는 중성입니다.

◗ **素粒子** [素 바탕 소　粒 알 립　子 아들, 작은 것 자] 물질의 가장 기본적인 구성 요소인 원자를 구성하는 입자.

전자 電子

電 전기 **전**　子 아들, 작은 것 **자**

음(−) 전기를[電] 띤 입자[子].

전자는 음전기를 가지는 입자로, 질량이 양성자의 1,840분의 1 정도로 아주 작습니다. 일렉트론이라고도 하며, e−로 표시합니다.

방사선 放射線

放 놓다, 내쏘다 **방** 射 쏘다 **사** 線 줄 **선**

방사성 원소가 붕괴하면서 쏟아져 나오는[放射] 선[線].

　방사선은 방사성 원소의 붕괴에 따라 방출되는 α 선 · β 선 · γ 선을 말합니다.

방사성 동위 원소 放射性同位元素

放 놓다, 내쏘다 **방** 射 쏘다 **사** 性 성품, 성질 **성** 同 같다 **동** 位 지위, 위치 **위** 元 근본 **원** 素 바탕 **소**

방사성을[放射性] 지니는 동위[同位] 원소[元素].

　'放射性'은 방사능을 가진 어떤 물질의 성질을 말합니다. '同位元素'는 원자 번호는 같으나 질량 수가 다른 원소입니다. 방사성 동위 원소는 어떤 원소의 동위 원소 중에서 방사능을 지니고 있는 것을 말합니다.

분광기 分光器

分 나누다 **분** 光 빛 **광** 器 그릇, 기구 **기**

빛을[光] 나누는[分] 장치[器].

　분광기는 물질이 방출 또는 흡수하는 빛을, 굴절률의 차이를 이용하여, 여러 파장으로 나누어주는 장치입니다.

분자 分子

分 나누다 **분** 子 아들, 작은 것 **자**

물질을 구성하는 입자를 쪼개어 나눌[分] 때 가장 작은 입자粒子의[子] 하나.

　분자는 물질을 작은 입자로 쪼갤 때 그 물질의 성질을 유지하는 가장 작은 입자를 말합니다. 분자는 더 작은 입자인 원자들로 구성되어 있으며, 분자가 쪼개져 원자로 되면 그 물질의 성질을 잃게 됩니다.

분해 分解

分 나누다 **분** 解 풀다 **해**

나누고[分] 풂[解].

　분해는 화학 반응에서 한 화합물이 어떤 방법에 의해 간단한 몇 개의 화합물 또는 홑 원소 물질로 나뉘는 현상을 말합니다.

배수 비례의 법칙 倍數比例의 法則

倍 곱절 배　數 숫자 수　比 비교하다 비　例 본보기 례　法 법 법　則 법칙 칙

두 종류의 원소가 화합하여 그 수가[數] 배가[倍] 될 때 서로의 양이 비례한다는[比例] 법칙[法則].

　배수 비례의 법칙은 두 종류의 원소가 화합하여 화합물을 만들 때, 한 원소의 일정량과 결합하는 다른 원소의 질량비는 항상 간단한 정수비가 만들어진다는 법칙입니다.

일정 성분비의 법칙 一定成分比의 法則

一 하나 일　定 정하다 정　成 이루다 성　分 나누다 분　比 비교하다 비　法 법　法 법　則 법칙 칙

화합물의 원소 성분의[成分] 비율은[比] 일정하다는[一定] 법칙[法則].

　일정 성분비의 법칙은 같은 화합물을 구성하는 각 성분 원소의 질량의 비는 항상 일정하다는 법칙입니다.

질량 보존의 법칙 質量保存의 法則

質 바탕 질　量 수량 량　保 보호하다 보　存 있다 존　法 법 법　則 법칙 칙

화합물의 화합 전후 질량은[質量] 보존된다는[保存] 법칙[法則].

　질량 보존의 법칙은 화학 반응의 전후에서 반응 물질의 총 질량과 생성 물질의 총 질량은 같다는 법칙으로, 질량 불변의 법칙이라고도 합니다.

족 族

族 겨레, 무리 족

화학적 성질이 비슷한 무리[族].

　족은 **주기율표**週期律表의 세로줄에 해당하는 원소들로, 가장 바깥 껍질의 전자(원자가 전자)의 배치가 같고 화학적 성질이 비슷한 원소 집단입니다.

◐ **週期律表** [週 돌다 주　期 기간 기　律 법률 률　表 겉, 사항을 열거하여 한눈에 볼 수 있게 만든 표 표] 주기율에 따라서 원소를 배열한 표.

주기 週期

週 돌다 **주** 期 기간 **기**

같은 성질이 되풀이하여[週] 일정한 간격으로[期] 나타나는 일.

　주기는 원소를 원자 번호의 차례로 배열하였을 때, 성질 따위가 같은 원소가 일정한 간격으로 나타나는 것을 말합니다. 주기율표에서는 가로줄로 배열되어 있는 것을 말합니다. 각 주기는 가장 바깥 전자 껍질의 전자 배치가 채워지는 껍질 수를 나타내고, 7주기로 구성되어 있습니다.

주기율 週期律

週 돌다 **주** 期 기간 **기** 律 법률 **률**

주기적으로[週期] 나타나는 법칙[律].

　주기율은 원소를 원자 번호 순으로 나열했을 때, 비슷한 성질이 주기적으로 나타난다는 법칙입니다.

동족 계열 同族系列

同 같다 **동** 族 겨레, 무리 **족** 系 계통 **계** 列 줄지어 놓다 **렬**

같은[同] 무리에[族] 속해 있으면서 서로 관련이 있는 계통[系列].

　'同族'은 주기율표에서 원소가 동일한 족族에 속해 있는 것을 의미하지만, 동족 계열은 특히 유기 화합물에서 그 조성組成(짜맞추거나 만듦)이 서로 CH_2씩 차이가 나는 한 무리의 탄소 화합물을 말합니다. 예를 들면 알칸 족, 알켄 족, 알킨 족 등이 있습니다.

전이 원소 轉移元素

轉 구르다, 바꾸다 **전** 移 옮기다 **이** 元 근본 **원** 素 바탕 **소**

한 상태에서 다른 상태로 변화하는[轉移] 과도적 원소[元素].

　전이 원소는 원자의 바닥 상태의 전자 배치에서 d나 f 전자부 껍질(원자 궤도 함수)에 전자가 완전히 채워지지 않은 원소를 말합니다. 주기율표에서는 3족부터 11족까지 9개의 족에 속해 있습니다.

전형 원소 典型元素

典 책, 법 **전** 型 기본 틀 **형** 元 근본 **원** 素 바탕 **소**

원소 가운데 대표적인[典型] 원소[元素].

전형 원소는 주기율표에서 대표적인 원소들로, 9개 족(1 · 2 · 12 · 13 · 14 · 15 · 16 · 17 · 18족)에 속해 있는 전이 원소를 제외한 나머지 원소를 말합니다.

연금술 鍊金術

鍊 두드려 단단하게 하다, 쇠를 불에 달구다 **련** 金 쇠, 금 **금** 術 재주 **술**

각종 광물을 이용하여 금을[金] 만들려는[鍊] 기술[術].

연금술은 구리 · 납 · 주석 등을 이용하여 금 · 은 같은 귀금속을 만들려는 기술입니다.

중금속 重金屬

重 무겁다 **중** 金 쇠금 **금** 屬 속하다 **속**

비중이 높은 무거운[重] 금속[金屬].

중금속은 비중比重이 4~5 이상인 금속 원소입니다. 납, 크롬, 수은, 카드뮴 등의 일부 중금속은 생체에 유해하므로 작은 양일지라도 주의해야 합니다. 이런 유해 중금속 외에 대표적인 것으로는 금 · 백금 · 은 · 구리 · 철 등이 있습니다.

경금속 輕金屬

輕 가볍다 **경** 金 쇠금 **금** 屬 속하다 **속**

비중이 낮은 가벼운[輕] 금속[金屬].

경금속은 비중이 약 4.5 이하인 금속 원소입니다. 대표적인 것으로는 알칼리 금속을 비롯한 알루미늄 · 마그네슘 · 티탄 등이 있습니다.

합금 合金

合 합하다 **합** 金 쇠금 **금**

한 개의 금속에 다른 물질을 합한[合] 금속[金].

합금은 한 개의 금속에 다른 금속이나 탄소 · 수소 · 산소 같은 다른 원소를 한 가지 이상 첨가하여 더 좋은 성능을 얻은 혼합물을 말합니다. 대표적인 것으로는 청동 · 양은 · 스테인리스강 · 납땜 등이 있습니다.

형상 기억 합금 形狀記憶合金

形 모양 형　狀 모양 상　記 기록하다, 기억하다 기　憶 기억하다 억　合 합하다
합　金 쇠 금

변형되기 전의 제 모습을[形狀] 기억하는[記憶] 합금[合金].

　형상 기억 합금은 변형되기 전의 제 모습을 기억하고 있다가, 일정한 온도가 되면 원래의 모양으로 되돌아가는 성질이 있는 합금을 말합니다. 대표적인 것으로는 파라볼라 안테나, 파이프 이음매, 치아 교정용 와이어 등이 있습니다.

전성 展性

展 펼치다 전　性 성품, 성질 성

퍼지는[展] 성질[性].

　전성은 금속에 압력을 가할 때 얇은 판으로 펴질 수 있는 성질을 말합니다. 금은 전성이 좋아 두께를 0.000001mm로도 만들 수 있습니다. 이 외에 은·주석·알루미늄 등과 같은 부드러운 금속은 전성이 좋습니다.

연성 延性

延 (시간을) 끌다, 늘이다 연　性 성품, 성질 성

늘어나는[延] 성질[性].

　연성은 탄성 한계를 넘는 힘을 가해도 물체가 파괴되지 않고 늘어나는 금속의 성질을 말합니다. 백금은 연성이 좋아 지름 0.1mm의 아주 가느다란 선으로 늘릴 수가 있습니다. 이 외에 금·은·구리 등과 같은 물질은 연성이 좋습니다.

2. 화학 결합

화합물 化合物

化 변화하다 화　合 합하다 합　物 사물, 물질 물

두 종류 이상의 원자가 합해지면서[合] 새로운 것으로 변하는[化] 물

질[物].

　화합물은 두 종류 이상의 원소의 원자가 일정한 비율로 결합해서 생긴 순 물질을 말합니다. 화합물은 물리적인 방법으로 분리할 수 없으며, 화합물을 생성하거나 변화시키는 데는 화학 반응이 필요합니다.

무기 화합물 無機化合物

無 없다 무 　機 기계, 기능 기 　化 변화하다 화 　合 합하다 합 　物 사물, 물질 물

기계적인 움직임이[機] 없는[無] 화합물[化合物].

　'機'는 기계의 여러 부품이 함께 전체 기계를 움직이고, 전체 기계의 움직임이 다시 각 부품을 움직이는 힘을 제공하는, 즉 부분과 전체가 서로 주고받는 기능을 의미하는 한자입니다. 그래서 無機는 생명 기능이 없는 광물체를 뜻합니다. 무기 화합물은 탄소 이외의 원소만으로 이루어지는 화합물 및 탄소를 함유하는 화합물 중에서도 비교적 간단한 것(홑 원소 물질인 탄소, 산화탄소, 금속의 탄산염, 시안화물·탄화물 등)을 총칭하는 말로, 무기물無機物이라고도 합니다.

유기 화합물 有機化合物

有 있다 유 　機 기계, 기능 기 　化 변화하다 화 　合 합하다 합 　物 사물, 물질 물

기계적인 움직임이[機] 있는[有] 화합물[化合物].

　'機'는 기계의 여러 부품이 함께 전체 기계를 움직이고, 전체 기계의 움직임이 다시 각 부품을 움직이는 힘을 제공하는, 즉 부분과 전체가 서로 주고받는 기능을 의미하는 한자입니다. 그래서 有機는 생명력이 있는 물질을 뜻하기도 합니다. 그러나 오늘날에는 유기 화합물은 홑 원소 물질(탄소, 산화탄소, 금속의 탄산염, 시안화물·탄화물 등)을 제외한 탄소와 수소를 반드시 포함하는 탄소 화합물을 총칭하는 말입니다.

마취 痲醉

痲 마비되다, 저리다 마 　醉 술 취하다 취

몸의 전체나 일부를 저리고[痲] 취하게[醉] 하여 감각을 없애는 일.

　마취는 약물을 사용하여 생물체의 전신 또는 일부분의 감각을 일시적으로 없애는 것으로, 수술할 때 통증을 인위적으로 없애기 위해 사용하는 방법입니다. 디에틸에테르가 대표적인 마취제입니다.

원유 原油

原 근원 **원**　油 기름 **유**

정제하지 않은[原] 석유[油].

원유는 지하의 기름 층에서 액체상液體相으로 얻어지는 탄화수소의 혼합물을 말합니다.

천연 가스 天然 GAS

天 하늘, 자연 **천**　然 그러하다 **연**

땅속에서 자연 그대로 발생하는[天然] 가스.

천연 가스는 땅속으로부터 발생하는 탄화수소를 주성분으로 하는 **가연성**可燃性 가스입니다. 메탄이 주성분이고, 끓는점이 매우 낮아 상온에서 기체 상태로 존재합니다. 그래서 수송과 저장 시에 액체 상태로 만들기 때문에 매우 높은 압력을 받아 폭발할 위험성이 매우 큽니다.

➲ **可燃性** [可 옳다, ~할 수 있다 가　燃 불태우다 연　性 성품, 성질 성] 불에 잘 타는 성질.

탄수화물 炭水化物

炭 숯, 탄소 **탄**　水 물 **수**　化 변화하다 **화**　物 사물, 물질 **물**

탄소와[炭] 물의[水] 화합물[化物].

탄수화물은 탄소(C)와 물(H_2O)의 화합물이란 뜻이지만, 분자식이 $Cm(H_2O)n$로 이루어지는 화합물을 뜻합니다. 녹말, 설탕, 포도당, 셀룰로우스 등이 이에 속합니다. 탄수화물은 그것을 구성하는 단위당($C_6H_{12}O_6$)의 수에 따라 단당류單糖類·이당류二糖類·다당류多糖類로 구분합니다.

단당류 單糖類

單 혼자 **단**　糖 사탕, 물에 녹아 단맛을 내는 탄수화물 **당**　類 종류 **류**

당류[糖類] 중에서 가수 분해에 의하여 더 이상 간단한 당류로 분해되지 않는[單] 것.

단당류는 녹말·셀룰로오스 등과 같은 다당류 또는 설탕과 같은 이당류를 산 또는 효소로 가수 분해加水分解했을 때 생기는 것으로서, 화학식은 $C_6H_{12}O_6$이고, 포도당·과당·갈락토오스 등이 이에 속합니다.

이당류 二糖類

二 둘 **이** 糖 사탕, 물에 녹아 단맛을 내는 탄수화물 **당** 類 종류 **류**

단당류[糖類] 두[二] 분자로 이루어진 것.

이당류는 가수 분해에 의해 한 분자에서 단당류 두 분자를 만드는 당류로, 설탕·젖당 등이 이에 속합니다.

다당류 多糖類

多 많다 **다** 糖 사탕, 물에 녹아 단맛을 내는 탄수화물 **당** 類 종류 **류**

단당류[糖類] 세 개 이상의[多] 분자로 이루어진 것.

다당류는 수없이 많은 단당류가 축합縮合·중합重合 반응에 의해 생성된 고분자 물질로, 분자식은 $C_m(H_2O)_n$로 나타내며 녹말·셀룰로오스 등이 이에 속합니다.

발효 醱酵

醱 술 빚다 **발** 酵 술이 괴다 **효**

유기물이 분해되는 현상[醱酵].

'술이 괴다' 는 '발효하여 거품이 일다' 라는 뜻입니다. 발효는 미생물의 작용에 의해 유기물이 분해되어 새로운 물질이 만들어지는 현상을 말합니다. 예를 들어 녹말이 발효하면 술의 원료인 에탄올(C_2H_5OH)이 됩니다.

중합 重合

重 무겁다, 거듭하다 **중** 合 합하다 **합**

두 분자가 결합할 때[合] 더 큰[重] 화합물을 만드는 반응.

중합은 동일 분자가 두 개 이상 결합할 때 분자량이 큰 화합물을 만드는 반응을 말합니다. 수많은 에틸렌 분자가 첨가 중합 반응에 의해 폴리에틸렌 고분자를 생성시키는 예가 대표적입니다.

축합 縮合

縮 오그라들다 **축** 合 합하다 **합**

두 분자가 결합할 때[合] 물 분자가 제거되면서[縮] 새로운 화합물을 만드는 반응.

축합은 유기 화합물의 두 분자 또는 그 이상의 분자가 반응하여, 물 분자가 제거되면서 새로운 화합물을 만드는 반응입니다. 아세트산[CH₃COOH]과 에틸알코올(에탄올)[C₂H₅OH]이 만나 물이 제거되면서 아세트산에틸[CH₃COOC₂H₅]이 생기는 예가 대표적입니다.

탈수 脫水

脫 벗다, 빠뜨리다 **탈** 水 물 **수**

수분을[水] 제거함[脫].

탈수는 어떤 물질에서 수분을 제거하는 것을 말합니다. 진한 황산은 탄수화물 계통의 설탕이나 녹말, 종이 등에 닿으면 물 성분을 제거하는 탈수작용을 합니다. 즉 녹말·설탕·나무 같은 탄수화물은 탄소와 물의 성분을 가지고 있기 때문에, 진한 황산을 떨어뜨리면 물 성분이 제거됩니다. 이때 탄소만 남기 때문에 까맣게 변합니다.

건조제 乾燥劑

乾 마르다 **건** 燥 (물기가) 마르다 **조** 劑 약 **제**

다른 물질을 건조시키는[乾燥] 약품[劑].

건조제는 물질의 수분을 제거하는 물질로, 염화칼슘·진한 황산·수산화나트륨·실리카겔 등이 있습니다.

합성 섬유 合成纖維

合 합하다 **합** 成 이루다 **성** 纖 가늘다, 가는 실 **섬** 維 밧줄 **유**

여러 물질을 화학적으로 합하여[合] 만든[成] 섬유[纖維].

'纖維'는 실 모양의 고분자 물질입니다. 합성 섬유는 고분자로 이루어진 인조 섬유를 말합니다. 고분자는 석유·석탄·천연가스 등의 원료가 화학적 반응을 일으킬 때 만들어집니다. 양털이나 목화 누에고치 같은 원료로 만든 섬유는 천연 섬유라고 합니다.

합성 수지 合成樹脂

合 합하다 **합** 成 이루다 **성** 樹 나무 **수** 脂 기름 **지**

여러 물질을 화학적으로 합하여[合] 만든[成] 수지[樹脂].

'樹脂'는 나무의 진입니다. 합성 수지는 송진과 같은 천연 섬유와는 달리 석유계 탄화수소 계통을 화학적으로 합성하여 만든 것으로, 흔히 플라스틱이라고 합니다. 원료는 대부분 석유이고, 나머지는 천연가스·석탄 등을 이용합니다. 이때 분자량이 작은 원료를 먼저 합성하고, 이것을 고분자화하면 합성 수지가 얻어집니다.

열가소성 수지 熱可塑性樹脂

熱 뜨겁다, 열 **열** 可 옳다, ~할 수 있다 **가** 塑 흙으로 이겨서 물건의 형체를 만들다 **소** 性 성품, 성질 **성** 樹 나무 **수** 脂 기름 **지**

열을[熱] 가하여 새로운 모양을 만들 수[可塑] 있는 수지[樹脂].

열가소성 수지는 열을 가하여 새로운 모양을 만든 후에라도 다시 열을 가하면 또 새로운 모양으로 변형시킬 수 있는 수지를 말합니다. 예를 들면 폴리에틸렌 수지, PVC, PS 수지 등이 이에 속합니다.

열경화성 수지 熱硬化性樹脂

熱 뜨겁다, 열 **열** 硬 굳다 **경** 化 변화하다 **화** 性 성품, 성질 **성** 樹 나무 **수** 脂 기름 **지**

열을[熱] 가하면 새로운 모양으로 바꿀 수 없도록[硬] 변화하는[化] 수지[樹脂].

열경화성 수지는 열을 가하여 새로운 모양이 만들어진 다음에는 다시 열을 가하여도 굳어진 채로 있는 수지를 말합니다. 페놀 수지, 요소 수지 등이 이에 속합니다.

합성 세제 合成洗劑

合 합하다 **합** 成 이루다 **성** 洗 씻다 **세** 劑 약 **제**

여러 물질을 화학적으로 합하여[合] 만든[成] 씻어 내는[洗] 용도의 약품[劑].

합성 세제는 석유계 탄화수소 계통을 화학적으로 합성하여 만든 세제입니다.

발암 물질 發癌物質

發 드러내다, 일어나다 **발** 癌 암 **암** 物 사물, 물질 **물** 質 바탕 **질**

암을[癌] 발생시키는[發] 물질[物質].

발암 물질은 실험 동물에 투여하거나 인간이 섭취했을 때 높은 비율로 암을 발생시키는 물질입니다.

Ⅲ. 화학 반응

1. 화학 반응과 에너지

발열 반응 發熱反應

發 드러내다 **발** 熱 뜨겁다 **열** 反 되돌리다, 거스르다 **반** 應 응하다 **응**

열을[熱] 내는[發] 반응[反應].

　발열 반응은 화학 반응이 일어날 때 열을 방출하는 반응을 말합니다. 어떤 물질이 서로 반응할 때, 그 물질들이 이미 갖고 있는 총 에너지가 새로 생성되는 물질의 총 에너지보다 많으면, 그 에너지 차이만큼 주위에 열을 냅니다. 주머니 난로, 중화 반응이나 연소 반응이 이에 속합니다.

흡열 반응 吸熱反應

吸 빨아들이다 **흡** 熱 뜨겁다 **열** 反 되돌리다, 거스르다 **반** 應 응하다 **응**

열을[熱] 흡수하는[吸] 반응[反應].

　흡열 반응은 화학 반응이 진행되어 평형 상태에 도달했을 때 주위로부터 열을 흡수하는 반응을 말합니다. 즉 어떤 물질이 서로 반응할 때, 그 물질들이 이미 갖고 있는 총 에너지가 새로 생성되는 물질의 총 에너지보다 적으면, 그 에너지 차이만큼 주위에서 열을 흡수합니다. 똑같은 물질의 상태가 고체에서 액체로, 액체에서 고체로 변화할 때이거나 냉찜질용 팩 등이 이에 속합니다.

발화점 發火點

發 드러내다, 일어나다 **발** 火 불 **화** 點 점, 장소나 한도를 나타내는 말 **점**

불이[火] 붙는[發] 최저 온도[點].

　발화점은 물질을 공기 또는 산소 속에서 가열할 때 불이 붙는 최저 온도를 말합니다. 즉 각 물질은 서로 다른 발화점이 있는데, 그 온도에 도달하기 전까지는 열을 가하여도 불이 붙지 않습니다. 일반적으로 끓는점이 낮을수록 발화점이 낮습니다.

연소 燃燒

燃 불태우다 연 燒 불태우다 소

불이 붙어 탐[燃燒].

　연소는 어떤 물질이 공기 중의 산소와 반응하여 불이 붙어 열과 빛을 내는 것을 말합니다. 이 외에 빛을 발하지 않아도, 산화물을 생성하는 화학 변화의 경우, 이를 연소의 범주에 넣기도 합니다.

2. 반응 속도와 화학 평형

가역 반응 可逆反應

可 옳다, ~할 수 있다 가 逆 거스르다, 거꾸로 역 反 되돌리다, 거스르다 반 應 응하다 응

거꾸로도[逆] 반응이 진행될 수 있는[可] 화학 반응[反應].

　가역 반응은 화학 반응에서, 상황을 달리할 때에 거꾸로 진행할 수 있는 반응을 말합니다.

비가역 반응 非可逆反應

非 아니다 비 可 옳다, ~할 수 있다 가 逆 거스르다, 거꾸로 역 反 되돌리다, 거스르다 반 應 응하다 응

거꾸로는[逆] 반응이 진행될 수[可] 없는[非] 화학 반응[反應].

　비가역 반응은 역반응이 극히 일어나기 어려운 반응을 말합니다.

활성화 에너지 活性化 ENERGY

活 살다 활 性 성품, 성질 성 化 변화하다 화

활발해지는[活] 성질로[性] 변화할 때[化] 필요한 에너지.

　활성화 에너지는 입자, 분자 등이 반응하여 새로운 물질이 생성될 때 필요한 최소의 에너지를 말합니다. 즉 새로운 물질을 형성하기 위하여 반응 물질 간의 원자들의 결합이 끊어지는 데 필요한 최소한의 에너지라고 볼 수 있습니다. 활성화 에너지가 작으면 반응이 일어날 수 있는 입자 수가 늘어나서 반응 속도가 빨라지고, 커지면 반응이 일어날 수 있는 입자 수가 줄어들어 반응 속도는 느려집니다.

촉매 觸媒

觸 닿다 **촉**　媒 매개 **매**

접촉을[觸] 통해서 화학 반응하는 물질의 속도를 중간에서[媒] 조절하는 물질.

　촉매는 화학 반응이 일어날 때, 자신은 변화하지 않으면서 다른 물질의 반응 속도만을 변화시키는 물질입니다. 촉매에는 활성화 에너지를 작게 해서 반응 속도를 빠르게 하는 정촉매와 활성화 에너지를 크게 해서 반응 속도를 느리게 하는 부촉매가 있습니다.

정촉매 正觸媒

正 바르다 **정**　觸 닿다 **촉**　媒 매개 **매**

화학 반응 속도를 빠르게 하는[正] 촉매[觸媒].

　정촉매는 활성화 에너지를 작게 해서 반응 속도를 빠르게 하는 촉매를 말합니다. 일반적으로 몸속의 효소들은 정촉매에 속합니다.

부촉매 負觸媒

負 (짐을) 지다 **부**　觸 닿다 **촉**　媒 매개 **매**

화학 반응 속도를 느리게 하는[負] 촉매[觸媒].

　부촉매는 활성화 에너지를 크게 해서 반응 속도를 느리게 작용을 하는 촉매로서, **역촉매**逆觸媒라고도 합니다.

◐ 逆觸媒 [逆 거스르다 역　觸 닿다 촉　媒 매개 매]

효소 酵素

酵 술이 괴다 **효**　素 바탕 소

생물체 내의 화학 반응에서[酵] 촉매로[素] 작용하는 것.

'술이 괴다'는 발효하여 거품이 일다라는 뜻입니다. 효소는 생물체 내에서 화학 반응의 촉매 역할을 하는 단백질 비슷한 유기 화합물을 가리키는 말입니다.

3. 산과 염기의 반응

산 酸

酸 산소, 물에 녹아 수소 이온을 내는 물질 **산**

물에 녹아 수소 이온을 내는 물질[酸].

좁은 의미로는 물에 녹아 수소 이온[H+]을 내는 물질로, pH가 7보다 작은 수용액을 말합니다. 이에는 염산, 황산, 질산, 아세트산 등이 속합니다. 넓은 의미로는 양성자[H+]를 내어놓는 것을 산이라고 합니다. 예를 들면, 다음 반응에서 아세트산이 양성자를 물에 주었기 때문에 아세트산이 산으로 작용하는 경우입니다. $CH_3COOH + H_2O \rightarrow CH_3COO^- + H_3O^+$

염산 鹽酸

鹽 소금, 염(기) **염**　酸 산소, 물에 녹아 수소 이온을 내는 물질 **산**

염화수소를[鹽] 물에 녹인 수용액[酸].

'酸'은 물에 용해되면 수소 이온을 생성하고, 염기와 중화中和하여 **염鹽**을 만드는 물질입니다. 염산은 염화수소의(HCl) 수용액水溶液으로, 동물의 위에서 분비되는 위산의 주요 성분입니다.

▶ 鹽 [鹽 소금, 염(기) 염] 산과 염기의 중화中和 반응에 의해 생기는 화합물.

왕수 王水

王 임금, 으뜸 **왕**　水 물 **수**

가장 잘[王] 녹이는 액체[水].

왕수는 진한 염산과 진한 질산을 3대 1의 비율로 혼합한 액체로, 염산이나 질산에도 녹지 않는 금ㆍ백금과 같은 귀금속도 녹이기 때문에 붙여진 이름입니다.

염기 鹽基

鹽 소금, 염(기) **염** 基 기초, 원자단 **기**

산酸과 반응하여 염을[鹽] 만드는 화합물[基].

염기는 좁은 의미로는 수용액 중에서 이온화하여 수산화 이온(OH^-)을 만들고, 산을 중화시켜 염을 만드는 물질을 말합니다. 또는 pH가 7보다 큰 수용액을 말합니다. 이에는 수산화나트륨($NaOH$), 수산화칼륨(KOH), 수산화칼슘$Ca(OH)_2$ 등이 있습니다. 넓은 의미로는 양성자(H^+)를 받아들이는 것을 염기라고 합니다. 예를 들면, 다음 반응에서 아세트산이 양성자를 물에 주었기 때문에 물이 염기로 작용하는 경우입니다. $CH_3COOH + H_2O \rightarrow CH_3COO^- + H_3O^+$

중화 中和

中 가운데 **중** 和 사이가 좋다 **화**

산과 염기가 반응하여 가운데[中] 성질로 화합함[和].

중화는 산과 염기鹽基가 반응하여 염과 물로 변하면서 산 및 염기로서의 성질을 잃는 현상을 말합니다. 예를 들면, 염산(HCl)과 수산화나트륨($NaOH$)이 반응하면 중화 반응이 일어납니다. 이때 염인 염화나트륨($NaCl$)과 물(H_2O)이 얻어지면서 열을 방출합니다.

적정 滴定

滴 물방울 **적** 定 정하다 **정**

물방울(수용액)을[滴] 이용해 시료의 농도를 정함[定].

적정은 농도를 알고 있는 용액(표준 용액)을 **뷰렛**에 넣어 농도를 모르는 **시료**試料(지시약指示藥 포함) 에 한 방울씩 떨어뜨리면서 종말점을 알아내서 그 시료의 농도를 구하는 방법을 말합니다. 산과 염기의 중화 반응을 이용한 적정을 중화 적정이라고 합니다.

- **뷰렛** 액체의 부피를 측정하는 데 사용하는 눈금이 그려진 유리관.
- **試料** [試 시험 시 料 재료 료] 시험・검사・분석 등에 쓰이는 물질이나 생물.

지시약 指示藥

指 손가락, 가리키다 **지**　示 보이다, 지시하다 **시**　藥 약 **약**

화학 반응에 있어서 어떤 상태인지를 보여주는[指示] 약품[藥].

　지시약은 수소 이온 농도를 판정하거나 다른 화학 반응의 어떤 상태를 알아보기 위해 사용되는 시약試藥입니다. 산·염기 지시약으로는 페놀프탈레인·B.T.B·메틸오렌지·리트머스 시험지 등이 있습니다.

정색 반응 呈色反應

呈 드리다, 나타내다 **정**　色 색깔 **색**　反 되돌리다, 거스르다 **반**　應 응하다 **응**

시약에 의해 색을[色] 나타나게[呈] 하거나 색을 변하게 하는 반응[反應].

　정색 반응은 어떤 성분 또는 화합물이 특정한 **시약**試藥(발색 시약 또는 정색 시약이라고 함)에 대하여, 일정한 조건 아래서, 색을 나타내거나 색이 변하는 반응을 말합니다. 대표적으로 요오드-녹말 반응이 있습니다. 이 외에 페놀류를 검출하기 위하여 염화철(Ⅲ)을 가하면 보라색으로 변하는 경우도 정색 반응이라 합니다.

◐ **試藥** [試 시험 시 藥 약 약] 화학 분석에서 물질의 검출이나 정량定量을 위한 반응에 사용하는 약품.

산화물 酸化物

酸 산소 **산**　化 변화하다 **화**　物 사물, 물질 **물**

산소와[酸] 다른 원소가 결합한 화합물[化物].

　산화물은 다른 원소와 친화력이 강한 산소가 다른 원소와 결합하면서 만들어진 화합물로, **비활성 기체**非活性氣體를 제외한 거의 모든 원소와 화합물을 만듭니다. 여기에는 산화나트륨(Na_2O)·산화마그네슘(MgO)·산화알루미늄(Al_2O_3) 등이 있습니다.

◐ **非活性氣體** [非 아니다 비　活 살다 활　性 성품, 성질 성　氣 기운, 공기 기　體 몸 체] 주기율표 18족에 속하는 헬륨·네온·아르곤·크립톤·크세논·라돈 등이 이에 속하며, 반응성이 거의 없어 다른 원소와 거의 반응하지 않는 지구상 자연 조건에서 항상 기체로 존재하는 물질.

산성 산화물 酸性酸化物

酸 산소, 물에 녹아 수소 이온을 내는 물질 **산** 性 성품, 성질 **성** 酸 산소 산 化 변화하다 **화** 物 사물, 물질 **물**

산의[酸] 성질을[性] 가진 산화물[酸化物].

산성 산화물은 물에 녹아 산酸을 내고, 염기와 반응하여 염을 만드는 산화물입니다. 이산화황(SO_2), 이산화질소(NO_2), 이산화탄소(CO_2) 등 비금속의 산화물이 대개 이에 속합니다.

염기성 산화물 鹽基性酸化物

鹽 소금, 염(기) **염** 基 기초, 원자단 **기** 性 성품, 성질 **성** 酸 산소 **산** 化 변화하다 **화** 物 사물, 물질 **물**

염기의[鹽基] 성질을[性] 가진 산화물[酸化物].

염기성 산화물은 물과 화합하여 염기가 되고, 산과 중화하여 염을 만드는 산화물입니다. 금속의 산화물은 일반적으로 염기성 산화물이며, 산화나트륨(Na_2O) · 산화칼슘(CaO) 등이 이에 속합니다.

수산화물 水酸化物

水 물, 수소 **수** 酸 산소 **산** 化 변화하다 **화** 物 사물, 물질 **물**

수산기(−OH)를[水酸] 갖는 화합물의[化物] 총칭.

수산화물은 원소와 **수산기**水酸基만으로 구성되는 화합물을 가리키는 말입니다. 일반적으로 염기로 작용하며, 이에는 수산화나트륨($NaOH$) · 수산화칼륨(KOH) · 수산화칼슘($Ca(OH)_2$) 등이 있습니다.

➡ **水酸基** [水 물, 수소 수 酸 산소 산 基 기초, 원자단 기] 수소와 산소 각각 한 원자로 이루어진 원자단으로, 기호는 −OH.

수소 이온 농도 水素ion濃度

水 물 **수** 素 바탕 소 濃 짙다 **농** 度 ~한 정도 **도**

수소[水素] 이온의 짙은[濃] 정도[度].

수소 이온 농도[H^+]는 용액 속의 수소 이온이 들어 있는 정도를 나타내는 것으로, 산의 세기를 나타내는 척도로 사용합니다. 예를 들면 순수한 물은 25℃에서 수소 이온 농도 [H^+]가 $1×10^{-7}$몰/L입니다. 순수한 물에서 보듯이, 수소 이온 농도의 단위인 [H^+]가 $1×10{-7}$몰/L와 같이 복잡하고 매우 작게 표현되므로, 간단히 pH(수학적으로 처리한 수소 이온 지수)라는 단위로 나타냅니다.

수소 이온 지수 水素ion指數

水 물 수　素 바탕 소　指 손가락, 가리키다 **지**　數 숫자 **수**

수소[水素] 이온 농도의[濃] 수치를[數] 보여주는[指] 기호.

수소 이온 지수는 수소 이온 농도의 수치를 나타내는 기호로, pH로 표시합니다. 즉, $pH=\log 1/[H^+]$입니다. 순수한 물의 pH는 7입니다.

가수 분해 加水分解

加 더하다 **가**　水 물 수　分 나누다 **분**　解 풀다 **해**

어떤 화합물에 물을[水] 가하여[加] 분해함[分解].

'分解'는 화학에서 화합물이 어떤 방법에 의해 간단한 몇 개의 화합물 또는 홑원소 물질로 나뉘는 현상을 말합니다. 무기 화합물에서는 염鹽에 물을 가하면 반응하여 산과 염기로 분해되고, 유기 화합물에서는 에스테르에 물을 가하면 반응하여 알콜과 카르복시산으로 분해되는데, 이를 가수 분해라고 합니다.

4. 산화, 환원의 반응

산화 酸化

酸 산소 **산**　化 변화하다 **화**

산소가[酸] 화합함[化].

산화는 좁은 의미로는 어떤 물질에 산소가 화합하여 산소 수가 증가하는 것을 말합니다. 또는 그 물질에서 수소가 떨어져 나가는 화학 변화를 가리킵니다. 넓은 의미로는 전자를 내어놓거나, 산화수가 증가하는 경우를 말합니다. 예를 들면, 수소와 산소가 결합하여 물이 될 때, 수소는 산소와 화합하였고, 산화수로는 0에서 +1로 증가하였고, 전자를 내어놓았으므로 수소가 산화되었다고 할 수 있습니다.

환원 還元

還 돌아오다 **환** 元 근본, 처음 **원**

처음 상태로[元] 돌아옴[還].

환원은 좁은 의미로는 어떤 물질이 산소의 일부 또는 전부를 잃거나 외부에서 수소를 흡수하는 화학 변화를 가리키는 말입니다. 즉 산화되기 이전 상태로 돌아가는 것입니다. 넓은 의미로는 전자를 받아들이거나, 산화수가 감소하는 경우를 말합니다. 수소와 산소가 결합하여 물이 될 때의 예를 들면, 산소는 수소를 흡수하였고(좁은 의미), 산화수로는 0에서 -2로 감소하였고(넓은 의미1), 전자를 받아들였으므로(넓은 의미2), 산소가 환원되었다고 할 수 있습니다.

산화제 酸化劑

酸 산소 **산** 化 변화하다 **화** 劑 약 **제**

산화가[酸化] 일어나게 하는 물질[劑].

산화제는 자기 자신은 환원되면서, 다른 물질에 산화가 일어나게 하는 물질입니다. 과산화수소 · 이산화망간 · 과망간산칼륨 · 중크롬산칼륨 등이 이에 속합니다.

환원제 還元劑

還 돌아오다 **환** 元 근본, 처음 **원** 劑 약 **제**

환원이[還元] 일어나게 하는 물질[劑].

환원제는 자기 자신은 산화하면서, 다른 물질에 환원이 일어나게 하는 물질입니다. 이산화황 · 황화수소 등이 이에 속합니다.

전해질 電解質

電 전기 **전** 解 풀다 **해** 質 바탕 **질**

물에 녹아서[解] 전기를[電] 전할 수 있게 되는 물질[質].

전해질은 물과 같은 극성 용매에 녹아서, 양 이온과 음 이온으로 이온화되어 전기를 전도하는 물질을 말합니다. 전해질이 녹아 있는 용액 속에 전원을 연결하고 전류를 통해 주면, 전해질 속의 양 이온은 음극으로 음 이온은 양극으로 끌려서 이동합니다. 결과적으로는 용액에 전류가 흐르게 됩니다.

건전지 乾電池

乾 마르다 건　電 전기 전　池 (연)못 지

전해액을 거의 고체 상태에 가깝게 한[乾] 전지[電池].

　'電池'를 한자 뜻대로 풀이하면 전기를 담은 (연)못이라는 말입니다. 건전지는 전해질이 습기를 약간만 머금은 마른 전지로, 휴대하기 간편하고 다 사용할 때까지 일정한 전압을 유지합니다. 가장 많이 사용되는 실용 전지로서, 한번 쓰면 버려야 하는 재생이 불가능한 1차 전지입니다.

축전지 蓄電池

蓄 쌓다, 간직하다 축　電 전기 전　池 (연)못 지

저장이[蓄] 가능한 전지[電池].

　축전지는 충전에 의해 전기의 저장이 가능한 전지로, 2차 전지라고 합니다. 자동차에 전원 장치로 이용되는 납 축전지, 휴대폰에 사용되는 리튬 이온 전지 등이 이에 속합니다.

방전 放電

放 놓다, 내쏘다 방　電 전기 전

전기를[電] 내보냄[放].

　방전은 전지에서 화학 반응(산화·환원)이 일어나서 전기가 얻어지는 것을 말합니다. 또 다른 의미로는 충전되어 있는 전지로부터 전류가 빠져 나와 기전력起電力이 감소되는 현상을 말합니다.
　↔ 충전.

충전 充電

充 가득하다, 채우다 충　電 전기 전

전기를[電] 채움[充].

　충전은 전기 에너지를 공급하여 화학 변화가 일어나게 하는 것입니다. 즉 축전지에 전기 에너지를 축적하고, 본래의 전압까지 회복시키는 것을 말합니다.
　↔ 방전.

기전력 起電力

起 일어나다 **기**　電 전기 전　力 힘 **력**

전기를[電] 움직이게 하는[起] 힘[力].

　기전력은 **도체**導體의 내부에 **전위차**電位差를 생기게 하는 원인이 되는 힘으로, 전위차(전압)가 생기면 그 사이에 **전하**電荷가 이동합니다. 기전력은 전위차와 마찬가지로 볼트(V)라는 단위로 측정합니다.

◐ **導體** [導 이끌다 도　體 몸 체] 열이나 전기 따위를 잘 전하는 물체.

◐ **電位差** [電 전기 전　位 지위, 위치 위　差 차이 차] 전기를 옮기는 데 필요한 두 점 사이의 전압의 차이.

◐ **電荷** [電 전기 전　荷 짊어지다 하] 어떤 물체가 갖고 있는 전기의 양.

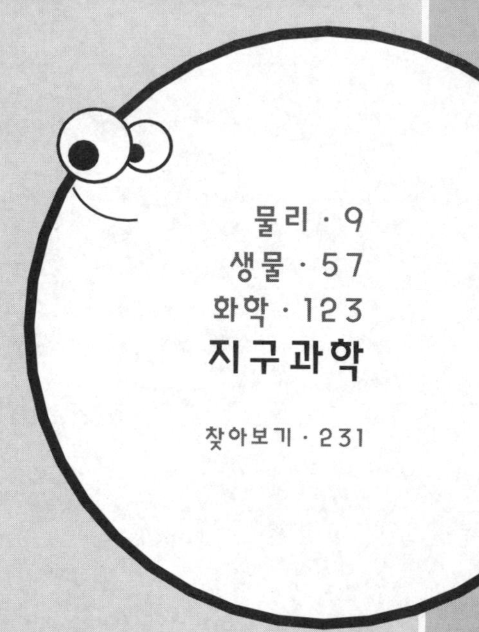

Ⅰ. 지질학

편평도 扁平度

扁 넓적하다 **편**　平 평평하다 **평**　度 ～한 정도 **도**

넓적하고[扁] 평평한[平] 정도[度].

　편평도는 자전의 영향으로 약간 납작하게 찌그러진 행성이나 별들의 타원형 정도를 가리키는 말입니다. 지구를 비롯한 행성들은 자전으로 인해 구형球形이기보다는 타원형입니다. 이러한 타원체의 납작한 정도가 편평도인데, 타원체의 긴 반지름을 분모로 하고 긴 반지름에서 짧은 반지름을 뺀 값을 계산하면 됩니다. 이렇게 계산한 지구의 편평도는 약 1/300 정도입니다.

　· 계산식

$$\frac{긴\ 반지름 - 짧은\ 반지름}{긴\ 반지름}$$

지각 地殼

地 땅 **지**　殼 껍질 **각**

땅의[地] 껍질[殼].

　지각은 땅의 가장 바깥 껍질 부분으로 우리가 딛고 있는 부분입니다. 지각은 크게 육지에 해당하는 대륙 지각大陸地殼과 바다 밑에 있는 해양 지각海洋地殼으로 구분하며, 각각 성분 및 특성이 다르게 나타납니다.

지진 地震

地 땅 **지**　震 떨치다, 떨다 **진**

땅의[地] 떨림[震].

　지진은 지각 내부의 급격한 변화로 인하여 지면이 진동하는 자연 현상을 가리키는 말입니다.

지진파 地震波

地 땅 **지**　震 떨치다, 떨다 **진**　波 물결, 진동하는 결 **파**

지진에[地震] 의해 발생하는 파동[波].

　지진파는 지구 내부에서 지진에 의한 급격한 충격으로 발생하는 파동을 가리키는 말입니다. 지구 내부에서 판 운동의 여파로 지진이 발생하면 지진 에너지는 지진파의 형태로 전파해 나갑니다. 이때 지진이 발생한 지구 내부의 지점을 진원震源, 진원 바로 위의 지표상의 지점을 진앙震央이라 합니다. 지진파는 지구 내부를 통과하는 중심파인 P파(Primary wave), S파(Secondary wave), 그리고 지표면을 따라 전달되는 표면파인 L파(Long wave)로 나눌 수 있습니다.

진원 震源

震 떨치다, 떨다 **진**　源 근원 **원**

지진이[震] 발생하는 지점[源].

　진원은 지구 내부에서 지진이 발생하는 지점을 가리키는 말입니다. 진원의 깊이가 100km 이상의 지하 깊은 곳에서 발생한 지진을 심발 지진深發地震이라 하여, 100km 미만의 진원에서 발생하는 천발 지진淺發地震과 구별합니다.

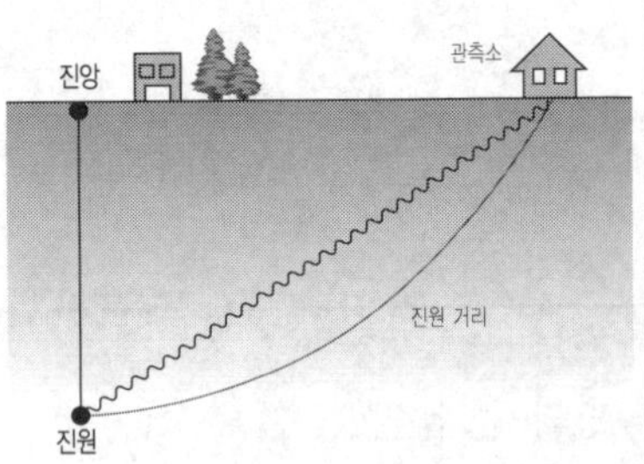

진앙 震央

震 떨치다, 떨다 **진**　央 가운데 **앙**

지진의[震] 가운데 지점[央].

　진앙은 진원 바로 위의 지표상의 지점으로, 일반적으로 지진이 일어날 때 피해가 가장 큰 지역입니다.

천발 지진 淺發地震

淺 얕다 **천**　發 드러내다, 일어나다 **발**　地 땅 **지**　震 떨치다, 떨다 **진**

얕은[淺] 곳에서 일어난[發] 지진[地震].

　천발 지진은 진원의 깊이가 100km 이하의 지상에서 가까운 곳에서 발생한 지진을 가리키는 말입니다. 보통 해령海嶺이나 변환 단층變換斷層, 해구海溝, 습곡 산맥褶曲山脈 등의 판의 경계부 지역에서 많이 발생하며, 단위 시간당 퍼져 나가는 에너지는 심발 지진보다 더 큰 경우가 많아 피해가 클 수 있습니다.

심발 지진 深發地震

深 깊다 심　發 드러내다, 일어나다 발　地 땅 지　震 떨다 진

깊은[深] 곳에서 일어난[發] 지진[地震].

　심발 지진은 진원의 깊이가 100km 이상의 지하 깊은 곳에서 발생한 지진을 가리키는 말입니다. 천발 지진에 비하여 제한적인 곳에서 발생하는데, 특히 해구海溝나 습곡 산맥褶曲山脈이 있는 지역에서 많이 발생합니다.

암영대 暗影帶

暗 어둡다 암　影 그림자 영　帶 띠, 근처 대

어두운[暗] 그림자처럼[影] 잘 보이지 않는 지역[帶].

　암영대는 지진이 일어날 때 지진파가 관측되지 않는 일정한 지역을 가리키는 말입니다.

중력장 重力場

重 무겁다 중　力 힘 력　場 마당 장

중력이[重力] 미치는 공간[場].

　중력장은 중력이 작용하는 공간을 말합니다. 지표상의 모든 물체는 지구 질량에 의한 만유인력萬有引力과 지구 자전에 의한 원심력遠心力의 합력으로 나타나는 중력의 영향에 붙잡혀 있습니다. 그래서 지구보다 중력이 작은 달에 갈 경우 우리의 몸무게는 1/6로 줄어들게 되고, 무중력 공간에서는 둥둥 떠다닐 수 있게 되는 것입니다.

자기장 磁氣場

磁 자석 자　氣 기운 기　場 마당 장

자석의[磁] 기운이[氣] 미치는 공간[場].

　자기장은 지구 자기의 기운이 미치는 공간을 말합니다. 지구 자기장은 지구 내부 외핵外核의 열대류熱對流와 지구 외부 자기장에 의해 유도 전류가 발생하고, 이 유도 전류에 의해 만들어집니다. 보통 자기장의 원인을 지

구 내부에 있는 거대한 자석 때문이라 생각하는 경우가 있는데, 실제로 자석이 있는 것은 아닙니다. 이 자기장에 의해 나타나는 자북극磁北極과 자남극磁南極은 지리상의 북극·남극과는 다르며, 외부 자기장의 세기에 따른 **일변화**日變化 및 영년변화永年變化에 의해 지속적으로 움직이고 있습니다.

❍ 日變化 [日 날 일 變 변하다 변 化 변화하다 화] 하루 동안의 기온 따위의 변화.

진북 眞北

眞 참 진 北 북쪽 북

진짜[眞] 북쪽[北].

진북은 경도선經度線을 따라 바라본 북쪽 방향, 즉 지구 자전축이 있는 지리상의 북극 방향을 말합니다. 우리가 북극점이라고 하는 지역으로서 일반 지도에서 사용하는 북극에 해당합니다. 그러나 나침반이 가리키는 북극은 진북이 아니라 자북磁北이기 때문에 우리는 나침반을 사용하는 그 지역의 편각偏角을 알아야 정밀한 방위를 알아낼 수 있습니다.

자북 磁北

磁 자석 자 北 북쪽 북

자석이[磁] 가리키는 북쪽[北].

자북은 지구 자기장에서의 북극점, 곧 자침磁針이 가리키는 북극 방향을 말합니다. 지구 외핵에서 일어나는 열대류의 결과로 유도되는 지구 자기장은 오랜 시간에 걸쳐 계속 북극과 남극의 위치가 변화해 오면서 자북극磁北極 역시 변해 왔습니다. 이렇게 변해 온 자북의 이동 경로는 대륙이 이동하였다는 **판구조론**板構造論의 결적인 증거가 되었

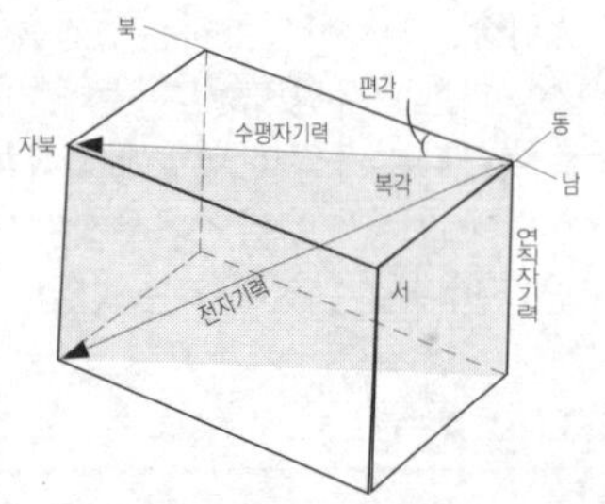

〈자북과 진북, 편각과 복각〉

습니다. 즉 오래된 자북을 추적하는 과정에 자성磁性을 띤 광물(자철석 등)을 포함한 암석을 사용하여 – 그 암석이 생성된 당시의 자북 방향대로 **자화**磁化되기 때문에 – 이를 알아 낼 수 있습니다.

➡ 板構造論 [板 널빤지 판　構 얽어매다 구　造 만들다 조　論 논의하다, 견해 론] 지구의 가장 겉껍질인 지각은 여러 개의 판으로 나뉘어져 있으며, 이 판들은 맨틀(mantle-지구의 지각과 핵 사이에 있는 층)의 열대류熱對流에 의해 천천히 움직이고 있다는 이론.

➡ 磁化 [磁 자석 자　化 변화하다, 되다 화] 자석화된다는 뜻. 자철석·적철석 등의 자성을 띤 광물은 당시의 자기장 방향으로 늘어서는 구조를 가지는 특성이 있으며, 생성된 이후로는 잘 변하지 않는 특성을 지님. 따라서 이러한 암석에 기록된 고지자기古地磁氣를 측정하여 대륙이 이동했다는 증거를 찾을 수 있었음.

영년변화 永年變化

永 영원하다 **영**　年 해 **년**　變 변하다 **변**　化 변화하다 **화**

오랜[永] 세월에[年] 걸친 변화[變化].

　영년변화는 주로 지구상의 각종 관측치가 수천 년·수만 년 주기의 긴 세월에 걸쳐 변화하는 일을 가리키는 말입니다. 변화의 정확한 원인은 아직 밝혀지지 않았지만, 오랜 시간의 주기週期를 가지고 조금씩 변하고 있는 지구 자기장의 3요소(편각偏角·복각伏角·수평 자력水平磁力)에서 찾고 있습니다.

편각 偏角

偏 치우치다 **편**　角 뿔, 각도 **각**

어느 한쪽으로 치우친[偏] 각도[角].

　편각은 진북眞北 방향에서 동쪽이나 서쪽으로 자북磁北이 기울어진 각도, 즉 진북과 자북의 사이의 각도를 말합니다. 우리가 나침반을 가지고 방위를 측정할 때, 자침의 N극이 가리키는 방향을 자북이라 합니다. 이러한 자북과 실제 지리상의 진북과는 편각만큼 차이가 나므로, 관측자가 서 있는 곳에서의 편각을 정확히 알아야 실제 위치를 파악할 수 있습니다.

복각 伏角

伏 엎드리다 **복**　角 뿔, 각도 **각**

엎드린[伏] 모양같이 아래로 기울어진 각도[角].

　복각은 자침이 수평면에 대해서 아래로 기울어진 각도를 말합니다. 지구 자기장의 영향에 의해서 움직이는 나침반의 자침은 자북극의 방향을 지시합니다. 이때 적도赤道 부근을 제외한 다른 지역에서는 자침이 극지방 부근의 지구 내부에 있는 자북극을 가리키기 위하여 복각만큼 아래로 기울어지게 됩니다. 실제로 우리가 사용하는 나침반은 복각을 알려고 사용하는 것이 아니므로 기울어짐을 보정하기 위하여 자침의 한쪽을 좀 더 길게 제작하던가, 아니면 한쪽에만 코일 등을 감아 줍니다.

지각 열류량 地殼熱流量

地 땅 **지** 殼 껍질 **각** 熱 뜨겁다, 열 **열** 流 흐르다 **류** 量 수량 **량**

지각으로부터[地殼] 열 에너지가[熱] 흘러나오는[流] 양[量].

지각 열류량은 방사성 원소의 붕괴로 인해 지구 내부에서 지각으로 흘러나오는 열 에너지의 양을 말합니다. 지구 내부는 온도가 높기 때문에 항상 외부로 열을 내보내고 있습니다. 화산·온천·지열 지대地熱地帶 등의 특수한 장소에서는 용암·열수熱水 등에 의해 열이 나지만, 그 이외의 장소에서는 보통 열전도熱傳導에 의하여 나오는 것으로 생각하고 있습니다. 지각 열류량의 일부는 지각 내의 방사성 원소의 붕괴열에 의한 것이며, 일부는 맨틀에서 전해지는데, 이러한 열류량을 측정해 보면 조륙造陸·조산造山 작용어 활발한 지역과 그렇지 않은 지역을 알아볼 수 있습니다.

조흔색 條痕色

條 조목, 끈 **조** 痕 흔적 **흔** 色 색깔 **색**

줄[條] 자국의[痕] 색깔[色].

광물의 색은 덩어리인 경우와 가루인 경우에 차이가 나는데, 조흔색은 광물의 가루가 나타내는 그 광물의 독특한 색을 가리키는 말입니다. 나뭇가지로 줄을 긋듯이, 광물로(유약을 바르지 않은) 초벌구이 도자기 판에 줄을 그으면 광물 가루의 흔적에서 색이 나타납니다. 예를 들어 금과 황철석은 모두 금색으로 보이지만, 조흔색으로 보면 금색과 갈흑색으로 다르게 나타납니다. 만약 초벌구이 자기판보다 굳기가 더 단단해서 긁어서 가루를 만들 수 없는 경우에는 다른 물리적 방법으로 가루를 만들어 조흔색을 알아볼 수 있습니다.

동질 이상 同質異像

同 같다 **동** 質 바탕 **질** 異 다르다 **이** 像 (사람을) 본뜬 모양, 모양 **상**

바탕은[質] 같으나[同] 생긴 모양은[像] 다름[異].

동질 이상은 화학 조성組成은 같지만 결정結晶 구조를 달리하는 물질을 말합니다. 여기서 '質' 이란 화학적 성분을 말하며 '像' 은 물리적 성질을 말합니다. 따라서 화학적 성분은 동일한데 물리적 성질이 다른 두 광물을 동질 이상의 관계에 있다고 할 수 있습니다. 보통 물리적 성질이 다른 이유는 결합 구조가 달라서인데, 이는 생성 환경이 다르기 때문입니다. 대표적인 예로서 흑연과 다이아몬드가 있는데 둘 다 구성 성분은 탄소지만, 지하 깊은 곳에서 만들어진 다이아몬드와 지표 근처에서 만들어진 흑연은 결합 구조와 물리적 성질이 달라서 굳기가 다르며, 겉모양에서부터 쓰임새까지 모두 다릅니다.

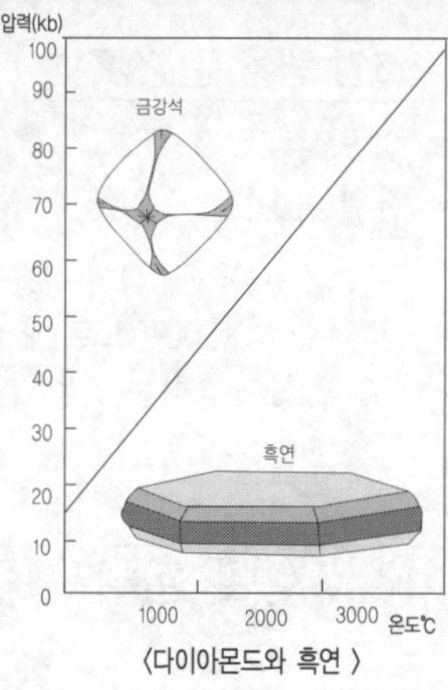

〈다이아몬드와 흑연〉

유질 동상 類質同像

類 종류, 비슷하다 류 質 바탕 질 同 같다 동 像 (사람을) 본뜬 모양, 모양 상

바탕도[質] 비슷하고[類] 생긴 모양도[像] 같음[同].

유질 동상은 서로 유사한 성분을 가지고 있으나 일부 공통된 성분이 있어 유사한 모양의 결정結晶을 이루고 있는 광물을 말합니다. 방해석($CaCO_3$) · 마그네사이트($MgCO_3$) · 능철석($FeCO_3$) · 능망간석($MnCO_3$) 등은 모두 탄산기(CO_3^{2-})를 가지고 있는 탄산염 광물이며, Ca · Mg · Fe의 이온 크기가 비슷합니다. 따라서 이들은 결정 구조가 같으며, 굳기 · 쪼개짐 등의 물리적 성질과 화학적 성질이 비슷합니다.

고용체 固溶體

固 굳다 고 溶 녹다 용 體 몸 체

고체이면서[固] 용액의[溶] 성질을 갖는 물질[體].

고용체는 고체이지만 2개 이상의 성분이 임의의 비율로 균일하게 섞여 있어, 용액처럼 어느 범위 내에서 그 비율이 변할 수 있는 광물, 즉 고체이면서 용액의 성질을 가지는 물질입니다. 예를 들어 감람석의 화학식은 $(Mg · Fe)_2SiO_4$인데, 이렇게 표시하는 이유는 Mg와 Fe의 비율이 일정하지 않기 때문입니다. 즉, 고체이지만 조성은 용액의 성분이 변화하는 것처럼 변하므로 고용체라는 명칭을 붙인 것입니다.

조암 광물 造巖鑛物

造 만들다 조　巖 바위 **암**　鑛 쇳돌 **광**　物 사물, 물질 **물**

바위를[巖] 만드는[造] 광물[鑛物].

　조암 광물의 암석의 성분을 이루는 광물을 가리키는 말입니다. 광물의 종류는 약 2,500종으로 매우 많으나, 그 중에서 실제로 암석을 구성하는 조암 광물에 속하는 것은 약 30여 종에 불과합니다.

화성암의 산출 형태

火成岩 [火 불 **화**　成 이루다 **성**　岩 바위 **암**] 마그마가 지표나 지하에서 굳어져서 된 암석.

암맥 巖脈

巖 바위 **암**　脈 맥, 줄기 **맥**

바위[巖] 속에 줄기같이[脈] 생긴 것.

암맥은 화성암의 마그마가 다른 암석 사이로 들어가서 굳은 줄기를 말합니다.

암상 巖床

巖 바위 **암**　床 상 **상**

바위가[巖] 평상처럼[床] 생긴 것.

암상은 마그마가 지층 사이로 들어가서 멍석 모양으로 굳은 것을 말합니다.

병반 餠盤

餠 떡 **병**　盤 쟁반, 큰 바위 **반**

떡 모양의[餠] 바윗덩이[盤].

병반은 마그마가 **관입貫入**하여 이미 퇴적되어 있는 지층 사이로 들어가서 둥근 떡 모양으로 굳어진 바윗덩이를 말합니다. 따라서 렌즈, 또는 초가지붕 또는 떡 모양을 한 화성암체를 병반이라 합니다.

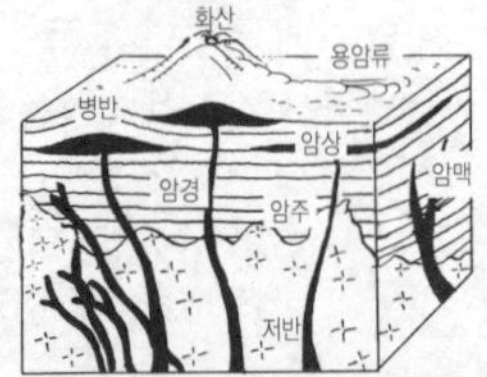

〈화성암의 산출 형태〉

◐ **貫入** [貫 꿰다 관　入 들어가다 입] 꿰뚫고[貫] 들어

옴[入]. 보통 지하 깊은 곳에 모여 있는 마그마는 관입의 형태로 주변 지각의 내부로 들어감. 그러나 마그마가 지표까지 나올 경우에는 분출噴出이라 하며, 이때 흘러 나와 지표로 흐르는 상태의 마그마는 용암鎔巖이라고 따로 구분함.

암경 巖頸

巖 바위 **암**　頸 목, 기물의 목 비슷한 부분 **경**

바위가[巖] 목 비슷하게 생긴 것[頸].

　암경은 신체의 목(음식물을 소화 기관까지 전달해 주는 기관)처럼, 화도火道(화산 꼭대기까지 마그마를 전달해 주는 길)를 지나는 마그마가 식어서 만들어진 화산암을 말합니다. 마그마가 지표면까지 도달하기 위해서는 확실한 화도가 확보되어야 하는데, 화산 활동이 끝난 화도에 남은 마그마는 서서히 식어서 화산암을 형성합니다.

암주 巖株

巖 바위 **암**　株 그루터기 **주**

바위가[巖] 그루터기[株] 모양으로 생긴 것.

　암주는 그루터기(나무를 잘라 내고 밑둥만 남은 것) 모양의 바위로, 대부분 저반底盤의 일부 형태로 형성됩니다. 보통 면적이 200㎢ 이하이고, 대량의 마그마가 이동하면서 기존의 암석을 뚫고 들어와 만들어지기 때문에, 다른 암상·병반·암경 등의 화성암체에 비하여 규모가 비교적 큰 편입니다.

저반 底盤

底 밑 **저**　盤 쟁반, 큰 바위 **반**

마그마의 바닥을[底] 이루는 큰 바위[盤].

　저반은 지표에 노출된 면적이 보통 100㎢ 이상인 거대한 화성암체입니다. 저반은 지하 깊은 곳에서 마그마가 대량으로 모여 있다가 천천히 식으면서 거대한 크기로 만들어지는데, 암맥·암상·병반·암경 등의 작은 규모의 화성암체를 구성하는 마그마의 기반이 됩니다.

공극률 空隙率

空 비다 공 隙 틈 극 率 비율 률

전체 공간에 대해서 빈[空] 틈(공간)이[隙] 차지하는 비율[率].

　'空隙'은 토양을 이루는 입자들 사이에 있는 틈을 뜻하는 말입니다. 공극률은 토양 전체 부피에 대한 공극 부피의 백분율(%)을 가리키는 말로, 다음의 식으로 구할 수 있습니다.

$$\text{공극률}(\%) = \frac{\text{공극의 부피}}{\text{토양의 부피}} \times 100$$

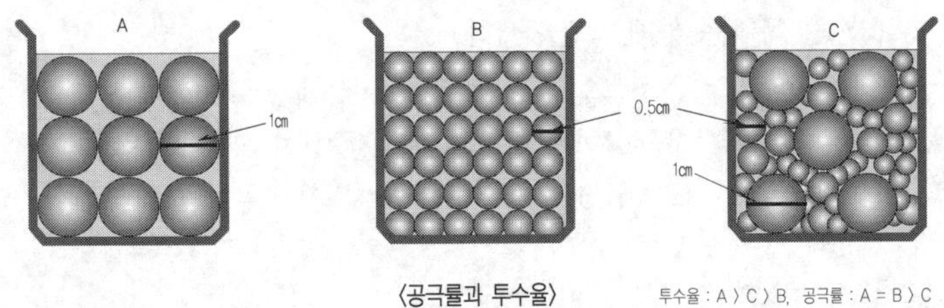

〈공극률과 투수율〉

투수율 : A 〉 C 〉 B, 공극률 : A = B 〉 C

투수율 透水率

透 꿰뚫다, 통하다 투 水 물 수 率 비율 률

물이[水] 통과하는[透] 비율[率].

　'透水'는 물을 통과시키는 성질을 뜻하는 말입니다. 투수율은 토양에 물이 통과하는 비율을 가리키는 말로, 공극률과는 상관이 없습니다. 그러나 공극 하나의 크기에는 영향을 받아서, 공극 하나의 크기가 클수록 투수율이 커집니다. 또한 입자의 크기가 고르지 않을 경우, 공극 하나의 크기가 줄어들기 때문에 투수율은 떨어지게 됩니다.

조산 운동 造山運動

造 만들다 조 山 산 산 運 움직이다 운 動 움직이다 동

산을[山] 만드는[造] 운동[運動].

　조산 운동은 지각이 판의 이동으로 **장력**張力이나 **횡압력**橫壓力을 받아 단층斷層과 습곡褶曲이 생기고 화산과 습곡 산맥을 만드는 운동을 가리키는 말입니다.

◑ 張力 [張 당기다 장 力 힘 력] 당기거나 당기어지는 힘.
◑ 橫壓力 [橫 가로 횡 壓 누르다 압 力 힘 력] 양쪽에서 가로 방향으로

누르는 힘. 역단층과 습곡 작용을 유발함.

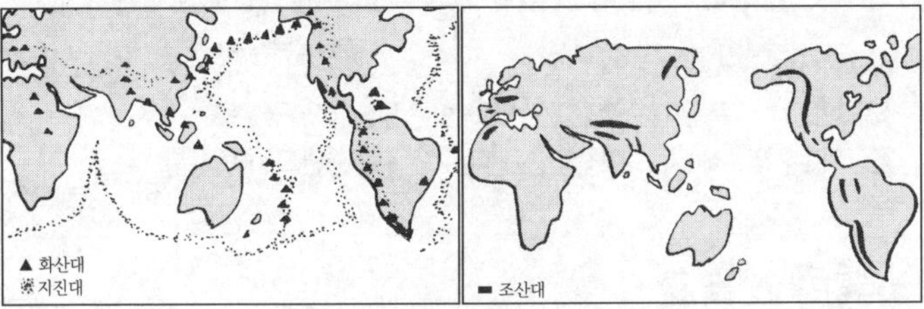

〈화산대, 지진대와 같은 위치인 조산대〉

환태평양 조산대 環太平洋造山帶

環 둘러싸다 **환** 〈太 크다 **태** 平 평평하다 **평** 洋 큰 바다 **양**〉 바다 이름 造 만들다 **조** 山 산 **산** 帶 띠, 근처 **대**

태평양을[太平洋] 둘러싸면서[環] 산맥을[山] 만드는[造] 지역[帶].

환태평양 조산대는 북태평양과 대륙이 맞닿아 있는 지역에서 조산 작용이 활발하게 일어나는 지역으로, 이곳은 판과 판이 만나서 섭입涉入하는 해구海溝가 많이 분포하고 있기 때문에 화산과 지진이 빈번하게 발생합니다.

섭입 涉入

涉 널리 통하다, 깊이 들어가다 **섭** 入 들어가다 **입**

깊이[涉]들어감[入].

섭입은 해양판이 대륙판 밑으로 미끄러져 들어가는 현상을 말합니다.

단층 斷層

斷 끊다 **단** 層 층 **층**

끊어진[斷] 지층[層].

단층은 지각地殼의 변동으로 지각이 갈라지면서, 한쪽은 가라앉고 다른 쪽은 솟아 서로 어긋난 지층을 말합니다.

정단층 正斷層

正 바르다 **정** 斷 끊다 **단** 層 층 **층**

일반적인[正] 단층[斷層].

정단층은 기울어진 단층면을 따라 **상반**上盤이 **하반**下盤에 대하여 상대적으로 미끄러져 내려간 것 같은 모양을 이루는 단층을 말합니다.
↔ 역단층.

◆ **上盤** [上 위 상 盤 쟁반, 큰 바위 반] 단층면의 윗부분.
◆ **下盤** [下 아래 하 盤 쟁반, 큰 바위 반] 단층면의 아랫부분.

역단층 逆斷層

逆 거스르다 **역** 斷 끊다 **단** 層 층 **층**

거슬러[逆] 올라간 단층[斷層].

역단층은 **횡압력**橫壓力을 받아 상반上盤이 밀려 올라간 단층을 말합니다.

◆ **橫壓力** [橫 가로 횡 壓 누르다 압 力 힘 력] 양쪽에서 가로 방향으로 누르는 힘. 역단층과 습곡 작용을 유발함.

습곡 褶曲

褶 주름 **습** 曲 휘다 **곡**

지층이 주름져[褶] 구부러진[曲] 것.

습곡은 수평으로 퇴적堆積된 지층이 횡압력을 받아 주름진 구조를 말합니다. 여기에서 볼록하게 올라간 곳은 **배사**背斜라 하며, 오목하게 내려간 곳은 **향사**向斜라 합니다.

◆ **背斜** [背 등지다, 등 배 斜 비스듬하다 사] 등처럼 지층이 위로 휘어져 올라간 부분.
◆ **向斜** [向 향하다 향 斜 비스듬하다 사] 지층이 아래를 향하여 비스듬하게 아래로 내려간 부분.

절리 節理

節 마디 **절** 理 이치, 결 **리**

마디마디[節] 결을 따라[理] 생긴 틈.

절리는 암석에 외력外力이 가해져서 결대로 생긴 틈, 또는 마그마나 용암이 냉각되어 뭉치고 굳어질 때 오그라들면서 생기는 암석의 틈을 말합니다. 절리에는 현무암에 잘 나타나는 **주상** 절리柱狀節理와 안산암에서 잘 나타나는 **판상** 절리板狀節理 등이 있습니다.

○ **柱狀** [柱 기둥 주 狀 모양 상] 육각 기둥 모양으로 쪼개짐.

○ **板狀** [板 널빤지 판 狀 모양 상] 얇은 판자 모양으로 쪼개짐.

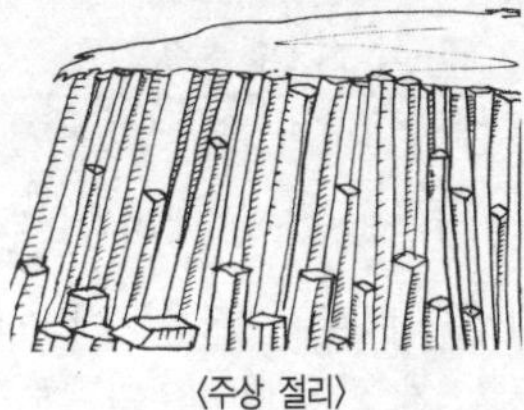

〈주상 절리〉

편리 片理

片 조각 편 理 이치, 결 리

조각조각[片] 세로로 생긴 결[理].

조산 운동의 과정에서 암석에 압력이 가해지면 압력의 직각 방향으로 무색·유색 광물이 교대로 배열해 뚜렷한 줄무늬를 이루는데, 이를 편리라 합니다. 여기서 무색 광물로는 석영이 대부분이며, 유색 광물은 흑운모·각섬석·휘석 등입니다.

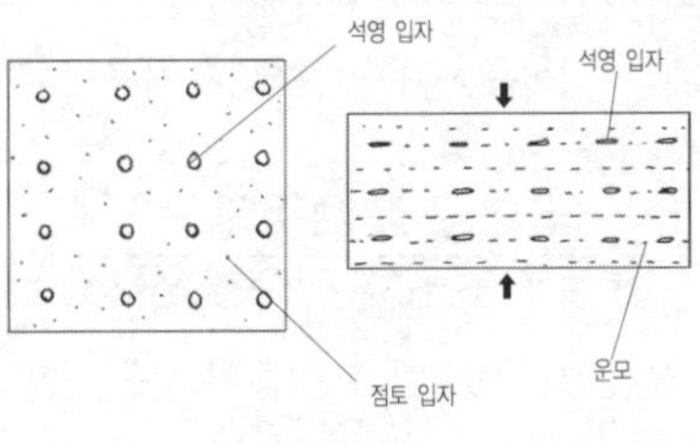

〈편리의 생성〉

조륙 운동 造陸運動

造 만들다 조 陸 땅 륙 運 움직이다 운 動 움직이다 동

땅을[陸] 만드는[造] 운동[運動].

조륙 운동은 지반의 융기隆起·침강沈降으로 육지를 만드는 것과 같은 지각 변동을 가리키는 말입니다.

융기 隆起

隆 솟다 륭 起 일어나다 기

높이 솟아[隆] 올라옴[起].

융기는 조륙 운동에 의해 어떤 지역의 지층이나 지반이 주변에 대하여 상대적으로 상승하여 해수면 위로 올라오는 작용을 말합니다. 보통 해양 지각과 대륙 지각의 밀도가 다르고 그 위에 쌓인 퇴적물의 두께가 달라지더라도 맨틀 위에서 평형을 유지하기 위해 상하로 작용하는 힘이 생기는데, 이 힘에 의해 지면이 융기하게 됩니다.

침강 沈降

沈 가라앉다 **침** 降 내려오다 **강**

가라앉아[沈] 내려감[降].

침강은 조륙 운동에 의하여 지각의 일부가 상대적으로 아래쪽으로 움직이게 되어 해수면 아래로 들어가는 것을 말합니다.

침식 浸蝕

浸 스며들다, 점점 **침** 蝕 좀먹다 **식**

점점[浸] 좀먹어 들어감[蝕].

침식은 육지가 풍화風化 작용에 의하여 깎이고 부서지는 과정을 말합니다.

파식 대지 波蝕臺地

波 물결 **파** 蝕 좀먹다 **식** 臺 높고 평평한 곳 **대** 地 땅 **지**

물결로[波] 인하여 좀먹어 들어가[蝕] 생긴 평평한[臺] 땅[地].

파식 대지는 파도의 침식과 풍화 작용으로 인해 육지가 깎여 나가면서, 해안의 가까운 바다 밑에 생긴 평탄면을 가리키는 말입니다.
　= 파식대波蝕臺.

해식 대지 海蝕臺地

海 바다 **해** 蝕 좀먹다 **식** 臺 높고 평평한 곳 **대** 地 땅 **지**

바닷물로[海] 인하여 좀먹어 들어가[蝕] 생긴 평평한[臺] 땅[地].

해식 대지는 바닷물의 침식 작용에 의하여 이루어진 평탄한 바다 밑을 가리키는 말입니다.

삼릉석 三稜石

三 셋 **삼** 稜 모서리 **릉** 石 돌 **석**

세[三] 모서리의[稜] 돌[石].

삼릉석은 바람에 날리는 모래의 침식 작용으로, 세 개의 면과 모서리가 잘 발달된 돌을 가리키는 말입니다.

풍화 風化

風 바람 풍   化 변화하다 화

바람에[風] 의한 변화[化].

　풍화는 지표의 암석이 공기 · 물 · 생물 등의 작용으로 돌 조각 또는 흙으로 변화되는 작용을 말합니다.

정합 整合

整 가지런하다 정   合 합하다 합

가지런하게[整] 합함[合].

　정합은 두 개 이상의 지층이 나란히 연속으로 쌓여 있는 것을 가리키는 말입니다.
　↔ 부정합.

부정합 不整合

不 ～하지 않다 불 / 부   整 가지런하다 정   合 합하다 합

가지런하게[整] 합해지지[合] 않음[不].

　부정합은 가지런하게 쌓이지 않은, 시간적으로 큰 차이가 있는 지층의 상태를 말합니다. 지층이 만들어지기 위한 퇴적 작용은 주로 바다 속의 고요한 환경에서 이루어집니다. 퇴적 작용은 서서히 조륙 · 조산 운동으로 바다 위로 융기하게 되면서 퇴적보다는 침식 작용이 활발해집니다. 어느 정도 침식 작용이 일어난 뒤 또다시 조륙 · 조산 운동이 일어나 바다 속으로 다시 침강을 하게 되면 퇴적이 우세해집니다. 이때 아래 침식이 일어난 후 다시 퇴적이 되기까지 아주 오랜 시간이 걸리기 때문에 두 층의 경계면은 정합의 관계가 아닌 부정합의 관계가 됩니다. 따라서 부정합면은 두께가

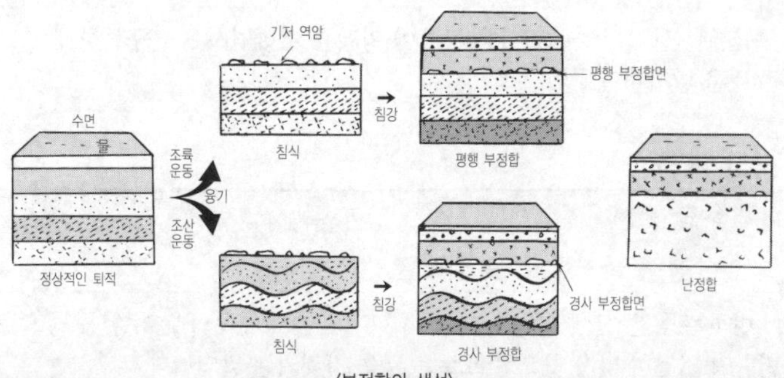

〈부정합의 생성〉

없는 하나의 면에 불과하지만, 그 사이에는 많은 시간이 흘러간 것이라 할 수 있습니다.

주향 走向

走 달리다 주 向 향하다 향

달려가는[走] 방향[向].

　주향은 지층이 달려가는 방향이라 하여, 기울어진 지층면과 수평면이 서로 만나서 이루는 직선의 방향을 가리키는 말입니다. 보통 북쪽을 기준으로 동서로 몇 도 기울었는가를 표시합니다.
　= 층향層向.

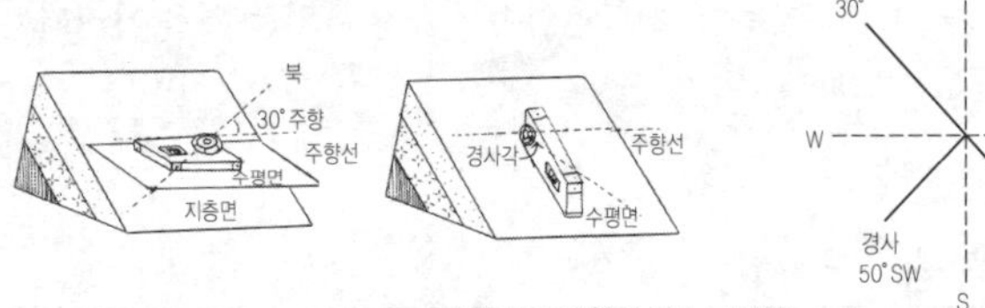

〈지층면의 주향과 경사 표기법〉

분지 盆地

盆 동이 분 地 땅 지

동이처럼[盆] 생긴 땅[地].

　분지는 주위가 산지로 둘러싸인 오목한 지형을 말합니다.

곡류 曲流

曲 휘다 곡 流 흐르다 류

휘어서[曲] 흐름[流].

　곡류는 산지에서 흘러나온 강물이 평지를 지나면서 구불구불하게 흐르는 것을 말합니다.

빙하 氷河

氷 얼음 빙 河 강물 하

얼음이[氷] 강물처럼[河] 흘러내림.

　빙하는 높은 산에 내린 눈이 쌓여 다져지면 아래쪽의 눈이 얼음 층으로 변하여 천천히 낮은 곳으로 흐르는 것을 가리키는 말입니다.

퇴적 지형

퇴적 堆積

[堆 높이 쌓이다 퇴 積 쌓다 적
높이 쌓임[堆積].

 퇴적은 암석의 파편이나 생물의 유해 등이 물, 빙하, 바람 등에 의하여 운반된 뒤, 어떤 곳에 쌓이는 현상을 말합니다.

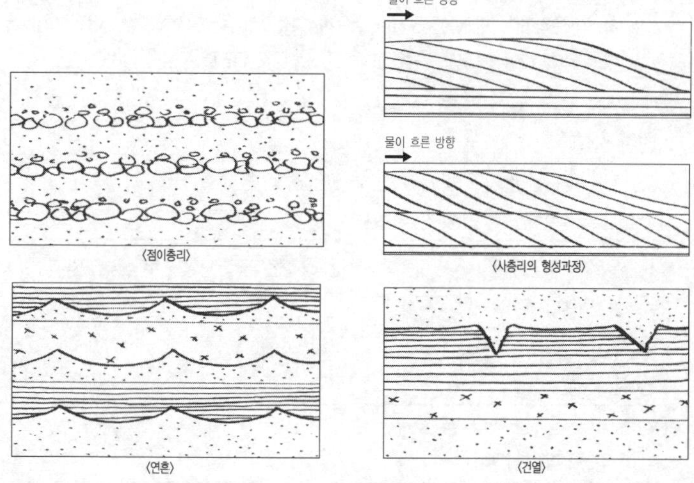

〈퇴적 지형의 종류〉

층리 層理

層 층 층 理 이치, 결 리
지층의[層] 결[理].

 층리는 퇴적암에서 나타나는 층과 층 사이의 평행한 줄무늬를 말합니다.

사층리 斜層理

 斜 비스듬하다 사 層 층 층 理 이치, 결 리
비스듬한[斜] 지층의[層] 결[理].

사층리는 경사진 층리라 하여, 물이 흐른 방향이나 바람이 부는 방향대로 수평면과 평행하지 않게 쌓인 지층을 말합니다. 따라서 사층리를 이용하여 아주 오래된 지층에서 고수류古水流(예전 물의 흐름)의 방향을 알 수 있습니다.

점이 층리 漸移層理

漸 차츰 **점**　移 옮기다 **이**　層 층 **층**　理 이치, 결 **리**

차츰[漸] 작은 입자로 변하면서[移] 쌓인 층리[層理].

점이 층리는 입자의 크기가 아래에서 위로 갈수록 점차 작은 입자들이 쌓인 층리를 말합니다. 점이 층리는 깊은 바다(풍화 침식이 나타나지 않는 매우 안정된 환경)에서 입자 크기에 따라 먼저 가라앉은 퇴적물이 아래 쌓이고, 점차 가벼운 퇴적물이 위에 쌓여서 생성된 구조입니다. 각 층리마다 아래쪽은 입자가 굵으며, 위쪽으로 올라갈수록 그 입자의 크기가 작아집니다. 따라서 바닥 층이 뒤바뀌었을 때 지층의 상하 판단에 도움을 줍니다.

연흔 漣痕

漣 물놀이(잔잔한 물결의 움직임) **련**　痕 흔적 **흔**

잔잔한 물결이 움직인[漣] 흔적[痕].

연흔은 수심이 얕은 물밑에서 퇴적이 일어날 때 생긴 물결 모양의 무늬를 말합니다. 위가 뾰족하고 아래가 둥그스름한 모양입니다.

건열 乾裂

乾 마르다 **건**　裂 찢다 **렬**

말라서[乾] 갈라짐[裂].

건열은 얕은 물밑의 점토질 토양이 건조한 기후 때문에 태양열에 의하여 말라서 갈라져 생긴 틈에 나타나는 퇴적 구조입니다.

화석 化石

化 변화하다 **화**　石 돌 **석**

변하여[化] 돌이[石] 됨.

한자를 알면 수능이 보인다〈3〉

화석은 지질 시대地質時代(약 1만 년 전부터~지각이 생성된 38억 년 전까지)에 생존한 고생물이나 그 흔적이 퇴적물 중에 매몰된 채로 그대로 보존되어 남아 있는 것을 가리키는 말입니다.

표준 화석 標準化石

標 표시하다 **표** 準 법도 **준** 化 변화하다 **화** 石 돌 **석**

기준을[準] 표시한[標] 화석[化石].

표준 화석은 지질 시대의 한 시기를 대표하며, 지층의 시대를 추정하는 데에 표준이 되는 화석을 말합니다.

시상 화석 示相化石

示 보이다 **시** 相 서로, 모습 **상** 化 변화하다 **화** 石 돌 **석**

당시 모습을[相] 보여주는[示] 화석[化石].

시상 화석은 고생물이 살던 당시 그 지역의 기후, 수륙 분포, 지형 등의 환경을 알려 주는 화석을 말합니다. 대표적인 것으로 고사리(온난 습윤한 늪지대)와 산호(따뜻하고 염분이 높은 얕은 바다)가 있습니다.

삼엽충 三葉蟲

三 셋 **삼** 葉 잎, 갈래 **엽** 蟲 벌레 **충**

세[三] 갈래로[葉] 이루어진 벌레[蟲].

삼엽충은 고생대의 가장 대표적인 표준 화석입니다. 얕은 바다 속에 살았던 절지 동물節肢動物로 보통 세 부분의 엽(전엽, 중엽, 후엽 또는 두엽, 복엽, 미엽)으로 이뤄집니다.

퇴적 대지 堆積臺地

堆 높이 쌓이다 **퇴** 積 쌓다 **적** 臺 높고 평평한 곳 **대** 地 땅 **지**

높이 쌓여[堆積] 생긴 평평한[臺] 땅[地].

퇴적 대지는 파도의 침식 작용으로 깎인 물질이 해식 대지海蝕臺地의 기슭에 쌓인 지형을 말합니다.

빙퇴석 氷堆石

氷 얼음 빙 堆 높이 쌓이다 퇴 石 돌 석

빙하에[氷] 운반되어 쌓인[堆] 돌[石].

　빙퇴석은 빙하에 의하여 운반된 암석 부스러기가 하류에 퇴적된 것을 가리키는 말입니다.

사구 砂丘

砂 모래 사 丘 언덕 구

모래[砂] 언덕[丘].

　사구는 바람에 의해 운반되던 모래가 쌓여 생긴 모래 언덕으로, 바람을 받는 쪽은 경사가 완만하고, 그 반대쪽은 경사가 급합니다.

접촉 변성 작용 接觸變成作用

接 닿다 접 觸 닿다 촉 變 변하다 변 成 이루다 성 作 만들다, 일하다 작 用 (물건을) 쓰다 용

암석이 마그마와 접촉하여[接觸] 변성되는[變成] 작용[作用].

　접촉 변성 작용은 지각의 일부를 뚫고 들어간 고온 마그마의 영향을 받아 그 주위의 암석이 좁은 범위에 걸쳐 변하는 작용을 말합니다. 즉 마그마로부터 나온 가스는 암석 틈으로 뚫고 들어와 반응을 일으키는데, 이 과정에서 새로운 광물을 만들게 됩니다. 이 작용이 일어나는 온도는 약 800℃이며, 범위는 1~2km 두께 정도입니다.

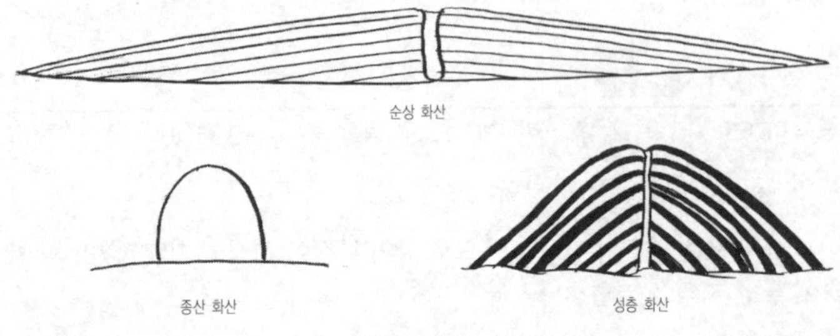

〈화산의 종류〉

광역 변성 작용 廣域變成作用

廣 넓다 광 域 지역 역 變 변하다 변 成 이루다 성 作 만들다, 일하다 작 用 (물건을) 쓰다 용

넓은[廣] 지역에[域] 걸쳐 변성되는[變成] 작용[作用].

　광역 변성 작용은 조산 운동 등으로 기존의 암석이 지하의 높은 온도와 압력을 받아, 넓은 지역에 걸쳐 변성되는 작용을 말합니다. 지하의 고온·고압은 원 암석의 구조를 없애고 재결정 작용을 일으켜 새로운 모양의 암석으로 변하게 합니다.

순상 화산 楯狀火山

楯 방패 순 狀 모양 상 火 불 화 山 산 산

방패[楯] 모양의[狀] 화산[火山].

　순상 화산은 방패 모양의 화산을 말합니다. 마그마의 점성이 작고 유동성流動性이 큰 산성일 경우, 마그마가 분출한 후에 넓은 지역으로 퍼져 나가서 산의 모양이 평평한 모양인 순상 화산이 만들어집니다. 가장 경사가 급한 곳도 10°를 넘지 않는 용암 대지의 모양과 비슷합니다. 대표적인 순상 화산으로는 크라카토아 화산이 있으며, 우리나라 한라산은 산 정상 부위를 제외하면 순상 화산이라 할 수 있습니다.

종상 화산 鐘狀火山

鐘 종 종 狀 모양 상 火 불 화 山 산 산

종[鐘] 모양의[狀] 화산[火山].

　종상 화산은 종 모양의 화산을 말합니다. 마그마가 점성이 크고 유동성流動性이 적은 염기성일 경우, 마그마가 분출한 후에 사방으로 퍼지지 않고 그 모양 그대로 화산이 만들어집니다. 대표적인 종상 화산으로는 하와이 섬들의 화산들이 있습니다.

성층 화산 成層火山

成 이루다 성 層 층 층 火 불 화 山 산 산

층을[層] 이루어[成] 만들어진 화산[火山].

　성층 화산은 폭발과 분출이 교대로 일어나면서 용암과 화산 부스러기가 교대로 쌓여 만들어진 화산을 가리키는 말입니다. 대표적인 성층 화산으로 일본의 후지산이 있습니다.

용암 鎔巖

鎔 녹이다 용 巖 바위 암

바위를[巖] 녹이는[鎔] 것.

　용암은 마그마가 지각의 틈이나 약한 곳을 뚫고 지표 밖으로 분출된 것을 가리키는 말입니다.

지질 地質

地 땅 지 質 바탕 질

땅의[地] 바탕[質].

　지질은 지각地殼(땅거죽)을 이루고 있는 암석·지층 등의 성질이나 상태를 말합니다.

지질도 地質圖

地 땅 지 質 바탕 질 圖 그림 도

땅의[地] 바탕을[質] 그린 그림[圖].

　지질도는 어떤 지역 안에서의 지질의 분포 상태를 나타낸 지도입니다. 지각을 구성하는 각 지층을 그 종류·연대·바위 형태 등에 따라 구분하여 그 분포 상태와 정합·부정합不整合 등의 상호 관계, 습곡褶曲·단층斷層 등의 지질 구조 등을 표시한 지질 현상도를 말합니다.

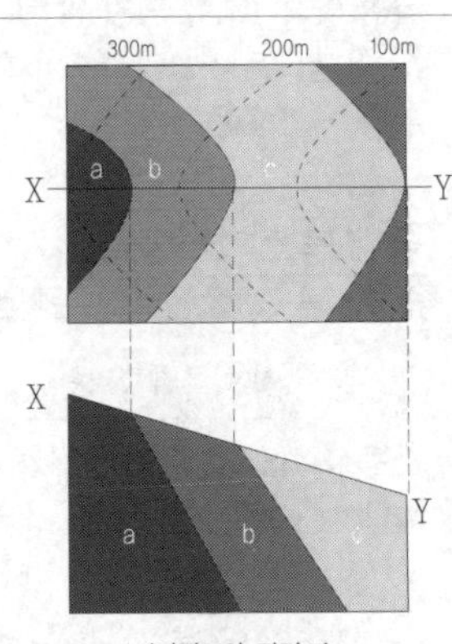

〈지질도와 단면도〉

지층 地層

地 땅 지 層 층 층

땅의[地] 층[層].

　지층은 자갈·모래·진흙·화산재 등이 해저·강바닥 또는 지표면에 퇴적하여 층을 이루고 있는 것을 말합니다. 지층의 대부분은 물밑의 조용한 환경에서 퇴적되기 때문에 수성층水成層이라 합니다. 그러나 일부는 지표면에서 바람에 의해 생기기도 하는데, 이를 풍성층風成層이라고 합니다.

해저에서 퇴적하여 생긴 지층이 지표 가까이 존재하는 이유는 지반의 융기 등 지각 변동이 있었기 때문이며, 따라서 지층을 조사하면 과거에 어떤 지각 변동이 있었는지 알 수 있습니다.

건층 鍵層

鍵 열쇠 **건**　層 층 **층**

열쇠처럼[鍵] 단서를 제공하는 층[層].

　건층은 같은 퇴적 분지의 지층이나 비교적 가까운 지역의 지층을 대비하여 상대 연령을 조사하는 데 결정적인 단서를 가진 열쇠의 역할을 하는 지층을 말합니다. 대표적인 건층으로는 검은색을 띠는 응회암층과 석탄층이 있습니다.

상대 연령 相對年齡

相 서로 **상**　對 마주 대하다 **대**　年 해 **년**　齡 나이 **령**

상대적인[相對] 나이[年齡].

　상대 연령은 지질학적 시간을 측정하는 방법의 하나로, 화석에 나타난 지질상의 큰 변화만을 기준으로 하여 상대적인 선후 관계를 밝힌 것을 말합니다.
　↔ 절대 연령.

절대 연령 絕對年齡

絕 끊다 **절**　對 마주 대하다 **대**　年 해 **년**　齡 나이 **령**

절대적인[絕對] 나이[年齡].

　절대 연령은 지질학적 시간을 측정하는 방법의 하나로, 방사성 반감기를 이용하여 지질 연대를 순차적으로 밝히는 것을 말합니다.
　↔ 상대 연령.

반감기 半減期

半 반쪽 **반**　減 덜다 **감**　期 기간 **기**

원래 수의 반으로[半] 줄어드는[減] 데 걸리는 기간[期].

　반감기는 자연 상태에서 스스로 붕괴하여 안정된 원소로 변하는 방사성 원소들이 원래의 양에서 반으로 줄어드는 데 걸리는 시간을 말합니다. 반감기는 원래의 수에 관계없이 핵의 종류에 따라 고유한 값을 지니며, 주위의 물리적 · 화학적 조건에 전혀 영향받지 않습니다. 그 값은 우라늄 238U 과 같이 45억 년이라는 긴 것부터, 악티늄 217Ac과 같이 100분의 1.8초밖 에 안 되는 것까지 넓은 범위에 걸쳐 있습니다. 이러한 방사성 원소의 특성 은 지질 시대 암석의 절대 연령을 측정하는 데 매우 유용하게 사용됩니다. 우라늄과 토륨의 경우는 가장 널리 사용되는 방사성 원소입니다.

고생대 古生代

古 옛고　生 살다 **생**　代 대신하다, 시대 **대**

오래된[古] 생물이 살았던[生] 시대[代].

　고생대는 5억7천만 년 전부터 2억2천5백만 년 전까지의 지질 시대입니다.

중생대 中生代

中 가운데 **중**　生 살다 **생**　代 대신하다, 시대 **대**

고생대와 신생대의 사이에[中] 살았던[生] 시대[代].

　중생대는 2억2천5백만 년 전부터 6천5백만 년까지의 지질 시대입니다.

내핵 内核

内 안 내　核 사물의 가장 중심 **핵**

핵 중에 안쪽의[内] 핵[核].

　내핵은 지하 5,100km에서 지구 중심까지의 층으로, 고체 상태입니다.

외핵 外核

外 바깥 **외**　核 사물의 가장 중심 **핵**

내핵의 바깥에[外] 있는 핵[核].

　외핵은 지구의 핵 중에서 지하 2,900km에서 5,100km까지의 층으로 액 체 상태입니다.

표토 表土

表 겉 표　土 흙 토

겉에[表] 드러난 흙[土].

　표토는 작물 재배 시에 농기구로 갈아 일으킬 수 있는 흙의 윗부분입니다.

심토 心土

心 마음, 가운데 **심** 土 흙 **토**

가운데[心] 흙[土].

　심토는 표토表土 아래층의 토양으로, 농기구로 갈아지지 않는 부분입니다.

결정 結晶

結 맺다, 엉기다 **결** 晶 밝다, 수정(水晶) **정**

서로 엉기어[結] 있는 고체 물질[晶].

　결정은 원자가 바르게 주기적으로 배열되어 이루어진 고체를 말합니다.

사암 砂巖

砂 모래 **사** 巖 바위 **암**

모래로[砂] 만들어진 바위[巖].

　사암은 모래가 뭉쳐져서 만들어진 돌입니다.

석회암 石灰巖

石 돌 **석** 灰 재 **회** 巖 바위 **암**

석회로[石灰] 만들어진 바위[巖].

　석회암은 탄산칼슘(탄산석회)으로 되어 있는 수성암水成巖으로, 건축 용재나 석회 또는 시멘트의 원료로 사용됩니다.

모질물 母質物

母 어머니, 근원 **모** 質 바탕 **질** 物 사물, 물질 **물**

모암의[母] 바탕이[質] 되었던 물질[物].

　모질물은 모암母巖에서 떨어져 나온 암석 조각이나 흙으로 이루어진 토양을 가리키는 말입니다.

II. 대기 과학

대기권 大氣圈

大 크다 대　氣 기운, 공기 기　圈 범위 권

지구를 둘러싸고 있는 공기[大氣] 층[圈].

대기권은 지구를 둘러싸고 있는 공기 층을 가리키는 말입니다. 지구는 기체로 둘러싸여 있으며, 이 기체는 거의 같은 높이의 층으로 되어 있습니다. 그리고 대기권을 구성하고 있는 기체를 총괄하여 대기라고 합니다. 지구 표면은 대기가 있어서 태양의 직사광선에도 타는 듯이 뜨겁지 않고, 야간에도 심한 저온으로 떨어지지 않습니다. 따라서 인류를 비롯한 많은 생물들은 대기를 통하여 지구 밖의 높은 에너지 입자로부터 보호되고 있으며, 호흡할 수 있는 맑은 공기를 공급받을 수 있습니다.

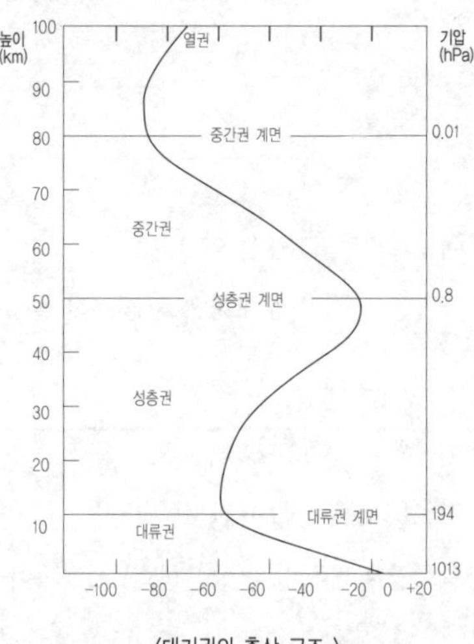

〈대기권의 층상 구조 〉

균질권 均質圈

均 평평하다 균　質 바탕 질　圈 범위 권

기체의 성분이[質] 골고루[均] 섞인 범위[圈].

균질권은 여러 가지 기체로 이루어진 대기권 중에서 기체들이 고르게 섞여 있는 부분을 말합니다. 보통 대류권對流圈 정도까지 균질권에 해당하는데, 이는 대부분의 기체가 존재할 뿐만 아니라 대류가 잘 일어나 혼합이 잘 되기 때문입니다.

비균질권 非均質圈

非 아니다 비 均 평평하다 균 質 바탕 질 圈 범위 권

기체의 성분이[質] 골고루[均] 섞이지 않은[非] 범위[圈].

비균질권은 대기권 중에서 기체들이 서로 섞이지 않고 질량에 따라 잘 분리되어 있는 부분을 말합니다. 대류권 위의 성층권成層圈부터 열권熱圈까지 기체도 희박하고 잘 섞이지 않아 기체의 질량별로 층을 이루고 있습니다.

대류권 對流圈

對 마주 대하다 대 流 흐르다 류 圈 범위 권

흐름이[流] 서로 뒤바뀌는[對] 범위[圈].

대류권은 대기권 중에서 기체의 대류가 활발하게 일어나는 부분입니다. 대기권 내에서 지표에 닿아 있는 부분으로, 범위는 적도 부근 지역에서는 지표로부터 대략 16~18km, 북위 50°에서는 10~12km, 극 부근에서는 6~8km입니다. 가장 윗부분을 대류권 계면이라 하며 성층권과 경계를 이룹니다. 이 층 안에서는 기온이 보통 고도와 더불어 감소하여 상하의 대류가 왕성하며 공기가 균질하게 혼합되기 쉽습니다.

계면 界面

界 (땅의) 경계 계 面 얼굴, 겉 면

경계의[界] 면[面].

계면은 대기권 중에서 맞닿아 있는 두 층의 경계면을 말합니다.

성층권 成層圈

成 이루다 성 層 층 층 圈 범위 권

기체들이 층을[層] 이루는[成] 범위[圈].

성층권은 대기권 중에서 대류권 위에 있으며, 매우 안정하게 위아래 공기 층이 섞이지 않도록 층을 이루고 있는 부분입니다. 다시 말해 대류권 상부 대류권 계면으로부터 고도 50~55km인 성층권 계면까지의 기층氣層을 말합니다. 중위도 지방에서는 평균 높이 약 12km이지만 여름에는 저위도 지방의 열대 기단이 영향을 끼치기 때문에 고도가 높아지고, 겨울에는 극지방의 기단이 남하하기 때문에 고도가 낮아집니다.

중간권 中間圈

中 가운데 중　間 사이 간　圈 범위 권

성층권과 열권의 중간에[中間] 있는 범위[圈].

중간권은 대기권 중에서 성층권과 열권 사이 중간 부분에 위치한 부분입니다. 고도 50~90km에 걸쳐 있고, 고도가 상승함에 따라 기온이 내려갑니다. 기온은 고도 50km에서 약 0℃이고, 고도 90km에서는 약 -80℃입니다.

열권 熱圈

熱 뜨겁다 열　圈 범위 권

뜨거운[熱] 범위[圈].

열권은 대기권 중에서 중간권 위, 가장 바깥 층으로, 온도가 가장 높은 부분이어서 온도권이라고도 합니다. 높이는 80~500km 사이입니다.

태양상수 太陽常數

太 크다 태　陽 햇볕, 양의 기운 양　常 항상 항　數 숫자 수

태양[太陽] 에너지의 일정한[常] 수[數].

태양상수는 지구가 항상 일정하게 받는 태양 에너지를 표현한 숫자입니다. 즉 태양 광선에 수직으로 놓인 1cm²의 면에 1분 동안 받는 태양 에너지의 양입니다. 이 값은 $2cal/(cm^2 \cdot min)$이지만 실제로 지표가 받는 태양 에너지는 대기에 의한 흡수·반사·산란 등으로 태양상수보다 훨씬 적습니다.

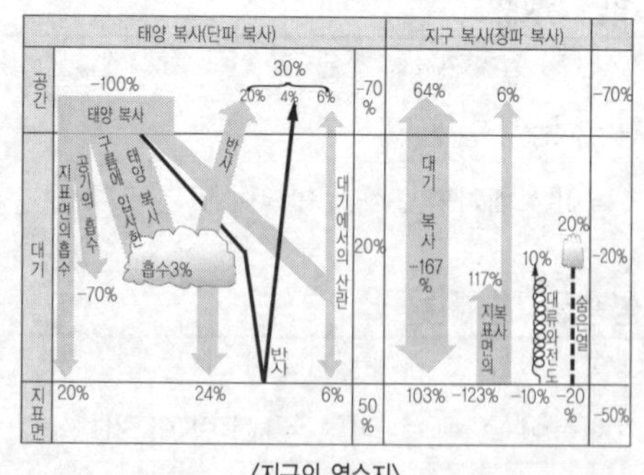

〈지구의 열수지〉

열수지 熱收支

熱 뜨겁다 열　收 거두다 수　支 갈라져 나오다, 치르다 지

열이[熱] 들어가고[收] 나가는[支] 정도.

열수지는 지표면, 대기 등의 공간에서 태양 에너지가 들어오고 나가는 정도를 말합니다. 대기를 포함한 지구 전체와 우주 공간 사이의 태양 에너

지가 들어오고 나가는 정도는 오랜 시간을 평균해서 보면 그 차이가 나지 않게 됩니다. 그러므로 지구의 열수지는 0이라고 할 수 있습니다. 그러나 지역별, 시기별로 어떤 장소, 시기를 택해서 보면 태양 에너지가 들어오고 나가는 정도는 일정하지 않습니다.

포화 飽和

飽 배부르다, 가득 차다 **포** 和 사이가 좋다 **화**

가득[飽] 합쳐진[和] 상태.

　포화는 공기나 물이 어떤 물질을 더 이상 머금을 수 없는 한도까지 머금은 상태를 말합니다. 온도나 압력이 일정하면 머금는 한도도 일정하며, 온도가 높아질수록 더 많이 머금을 수 있습니다.

포화 수증기압 飽和 水蒸氣壓

飽 배부르다, 가득 차다 **포** 和 사이가 좋다 **화** 水 물 **수** 蒸 찌다 **증** 氣 기운, 공기 **기** 壓 누르다 **압**

어떤 곳에 가득 차 있는[飽和] 수증기의[水蒸氣] 압력[壓].

　포화 수증기압이란 수증기가 일정한 조건(온도, 압력)하에서 최대 한도까지 포함되어 있는 상태의 수증기의 압력을 말합니다. 즉, 물 표면이나 얼음 표면에서 주위의 수증기와 평형을 이루어 증발과 응결이 똑같은 속도로 일어나 변화가 없어 보이는 경우의 수증기압을 말합니다.

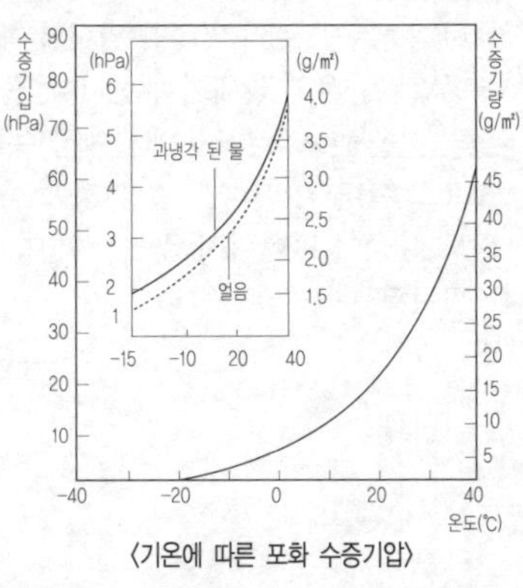

〈기온에 따른 포화 수증기압〉

상대 습도 相對濕度

相 서로 **상** 對 마주 대하다 **대** 濕 축축하다 **습** 度 ～한 정도 **도**

상대적인[相對] 습도[濕度].

　상대 습도는 대기 중에 포함되어 있는 수증기의 양과 그 온도에서의 포화 수증기의 양과의 비를 백분율(%)로 나타낸 것을 말합니다. 즉, 공기 중에 수증기를 공급하여 현재의 수증기압을 증가시키면 커지고, 또한 공기를 냉각시키면 포화 수증기압이 감소하여 상대 습도가 커집니다.

$$\text{상대 습도(\%)} = \frac{\text{현재수증기압}}{\text{포화수증기압}} \times 100$$

노점 露點

露 이슬 로 點 점, 장소나 한도를 나타내는 말 점

이슬이[露] 맺히기 시작하는 온도[點].

　　노점은 포화되지 않은 공기를 냉각시키면 어느 온도에서 응결하기 시작하여 이슬을 맺는데, 이때의 온도를 말합니다. 달리 이슬점 온도, 간단히 이슬점이라고도 합니다.

잠열 潛熱

潛 잠기다, 숨기다 잠 熱 뜨겁다, 열 열

보이지 않는[潛] 열[熱].

　　잠열은 고체에서 액체나 기체로 또는 액체에서 기체로 변하거나, 아니면 반대 방향으로의 변화가 일어날 때 방출 또는 흡수하는 열을 말합니다. 단 등압·등온의 상태여야 합니다. 물은 고체에서 액체로 변할 때 80cal 정도의 열을 필요로 하고, 액체에서 수증기로 변할 때는 600cal 정도의 열을 필요로 합니다. 따라서 열을 계속 공급하더라도 상태가 변하기 전까지는 온도 상승이 나타나지 않는다 하여 잠열이라 합니다. 달리 숨은열이라고도 합니다.

안개의 종류

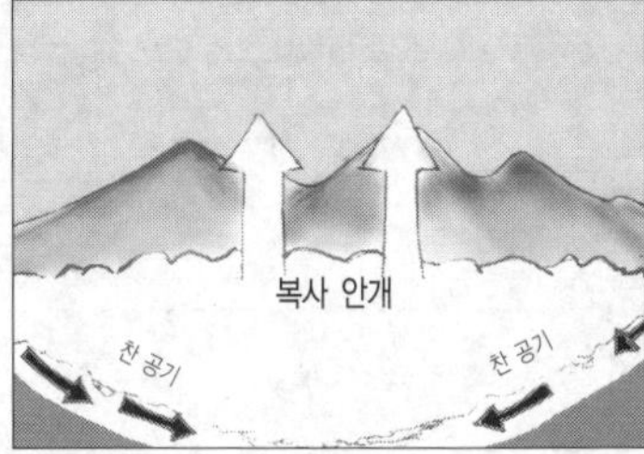

↑ 복사 냉각으로 생긴다.

↑ 산의 빗면을 따라 팽창하며 생긴다.

↑ 찬 바다를 지날 때 생긴다.

↑ 따뜻한 수면에서 증발하여 생긴다.

↑ 전선 부근에서 생긴다.

복사 안개 輻射霧

輻 바퀫살 복 射 쏘다 사 霧 안개 무

복사[輻射] 에너지에 의해서 유발되는 안개[霧].

'輻射'는 열이 물체로부터 바퀫살처럼 방출되는 현상을 말합니다. 복사 안개는 새벽에 지표면의 복사 냉각 효과가 누적되어 나타나는 안개를 말합니다. 지구는 낮에 집중적으로 태양 복사 에너지를 받는 것과 달리, 하루 종일 균일한 양을 복사 에너지로 방출합니다. 이 때문에 밤부터 새벽까지는 지표면의 온도가 낮에 비해 많이 내려가고, 새벽녘에 안개가 많이 발생합니다. 바람이 안 불수록 혼합이 잘 안 되어 안개가 더 잘 생깁니다.

이류 안개 移流霧

移 옮기다 이 流 흐르다 류 霧 안개 무

수평으로 옮겨져서[移] 이동하는[流] 공기 덩어리에 의한 안개[霧].

이류 안개는 습하고 따뜻한 공기 덩어리가 찬 지표면 위를 수평 방향으로 이동할 때, 그 하층부가 냉각되어 생기는 안개를 말합니다.

증발 안개 蒸發霧

蒸 찌다 증 發 드러내다, 생기다 발 霧 안개 무

증발에[蒸發] 의한 안개[霧].

증발 안개는 수면 위의 차고 안정된 공기 덩어리가 수면으로부터 증발한 수증기를 보급받아 포화되어 생기는 안개를 말합니다. 증발 안개에는 마치 수면으로부터 김이 솟아오르는 것처럼 보이는 김 안개(증기 안개)가 있습니다. 김 안개는 찬 공기 덩이가 온도가 낮은 지표 위에서 강한 냉각을 받아 안정된 기층이 된 뒤, 수면 위를 이동할 때 생깁니다. 극지방에서는 이러한 종류의 안개가 생기기 쉽습니다.

전선 안개 前線霧

前 앞 전 線 줄 선 霧 안개 무

전선이[前線] 있을 때 생성되는 안개[霧].

전선 안개는 찬 공기와 더운 공기가 만나 한랭 · 온난 전선이 생성될 때 전선면에서 생성되는 안개를 말합니다. 온난 전선이 지나기 전에 흔히 전선 안개가 생기는데, 전선면 아래의 찬 대기로 내리는 따뜻한 빗방울에서 증발된 수증기가 바로 응결되면서 만들어집니다. 이는 폐쇄된 목욕탕에서 샤워를 하면 자욱하게 김이 서리는 것과 같은 현상입니다.

활승 안개 滑承霧

滑 미끄럽다 활 承 이어받다 승 霧 안개 무

공기 덩어리가 미끄러운[滑] 산사면 등을 오르면서[承] 생기는 안개[霧].

활승 안개는 산허리로 불어 올라가는 공기가 단열 팽창(물체가 열의 출입 없이 부피가 팽창하는 일)에 의한 냉각으로 포화될 때 생기는 안개를 말합니다. 이 현상은 평지에 있는 사람에게는 구름으로 보이나, 산 위에 있는 사람에게는 지표면 가까이에 있는 활승 안개로 보입니다.

단열 변화 斷熱變化

斷 끊다 단 熱 뜨겁다, 열 열 變 변하다 변 化 변화하다 화

열의[熱] 공급이 끊어진[斷] 상태의 변화[變化].

단열 변화는 외부로부터의 열 공급이 차단된 상태에서 기체의 팽창 또는 수축에 의하여 내부 온도가 변하는 현상을 말합니다. 대기 중의 공기 덩어리는 외부에서 열을 공급받을 시간적 여유가 없는 경우가 많습니다. 그래서 주로 기압의 변화에 따라 기온 변동을 일으킵니다. 이때 보통 하강 시의 압축은 공기 덩이의 온도 상승을 가져오고, 상승 시의 팽창은 온도 하강을 일으킵니다.

건조 단열 감률 乾燥斷熱減率

乾 마르다 건 燥 (물기가) 마르다 조 斷 끊다 단 熱 뜨겁다, 열 열 減 덜다 감 率 비율 률

건조한[乾燥] 공기가 단열[斷熱] 상태에서 온도가 감소하는[減] 비율 [率].

건조 단열 감률은 포화되지 않은 건조한 공기가 단열 상태에서 상승할 때 온도가 감소하는 비율을 말합니다. 즉 포화되지 않은 상대 습도가 100% 미만인 공기는 100m 올라감에 따라 단열 팽창으로 인하여 약 1℃씩 온도가 낮아지는데 이러한 기온 변화율을 건조 단열 감률이라 합니다.

습윤 단열 감률 濕潤斷熱減率

濕 축축하다 습 潤 젖다 윤 斷 끊다 단 熱 뜨겁다, 열 열 減 덜다 감 率 비율 률

습윤한[濕潤] 공기가 단열[斷熱] 상태에서 온도가 감소하는[減] 비율 [率].

습윤 단열 감률은 포화된 습윤한 공기가 단열 상태에서 상승할 때 온도가 감소하는 비율을 말합니다. 그 값은 수증기의 응결에 따른 잠열潛熱의 방출로 인해 나타나기 때문에, 건조 단열 감률보다 그 정도가 작으며, 100m 올라감에 따라 0.5℃가 낮아집니다.

기온 역전층 氣溫逆轉層

氣 기운, 공기 기 溫 따뜻하다 온 逆 거스르다 역 轉 구르다, 바꾸다 전 層 층 층

기온이[氣溫] 거꾸로[逆轉] 나타나는 층[層].

　기온 역전층은 대류권 내의 다른 지역과는 온도 분포가 반대로 나타나는 층입니다. 바람이 없고 맑은 날 밤에는 땅 표면이 잘 식어서 여기에 닿은 공기가 심하게 냉각됩니다. 이때 지표에서 어느 높이까지는 고도에 따라 거꾸로 기온이 상승하게 되는데 이 부분을 기온의 역전층이라 합니다. 역전층은 절대 안정층이므로 공기의 대류가 일어나지 않아, 공기의 오염이 심하고 스모그가 잘 생깁니다.

상승 응결 고도 上昇凝結高度

上 위 상　昇 오르다 승　凝 엉기다 응　結 맺다, 엉기다 결　高 높다 고　度 ~한 정도 도

상승하는[上昇] 수증기가 엉겨서[凝結] 구름이 되는 높이[高度].

　상승 응결 고도는 공기 덩어리가 위로 올라가면서 포화되어 수증기가 응결하여 구름이 만들어질 때의 높이를 말합니다. 상승하는 공기 덩어리의 기온은 처음에는 건조 단열 감률에 따라 변하지만, 기온이 이슬점과 같게 되어 수증기가 응결하게 되면 구름이 만들어집니다. 이때, 구름이 만들어지는 높이를 상승 응결 고도라고 합니다. 따라서 구름이 만들어진 이후에는 포화된 공기 덩어리가 되었으므로, 습윤 단열 감률에 따라 기온이 변합니다.

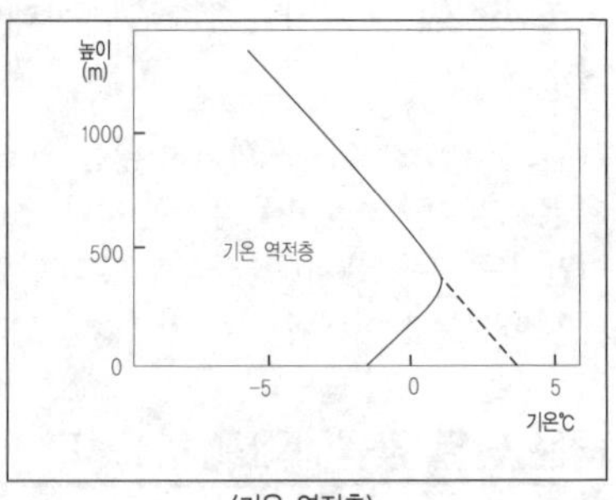

〈기온 역전층〉

구름의 종류

층운 層雲

層 층 층　雲 구름 운

층 모양의[層] 구름[雲].

　층운은 옆으로 길쭉하게 층의 형태로 퍼지는 모양의 구름입니다. 회색이며 구름 밑면이 낮습니다. 거의 고르게 층을 만들며, 때로는 언덕이나 높은 건물의 윗부분을 가릴 때도 있습니다. 간혹 조각 조각으로 끊어진 것같이 풀린 구름 조각이 되는 수도 있습니다.

적운 積雲

積 쌓다 적　雲 구름 운

차곡차곡 쌓여 있는 모양의[積] 구름[雲].

　적운은 구름 입자를 쌓아 올린 듯한 두텁고 윤곽이 분명한 모양의 구름입니다. 적운이 발달하면 언덕이나 돔 또는 탑과 같은 모양이 되며, 때로는 그 윗부분이 꽃양배추와 같은 모양으로 됩니다. 태양에 비치는 부분은 하얗게 빛나며, 구름 밑면은 어둡고 편평합니다. 보통 지표로부터 2,000m의 높이에서 발생하나 발달한 구름 꼭대기는 10,000m에 가까운 높이에 달하는 경우도 있습니다.

빙정설 氷晶說

氷 얼음 빙　晶 밝다, 수정(水晶) 정　說 밝히어 말하다 설

얼음[氷] 결정에[晶] 의해 빗방울이 만들어진다는 이론[說].

　'氷晶'은 상층운上層雲을 형성하는 얼음의 결정입니다. 빙정설은 얼음 결정으로 인해 비가 내린다는 이론으로, 중위도 지방에서 나타나는 '찬 비'를 설명할 때 적용합니다. 0℃ 이하의 구름 속에서 과냉각過冷覺된 구름(물방울 상태)과 빙정이 공존할 때 얼음과 물의 포화 수증기압의 차이로 빙정만이 급속도로 성장할 수 있습니다. 그리고 이것이 떨어져서 내리다 녹으면 빗방울이 되고 그대로 내리면 눈이 된다는 이론입니다. 이러한 빙정설에 의해서 내리는 비를 '찬 비'라고도 합니다.

병합설 倂合說

倂 아우르다 **병**　合 합하다 **합**　說 밝히어 말하다 **설**

구름 입자들이 서로 아우르고[倂] 합하여[合] 빗방울이 만들어진다는 이론[說].

병합설은 열대 지방에서, 물방울이 이동하다가 서로 부딪치면 큰 물방울이 작은 물방울을 병합하여 비가 된다는 이론입니다. 즉 열대 지방이나 여름의 중위도 지방에서는 빙정설로 '따뜻한 비'가 내리는 현상을 설명할 수 없기 때문에 만들어졌습니다. 더운 지역의 구름 속에는 작은 구름 방울과 큰 구름 방울이 함께 섞여 있으므로, 빨리 떨어지는 큰 구름 방울이 작은 구름 방울과 충돌하면서 이를 병합하여 빗방울로 성장할 수 있습니다. 병합설에 의해 내리는 비는 '따뜻한 비'라고도 합니다.

뇌우 雷雨

雷 천둥 **뢰**　雨 비 **우**

천둥과[雷] 함께 내리는 비[雨].

뇌우는 검은 구름이 몰려오면서 번개가 번쩍이고 요란한 천둥소리를 내며 소나기가 내리는 현상을 말합니다. 대기는 보통 상태에서는 전기 전도율이 대단히 낮아서 절연체로 생각할 수 있습니다. 그러나 다량의 양(+)전하와 음(−) 전하가 분리되면 전자와 이온에 의한 전기 길이 형성되어 전기가 흐르면서 번개와 천둥을 일으킵니다.

기압 氣壓

氣 기운 **기**　壓 누르다 **압**

대기의[氣] 압력[壓].

기압은 대기의 압력입니다. 기체나 액체 내의 어떤 점에 가해지는 압력은 모든 방향으로 균일하게 미칩니다. 그러나 어떤 점의 기압이란, 그 점을 중심으로 한 단위 면적 위에서 중력 방향으로 취한 공기 기둥 안의 공기의 무게를 의미합니다. 대략 평지에서의 기압의 강도는 1㎠당 1kg의 무게 정도입니다. 따라서 우리들의 몸 전체는 상하사방上下四方으로부터 약 20,000kg의 하중을 받고 있는 셈이지만, 상하사방으로 균형이 잡혀 있을 뿐만 아니라, 신체 구조상 압력은 우리의 몸 안팎에 작용되고 있기 때문에 기압에 눌려서 찌그러지는 일 없이 매일 생활할 수 있습니다.

등압면 等壓面

等 등급, 같다 **등** 壓 누르다 **압** 面 얼굴, 겉 **면**

압력이[壓] 같은[等] 지면[面].

등압면은 대기 중에서 기압이 일정한 면을 말합니다. 등압면의 고도는 고기압이 있는 곳에서 높고, 저기압이 있는 곳에서 낮게 되어 있으나, 이 면은 전체적으로는 거의 수평면으로 취급할 수 있습니다.

해면 기압 海面氣壓

海 바다 **해** 面 얼굴, 겉 **면** 氣 기운, 공기 **기** 壓 누르다 **압**

바닷물의[海] 표면을[面] 기준으로 하는 공기의[氣] 압력[壓].

해면 기압은 지표면의 높이에 따라 달라지는 기압을 해수면을 기준으로 환산한 값을 말합니다. 즉 어떤 관측 지점에서 관측된 기압을 해면에서 측정한 기압인 것처럼 환산하여 얻은 기압을 말합니다. 세계 기상 기구(WMO)에서는 지상 일기도의 등압선을 그리기 위해 모든 관측소의 기압을 해면 기압으로 환산하여 통보하도록 규정하고 있습니다.

기압 경도력 氣壓傾度力

氣 기운, 공기 **기** 壓 누르다 **압** 傾 기울다 **경** 度 ～한 정도 **도** 力 힘 **력**

기압의[氣壓] 기울기[傾] 정도에[度] 따라 생기는 힘[力].

기압 경도력은 대기 중의 두 지점 사이의 기압 차이에 의해 생기는 힘을 말합니다. 공기는 기압이 높은 쪽에서 낮은 쪽으로 힘이 작용하는데, 이는 바람을 불게 하는 가장 근본적인 힘이 되기도 합니다. 단위 질량의 공기에 대해서는 $\frac{1}{\rho} \times \frac{\partial p}{\partial n}$ 의 힘이 작용합니다. 여기서 ρ 는 공기의 밀도, p는 기압, n은 등압선간의 거리를 나타냅니다.

전향력 轉向力

轉 구르다, 바꾸다 **전** 向 향하다 **향** 力 힘 **력**

운동 방향을[向] 바꿔 주는[轉] 힘[力].

전향력은 지구와 같이 자전하고 있는 물체에서 바람이 불거나 **유체**流體가 움직일 때, 북(남)반구에서 운동 방향의 오른쪽(왼쪽) 직각 방향으로 방향을 바꿔 주는 힘을 말합니다. 이것은 회전 좌표계(움직이는 기준에 의한 좌표)에서만 작용하는 외관상(가상)의 힘으로 실제로 작용하는 힘은 아닙니다. 지구가 자전을 하지 않게 되면 이 힘은 나타나지 않습니다.

◐ **流體** [流 흐르다 류 體 몸 체] 기체와 액체를 아울러 이르는 말.

지균풍 地均風

地 땅 지 均 평평하다 균 風 바람 풍

지면에[地] 평행하게[均] 부는 바람[風].

지균풍은 상층에서 마찰력의 영향을 받지 않고, 지면(등압선)에 평행하게 기압 경도력과 전향력이 평형을 이루며 부는 바람을 말합니다. 지상으로부터 1km보다 높은 상공의 대기는 지표면의 영향을 받지 않기 때문에 이 높이의 바람은 기압 경도력과 전향력의 작용을 받아서 등압선에 나란하게 바람이 붑니다.

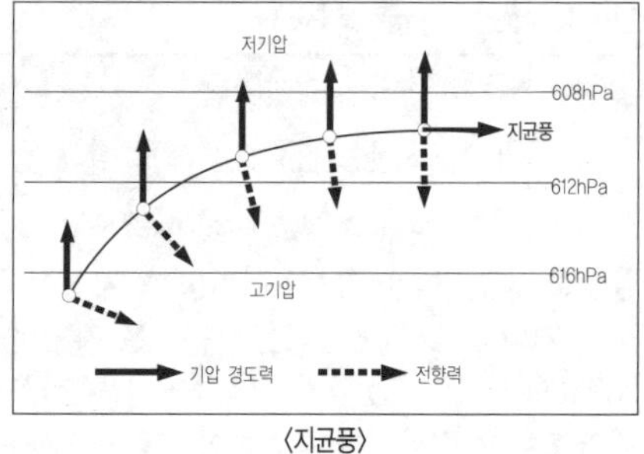

〈지균풍〉

지상풍 地上風

地 땅 지 上 위 상 風 바람 풍

지면[地] 위에서[上] 부는 바람[風].

지상풍은 지표면 부근에서 부는 바람으로서 지표 바람이라고도 합니다. 보통 마찰력이 작용하는 한계 높이인 10km 이하의 지표 부근의 상공에서는 전향력과 마찰력의 합력과 기압 경도력이 평형을 이뤄 등압선에 비스듬하게 바람이 붑니다.

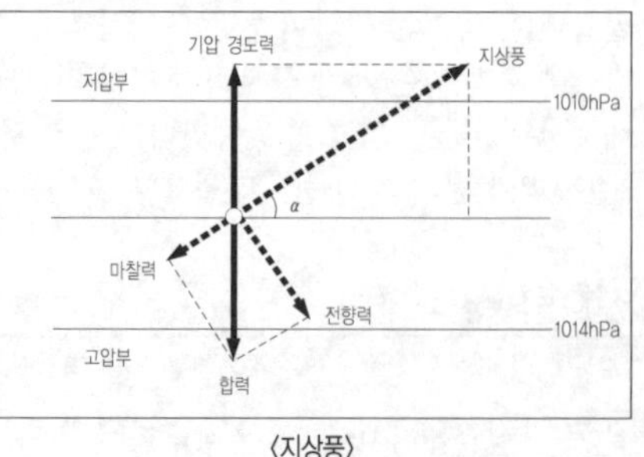

〈지상풍〉

기단 氣團

氣 기운, 공기 기　團 모임 단

공기[氣] 덩어리[團].

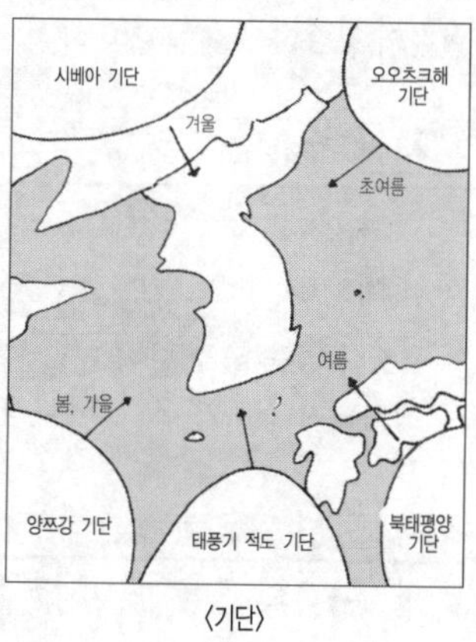

〈기단〉

기단은 수백~수천 km 수평 방향으로 거의 같은 성질을 지닌 공기 덩어리를 말합니다. 수평 방향의 범위는 수백~수천 km이고, 일반적인 분류의 기단 높이는 수 km입니다. 기단은 광범위하게 성질이 같은 지면이나 해면 상에 공기가 머물러서, 지표면이나 해면의 특성을 획득함으로써 형성됩니다. 이 때문에 기단의 발생과 출현은 주로 넓은 대륙 위나 해양 위이며, 또 일반적으로 바람이 약한 저위도 지방과 고위도 지방, 특히 정체성 고기압권 안이나 기압 경도氣壓傾度가 작은 거대한 저압부에서 형성되기 쉽습니다. 우리나라에 영향을 주는 기단으로는 시베리아 기단, 오호츠크해 기단, 북태평양 기단, 양쯔강 기단, 적도 기단이 있습니다.

전선 前線

前 앞 전　線 줄 선

진행하고 있는 다른 두 기단의 가장 앞에[前] 있는 선[線].

전선은 성질이 다른 두 개 기단氣團의 경계면이 지표地表와 만나는 선을 말합니다. 온도가 찬 공기가 이동해 와서 만나 생기는 전선이 한랭 전선寒

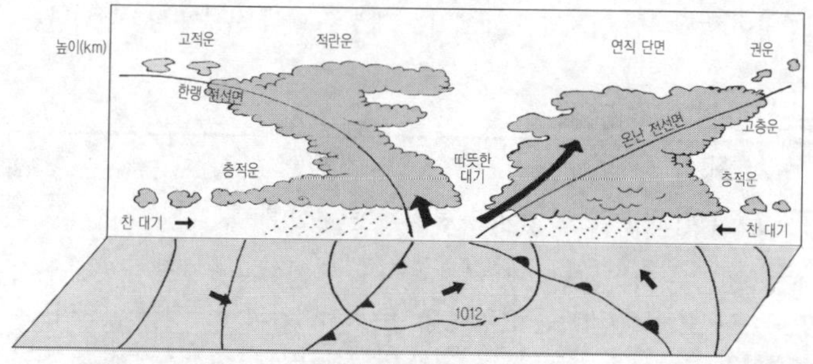

〈한랭 전선과 온난 전선〉

冷前線이며, 따뜻한 공기가 이동해 와서 생기는 전선은 온난 전선溫暖前線
입니다. 수평면에서 공기의 밀도는 대개 온도에 의해 결정되므로 전선은
기온의 불연속선이기도 합니다. 전선은 풍향, 풍속, 기압, 이슬점 온도의
불연속이나 날씨가 나빠지는 일기 현상을 동반하는 경우가 많으므로, 일기
변화의 중요한 요인이 됩니다.

전선면 前線面

前 앞 전　線 줄 선　面 얼굴, 겉 면

전선의[前線] 표면[面].

　성질이 다른 두 기단이 만날 때, 두 기단의 대기는 잘 섞이지 않고 구름
이 생성되거나 비가 옵니다. 이때 그 경계를 전선면이라 부릅니다.

정체 전선 停滯前線

停 머무르다 정　滯 막히다 체　前 앞 전　線 줄 선

머물러[停] 막혀 있는 듯한[滯] 전선[前線].

　정체 전선은 한랭 전선과 온난 전선의 경계면이 일정 시간 동안 폐색閉
塞되지 않고 한 군데 머물러 있듯 천천히 움직이는 전선을 말합니다.

폐색 전선 閉塞前線

閉 닫다 폐　塞 변방 새 / 막다 색　前 앞 전　線 줄 선

이동 경로가 잠시 막힌[閉塞] 전선[前線].

　폐색 전선은 온대 저기압이 발달하고 있을 때, 한랭 전선이 온난 전선을
뒤따라, 따뜻한 기운을 지표로부터 밀어 올림으로써 이루어진 전선을 말합
니다. 보통 온난 전선보다 한랭 전선의 이동 속도가 빠르기 때문에, 온대성
저기압이 발달하는 마지막 단계에서는 대부분 폐색 전선이 나타납니다.

온난 전선 溫暖前線

溫 따뜻하다 온　暖 따뜻하다 난　前 앞 전　線 줄 선

따뜻한[溫暖] 공기가 이동하여 형성되는 전선[前線].

　온난 전선은 따뜻한 공기 덩어리가 찬 공기 덩어리 쪽으로 이동해 와서
생성되는 전선을 가리키는 말입니다. 온대 저기압의 앞부분에 있으며, 온
난 전선이 접근하면 그 지역의 기온과 이슬점 온도는 점차 높아지고, 기압
은 급격히 감소합니다.

한랭 전선 寒冷前線

寒 (온도가) 차다 한　冷 (온도가) 차다 랭　前 앞 전　線 줄 선

차가운[寒冷] 공기가 이동하여 형성되는 전선[前線].

　한랭 전선은 차가운 공기 덩어리가 따뜻한 공기 덩어리 쪽으로 이동해 와서 생성되는 전선을 말합니다. 이 전선이 통과한 뒤에는 기온과 이슬점 온도가 급격히 하강하고, 바람이 강해지면서 풍향이 급변합니다.

온대 저기압 溫帶低氣壓

溫 따뜻하다 온　帶 띠, 근처 대　低 낮다 저　氣 기운, 공기 기　壓 누르다 압

온대 지방에서[溫帶] 생성되는 저기압[低氣壓].

　온대 저기압은 온대 지방에서 생성되는 저기압으로, 중위도나 고위도에 발생하는 저기압을 말하며, 한랭 전선과 온난 전선을 동반합니다. 보통 열대 지방에서만 생성되는 열대 저기압 이외의 저기압을 지칭하며, 북위 60° 부근의 한대 전선대寒帶前線帶에서 많이 발생합니다.

열대 저기압 熱帶低氣壓

熱 뜨겁다 열　帶 띠, 근처 대　低 낮다 저　氣 기운, 공기 기　壓 누르다 압

열대 지방에서[熱帶] 생성되는 저기압[低氣壓].

　열대 저기압은 여름부터 가을에 걸쳐 열대 지방의 해양에 발생하는 저기압으로, 폭풍우를 수반합니다. 생성 장소에 따라 윌리윌리(오스트레일리아), 허리케인(미국), 타이푼(필리핀) 등으로 다양하게 불리며. 보통 우리나라에서는 태풍이라 부릅니다.

호우 豪雨

豪 뛰어난 사람, 성하다 호　雨 비 우

세차게[豪] 퍼붓는 비[雨].

　호우는 일반적으로 큰비와 같은 뜻으로 사용되며, 특히 단시간에 많은 양이 세차게 내리는 비를 가리킵니다. 그러나 기상학적으로 우량, 강우량, 지속 시간 등의 기준이 정해져 있지는 않습니다. 그래서 호우는 일정 지역에 내린 비가 전체 평균을 훨씬 웃도는 경우를 가리키기도 합니다.

열대야 熱帶夜

熱 뜨겁다 **열**　帶 띠 **대**　夜 밤 **야**

열대 지역처럼[熱帶] 심하게 더운 밤[夜].

열대야는 잠이 들기 어려울 만큼 더운 밤을 가리키는 말로, 보통 최저 기온이 25℃ 이상인 경우를 말합니다.

일기도 日氣圖

日 날 **일**　氣 기운, 자연 현상 **기**　圖 그림 **도**

그날 그날의[日] 자연 현상을[氣] 그린 그림[圖].

일기도는 일정한 시각의 어떤 지방의 기온·기압·풍향 등을 측정하여 일기의 상태를 나타낸 그림을 말합니다.

III. 해양학

혼합층 混合層

混 섞다 **혼** 合 합하다 **합** 層 층 **층**

바람에 의해서 태양 에너지가 잘 혼합되어[混合] 수온이 일정한 층[層].

혼합층은 바람의 영향으로 잘 섞여 깊이에 따른 수온의 차이가 거의 나지 않는 곳을 말합니다. 해면에 도달한 태양 복사 에너지는 깊이 10m까지 85%, 100m까지 98%가 흡수되어 버립니다. 그러나 수면 밑 수백 m까지는 바람의 혼합으로 인하여 온도차가 급격하게 나지 않습니다. 그래서 이

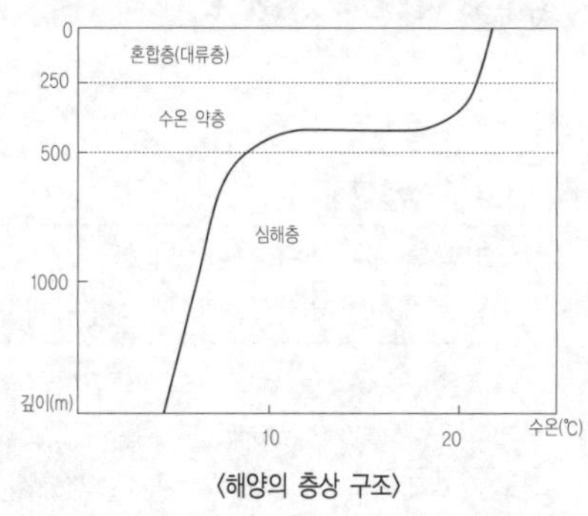

〈해양의 층상 구조〉

런 곳을 혼합층이라 부르고, 온도가 급격히 떨어지는 수온 약층과 구별하고 있습니다. 지역과 계절, 날씨에 따라 바람의 강도가 다르기 때문에, 혼합층의 깊이도 지역마다 다르게 나타납니다.

수온 약층 水溫躍層

水 물 **수** 溫 따뜻하다 **온** 躍 뛰다 **약** 層 층 **층**

물의[水] 따뜻한 정도가[溫] 급격하게[躍] 변하는 층[層].

수온 약층은 태양 에너지가 도달하지 않고 바람의 영향도 미치지 않아 온도가 수심에 따라 급격하게 변화하는 곳을 말합니다. 혼합층 아래에 위치하고 있으며, 아래는 저온의 물이 그리고 위에는 고온의 물이 분포하여 지극히 안정된 층에 해당합니다. 그래서 대류가 일어나지 않습니다.

심해층 深海層

深 깊다 **심** 海 바다 **해** 層 층 **층**

깊은[深] 바다에[海] 분포하는 층[層].

　심해층은 수온 약층 아래로 항상 태양 에너지가 들어오지 않아 수온이 비교적 일정하게 낮은 층을 말합니다. 보통 3~5℃ 정도의 수온을 유지하며, 이 지역에서는 태양 에너지가 필요하지 않은 심해 동물들만이 일부 존재합니다.

해저 지형의 종류

대륙붕 大陸棚

大 크다 **대**　陸 땅 **륙**　棚 선반 **붕**
큰[大] 육지이면서[陸] 선반처럼[棚] 넓게 펼쳐져 있는 곳.

　대륙붕은 대륙이나 큰 섬 주변의 평균 약 6' 경사의 완만한 바다 밑을 말합니다. 해안의 앞 바다는 수심 약 150m까지 아주 완만하고, 그 이후에는 갑자기 깊어 가는 것이 보통입니다. 다시 말해서 육지를 둘러싸는 얕은 해저海底는 선반 모양의 지형을 하고 있습니다. 해안에서 대륙붕 가장자리까지의 거리(수평 폭)는 해안에 따라서 차이가 크지만, 세계의 평균은 약 70km입니다.

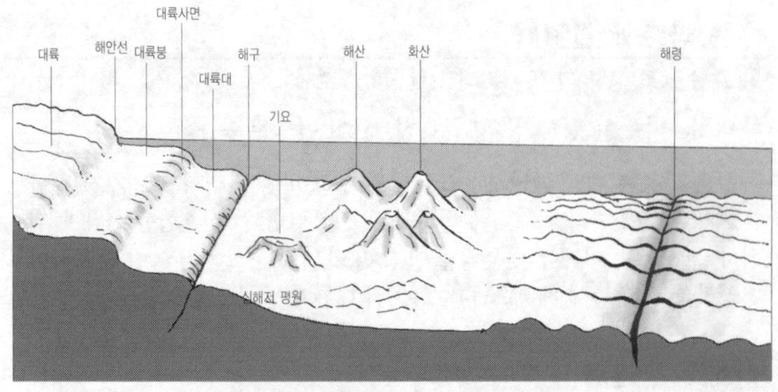

〈해저 지형의 종류〉

대륙 사면 大陸斜面

大 크다 **대**　陸 땅 **륙**　斜 비스듬하다 **사**　面 얼굴, 겉 **면**
대륙[大陸] 끝의 비스듬한[斜] 지면[面].

　대륙 사면은 대륙붕의 끝에서부터 대륙대 사이에, 평균 경사는 4° 정도의 비교적 급한 부분을 말합니다. 수심은 200m에서 시작하여 대략 2000m 내외까지 이릅니다. 경사가 평균 약 4°이므로 아주 완만하나, 물 속에서는 이런 정도로 기울어진 면의 퇴적물도 대단히 불안정합니다. 따라서 약한 지진이나 해저 사태가 일어나도 대륙 사면의 퇴적물은 빠른 속도로 심해저 쪽으로 쓸려 내려갑니다. 이때 생기는 해류를 저탁류라 합니다.

저탁류 低濁流

低 낮다 **저**　濁 흐리다 **탁**　流 흐르다 **류**
낮은[低] 쪽으로 뒤섞이는[濁] 흐름[流].

　저탁류는 해저의 퇴적물이 한꺼번에 대륙 사면을 따라 미끄러질 때 생기는 흐름을 말합니다.

심해저 평원 深海底平原

深 깊다 **심**　海 바다 **해**　底 밑 **저**　平 평평하다 **평**　原 들판 **원**
깊은[深] 바다의[海] 바닥에[底] 있는 평원[平原].

　심해저 평원은 수심 3,000~4,000m의 평탄한 넓은 해저를 말하며, 전 해양의 약 75%를 차지하고 있습니다.

해령 海嶺

海 바다 **해**　嶺 산봉우리 **령**
바다[海] 속의 산맥[嶺].

　해령은 바다 밑에 산맥 모양으로 솟은 지형을 말합니다. 해저 산맥이라고도 하며, 경사가 가파르고 지형이 불규칙합니다.

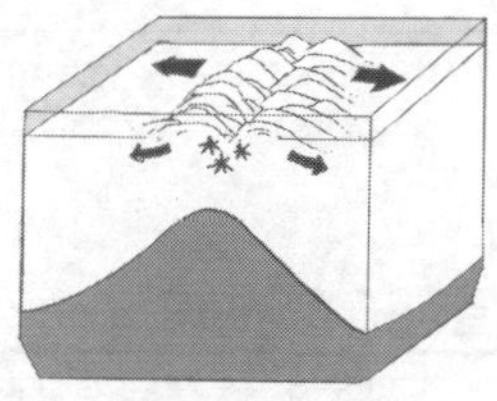

〈해령〉

열곡 裂谷

裂 찢다 **렬** 谷 골짜기 **곡**
갈라져서[裂] 생긴 골짜기[谷].

열곡은 해령의 가운데 위치한 골짜기로, 해령에서 맨틀 물질이 솟아 나와 해양 지각이 형성될 때 양쪽으로 지각이 갈라지기 때문에 붙은 명칭입니다.

호상 열도 弧狀列島

弧 활 **호** 狀 모양 **상** 列 줄지어 놓다 **렬** 島 섬 **도**
활[弧] 모양처럼[狀] 줄지어 놓은[列] 섬[島].

호상 열도는 활등처럼 굽은 모양으로 널려 있는 열도입니다. 해양 지각이 대륙 지각 밑으로 깊이 들어가면서 부근에 있는 지각의 윗부분이 해수면 위로 밀려 올라와 생성됩니다. 가장 대표적인 곳으로 일본 열도가 있습니다.

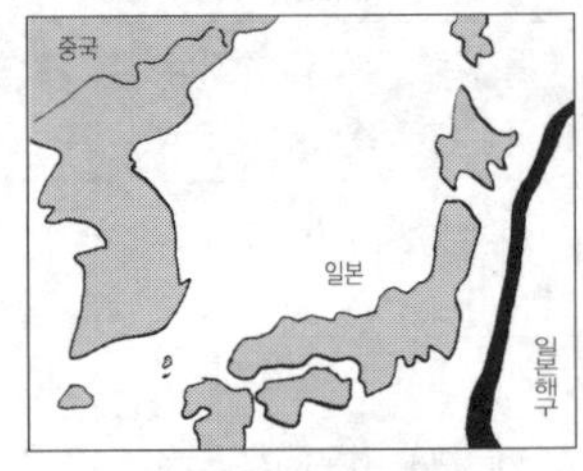

해구 海溝

海 바다 **해** 溝 도랑 **구**
바다[海] 속에 도랑처럼[溝] 생긴 곳.

해구는 바다 밑에 좁고 깊게 움푹 들어간 곳입니다. 해양 지각이 대륙 지각 밑으로 들어가는 곳으로, 대체로 수심 6,000~11,000m 되는 깊은 곳에 형성됩니다. 대륙 사면과 심해저 평원의 경계면을 따라 분포하고 있으며, 태평양 주변에 잘 발달하고 있습니다.

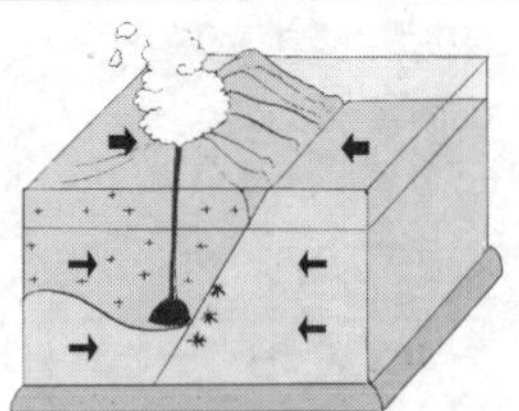

열적도 熱赤道

熱 뜨겁다 **열** 赤 붉다 **적** 道 길 **도**
적도처럼[赤道] 뜨거운[熱] 곳을 연결한 선.

열적도는 전 해양에서 수온이 최대인 곳을 연결한 선입니다. 전 해양의 수평적 수온 분포는 적도 부근이 수온 30℃로 가장 높고, 극지방은 −2℃까지 내려갑니다. 이때 수온이 최대인 곳을 연결한 선을 열적도라 합니다. 열적도는 보통 여름에는 북상하고, 겨울에는 남하하는데 평균적 열적도는 보통 북위 5° 부근에 위치합니다.

취송류 吹送流

吹 불다 취 送 보내다 송 流 흐르다 류

바람이 불어[吹] 보내는[送] 해류[流].

취송류는 바람이 불어 물을 보내는 해류로서, 해면에 미치는 바람의 변형력에 의해 나타나는 해류를 가리키는 말입니다. 보통 북반구에서 바람 방향의 오른쪽 45° 정도로 치우친 방향으로 물이 이동합니다.

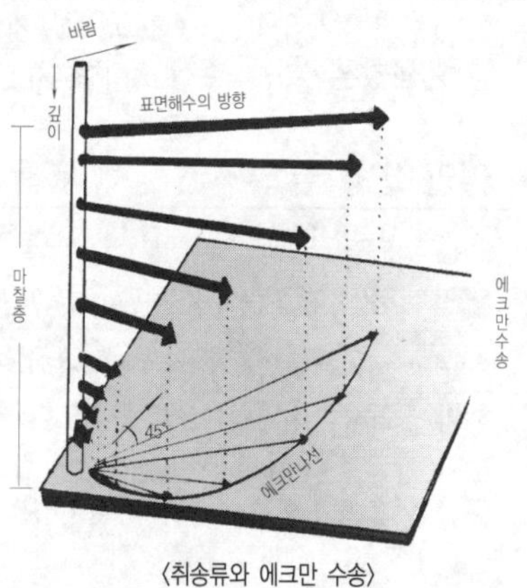

〈취송류와 에크만 수송〉

서안 강화 西岸强化

西 서쪽 서 岸 언덕, 기슭 안 强 강하다 강 化 변화하다 화

서쪽[西] 기슭의[岸] 해류가 강하게[强] 흐르게 됨[化].

서안 강화는 서안의 해류가 동안의 해류보다 깊고 빠르게(강하게) 흐르는 현상을 말합니다. 지구 자전의 영향에 의해 발생하는 전향력은 위도에 따라 차이가 납니다. 그래서 대양의 해류가 동서로 대칭을 이루고 있지 않고 중심이 서쪽으로 치우쳐 있습니다. 그래서 서쪽 해안 쪽의 해류가 동쪽 해안보다 깊고 빠르게 흐릅니다. 쿠로시오 해류와 멕시코 만류가 대표적인 대륙의 동쪽, 즉 해양을 중심으로 봤을 때 서쪽 해안을 흐르는 해류들이며, 이들을 서안 경계류라 합니다.

열 · 염 순환 熱鹽循環

熱 뜨겁다, 열 열 鹽 소금 염 循 빙빙 돌다 순 環 둘러싸다, 돌다 환

열과[熱] 소금에[鹽] 의한 해수의 순환[循環].

　열염 순환은 온도차와 염분의 차이로 형성되는 해수의 순환을 말합니다. 수온이 낮아지고 염분이 높아지면 해수의 밀도가 커지면서 아래로 가라앉습니다. 이때 깊은 곳의 해수가 순환을 하는데, 이를 열염 순환이라 합니다.

풍랑 風浪

風 바람 **풍** 　浪 물결 **랑**

바람에[風] 의해 일어나는 물결[浪].

　풍랑은 바람이 불어서 일어나는 파도를 가리키는 말입니다. 풍랑은 보통 바다 한가운데에서 볼 수 있고, 마루가 뾰족하고 파장과 주기가 짧은 편입니다. 파장은 수 m~수십 m이며, 주기는 1~2초입니다.

연안 쇄파 沿岸碎波

沿 물을 따라 내려가다 **연**　岸 언덕 **안**　碎 부수다 **쇄**　波 물결 **파**

연안에서[沿岸] 부서지는[碎] 물결[波].

　연안 쇄파는 해안 가까이에 다가와서 부서지는 물결을 말합니다. 해파가 해안에 접근하면 수심이 얕아짐에 따라 해저의 마찰이 증가되므로, 물결의 전파 속도가 느려지고 파장이 짧아집니다. 또한 물결 높이는 높아지면서 물결 봉우리가 앞으로 기울어져 마침내 부서져 버립니다.

해일 海溢

海 바다 **해**　溢 넘치다 **일**

바닷물이[海] 육지로 넘치는[溢] 것.

　해일은 해양의 해수면이 보통 때보다 현저히 높아서 바닷물이 넘치는 현상을 말합니다. 폭풍에 의한 폭풍 해일과 지진에 의해 발생하는 지진 해일(Tsunami)이 있습니다.

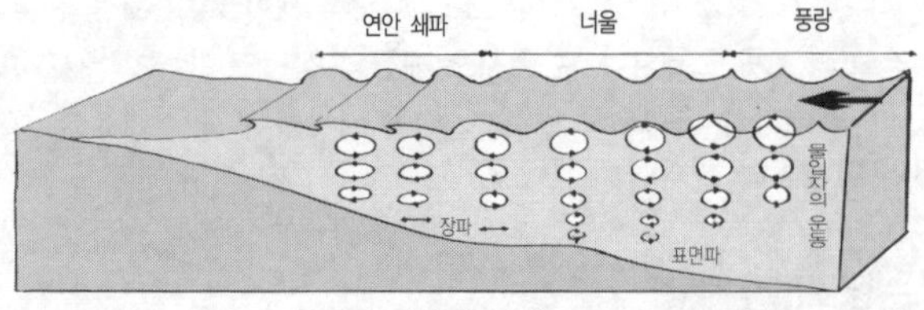

〈풍랑과 연안쇄파〉

조석 潮汐

潮 (아침에 들어왔다 나가는) 바닷물 조 汐 (저녁에 들어왔다 나가는) 바닷물 석

조수와[潮] 석수[汐].

　'潮水'는 아침에 밀려 들어왔다가 나가는 것이고, '汐水'는 저녁에 들어왔다 나가는 바닷물을 말합니다. 조석은 달과 태양 등의 천체 인력 작용으로, 해수면이 1일 2회(때와 장소에 따라 1일 1회) 주기적으로 오르내리는 현상을 말합니다. 조석 현상을 지구 전체에 대하여 보면, 각각 주기가 12시간 25분이 되는 2개의 파장으로 생각할 수 있습니다.

기조력 起潮力

起 일어나다 기 潮 (아침에 들어왔다 나가는) 바닷물 조 力 힘 력

조수를[潮] 일으키는[起] 힘[力].

　기조력은 조석 현상을 일으키는 힘이라는 말로, 지구 외부에 있는 달이나 태양과 같은 천체의 인력에 의하여 생깁니다. 기조력의 크기는 천체의 질량에 비례하고 지구와 천체 간의 거리의 3제곱에 반비례합니다.

간조(썰물) 干潮

干 방패, 물을 빼다 간 潮 (아침에 들어왔다 나가는) 바닷물 조

물이 빠져서[干] 낮아지는 바닷물[潮].

　간조는 조석潮汐 현상에 의해 해수면이 하루 중에 가장 낮아졌을 때를 가리키는 말입니다.

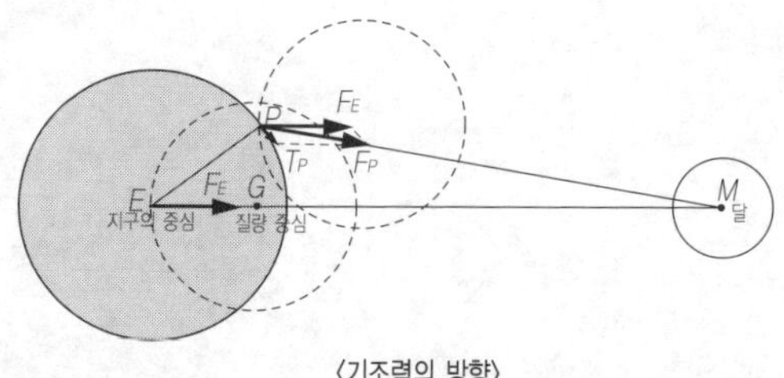

〈기조력의 방향〉

만조(밀물) 滿潮

滿 가득 차다 만 潮 (아침에 들어왔다 나가는) 바닷물 조

가득하게[滿] 들어왔을 때의 바닷물[潮].

만조는 조석潮汐 현상에 의해 해수면이 하루 중에 가장 높아졌을 때를 가리키는 말입니다. 보통 하루에 2번씩 있으나 해역에 따라 1번만 있는 곳도 있으며 그 높이도 지역별로 차이가 납니다.

대조 大潮

大 크다 대 潮 (아침에 들어왔다 나가는) 바닷물 조

조수의[潮] 차이가 큰[大] 것.

대조는 달과 태양이 일직선상에 놓이게 되어 간조와 만조의 수위 차가 최대가 되는 것 또는 그 시기(=사리)를 말합니다. 조석은 달과 태양의 인력引力에 의해 일어나는데, 지구에서 보아 달과 태양이 같은 방향에 있을 때(그믐달)와 정반대 방향에 있을 때(보름달), 둘의 작용이 최대가 되어 대조가 됩니다.

소조 小潮

小 작다 소 潮 (아침에 들어왔다 나가는) 바닷물 조

조수의[潮] 차이가 작은[小] 것.

소조는 조석潮汐의 간만 차가 가장 작은 때(=조금)를 말합니다. 달이 반달로 보일 때 달과 태양의 인력이 서로 상쇄되어 조석 간만의 차가 최소가 됩니다.

Ⅳ. 천문학

천체 관측 天體觀測

天 하늘 천 體 몸 체 觀 보다 관 測 재다 측

하늘에 떠 있는 천체들을[天體] 육안이나 도구를 사용하여 관측함[觀測].

천체 관측은 지구의 대기권 밖에 있는 천체의 위치와 운동, 별빛의 세기와 그 변화, 표면 상태나 질량 등을 관찰·측정하는 일을 말합니다.

육안 관측 肉眼觀測

肉 고기, 몸 육 眼 눈 안 觀 보다 관 測 재다 측

맨눈으로[肉眼] 관측함[觀測].

육안 관측은 관측 기구를 사용하거나 그 눈금을 읽어서 관측하는 것과는 달리 눈으로 보고 관측하는 것을 말합니다. 망원경이 발명되기 이전의 고대부터 계절이나 시간의 변화를 알기 위해, 또는 점성술이나 철학적인 이유로 천체를 관측했습니다. 천체에 대한 육안 관측은 한번에 보는 시야가 넓고 특별한 준비가 필요하지 않지만, 멀리 있거나 어두운 천체, 천체의 세밀한 지형 등은 관측하기 어렵다는 단점이 있습니다.

망원경 望遠鏡

望 바라다, 바라보다 망 遠 멀다 원 鏡 거울 경

거울이나[鏡] 렌즈를 사용하여 먼 곳을[遠] 바라보는[望] 기구.

망원경은 렌즈 또는 반사경을 여러 개 조립하여 멀리 있는 물체를 확대하여 확실하게 보는 광학 기구를 말합니다.

쌍안경 雙眼鏡

雙 짝이 되다 쌍 眼 눈 안 鏡 거울 경

두 개의[雙] 눈이[眼] 달린 망원경[鏡].

쌍안경은 2개의 망원경을 평행으로 장치하여 두 눈으로 볼 수 있게 한

광학 기구를 말합니다. 상을 정립正立시켜 확대하는 점에서는 지상 망원경과 같으나, 좌우의 눈이 2개의 망원경을 따로따로 들여다보므로 상이 입체적으로 보이고, 또한 원근遠近을 구별하기가 쉽다는 장점이 있습니다.

색수차 色收差

色 색깔 **색**　收 거두다 **수**　差 차이 **차**

빛깔에[色] 따라 모아지는[收] 차이가[差] 생기는 현상.

'收差'는 한 점에서 나온 빛이 렌즈나 거울에 의하여 상像을 만들 때, 광선이 한 점에 완전히 모이지 아니하여 상이 흐려지거나 비뚤어지거나 굽거나 하는 현상을 말합니다. 색수차는 렌즈를 통하여 물체의 상像을 맺게 할 때, 그 물체의 빛깔에 따라 상의 위치나 배율이 달라지는 현상을 말합니다. 유리의 굴절률은 일반 투명 물질과 마찬가지로, 빛의 파장이 길어짐에 따라 차차 작아지므로, 렌즈를 통해 물체의 상을 맺게 하면 물체의 색에 따라 상의 위치나 배율이 달라집니다. 색수차를 가진 렌즈를 통해 백색광을 보면, 빨강에 가까운 긴 파장의 빛일수록 렌즈에서 먼 곳에 초점이 맺힙니다. 또 보라에 가까운 짧은 파장의 빛일수록 렌즈와 가까운 곳에 초점이 맺혀, 상이 덜 선명해 보이게 됩니다.

집광력 集光力

集 모으다 **집**　光 빛 **광**　力 힘 **력**

빛을[光] 모으는[集] 능력[力].

집광력은 망원경이 빛을 모을 수 있는 능력으로, 대물 렌즈가 클수록 증가하며, 대물 렌즈의 지름인 구경의 제곱에 비례합니다. 즉, 구경이 8인치인 망원경을 이용하면 구경이 4인치인 망원경보다 4배 밝은 상을 볼 수 있습니다.

분해능 分解能

分 나누다 **분**　解 풀다 **해**　能 잘하다, 능력 **능**

분해하는[分解] 능력[能].

분해능은 현미경·망원경·사진 렌즈 등이 대상의 세부를 상像으로써 판별하는 능력을 말합니다. 즉, 인접해 있는 두 물체를 구분해 볼 수 있는 최소 각거리입니다. 망원경의 구경이 클수록, 물체에서 방출되는 빛의 파장이 짧을수록 분해능이 좋으며(분해능 값이 작으며), 사람 눈의 분해능은 1′ 정도입니다.

배율 倍率

倍 곱절 배 率 비율 률

확대하는[倍] 비율[率].

　배율은 실제 물체의 크기에 비해 망원경의 상이 얼마나 확대되었는가를 나타내는 비율입니다. 배율은 대물 렌즈의 초점 거리를 접안 렌즈의 초점 거리로 나누어 얻어지며, 초점 거리가 다른 접안 렌즈를 교환하여 사용함으로써 조정할 수 있습니다. 이때, 초점 거리란 렌즈의 중심에서 초점이 맺혀지는 곳까지의 거리이며, 배율이 높아지면 상이 어두워지고 커집니다.

가대 架臺

架 선반 가 臺 높고평평한 곳, 물건을 얹는 대 대

무엇을 얹기 위해 밑에 받치는 구조물[架臺].

　가대는 무엇을 얹기 위하여 밑에 받치어 세운 구조물을 가리킵니다. 여기서는 망원경을 얹기 위해 설치한 도구로 생각하면 됩니다.

가시광선 可視光線

可 옳다, ～할 수 있다 가 視 보다 시 光 빛 광 線 줄 선

빛의 여러 파장대 중에서 눈으로[視] 볼 수 있는[可] 광선[光線] 영역.

　가시광선은 전자기파電磁氣波 중에서 사람의 눈에 보이는 범위의 파장을 가지고 있는 영역을 말합니다. 가시광선 파장의 범위는 사람에 따라 다소 차이가 있으나, 대체로 380 ～ 770nm이며, 빨·주·노·초·파·남·보의 일곱 가지 색으로 나타나는 광을 모두 합치면 흰색으로 보입니다. 이러한 이유 때문에 태양이 희게(白光) 보이는 것입니다. 즉, 태양 광선 아래에서 하얀 색깔의 종이가 하얗게 보이는 이유는 일곱 가지 색을 모두 반사하기 때문이고, 파란 색의 종이가 파란 것은 가시광선 중에서 파란색만을 반사하여 그 색깔만 눈에 감지되기 때문입니다.

분광 관측 分光觀測

分 나누다 분 光 빛 광 觀 보다 관 測 재다 측

빛을[光] 파장 별로 나누는[分] 관측법[觀測].

　분광 관측은 별빛을 프리즘으로 분산시켜 얻은 스펙트럼을 분석하여, 별의 온도·화학 조성·운동 등을 알아내는 관측법입니다.

측광 관측 測光觀測

測 재다 측　光 빛 광　觀 보다 관　測 재다 측

별빛의[光] 밝기를 측정하는[測] 관측법[觀測].

　'測光'은 발광체發光體의 빛의 강도를 잰다는 뜻입니다. 측광 관측은 별빛의 밝기를 측정하여 등급을 정하는 방법으로, 육안 관측·사진 관측·광전 관측·CCD 관측 등의 관측법이 이에 속합니다.

투영법 投影法

投 던지다 투　影 그림자 영　法 법 법

빛에 의해 나타난[投] 그림자를[影] 관찰하는 법[法].

　'投影'은 '물체가 비친 그림자' 또는 '하나 또는 몇 개의 점에서 보내는 빛을 통하여 물체를 보는 일'을 말합니다. 투영법은 태양을 관찰할 때, 접안 렌즈의 뒤쪽에 흰 종이(투영판, 스크린)를 놓고 태양상이 선명해질 때까지 초점을 맞추어 관측하는 방법을 말합니다.

직시법 直視法

直 곧다, 바로 직　視 보다 시　法 법 법

바로[直] 보고[視] 관찰하는 법[法].

　직시법은 태양의 밝기에 맞게 접안 렌즈에 태양 필터를 끼우고, 대물 렌즈를 일부 가린 뒤 태양을 직접 관측하는 방법입니다. 흑점의 자세한 구조를 보거나 수를 세는 데 적당하나, 망원경이나 눈에 손상이 있을 수 있으므로 위험합니다. 또한 태양 필터를 끼워 넣고 5분 이상 관측하면, 필터가 깨지는 경우가 생기므로 주의해야 합니다.

천구 天球

天 하늘 천　球 공 구

공같이 둥근[球] 하늘[天].

　천구는 비어 있고 투명한 구면球面에 천체를 그린 것을 말합니다. 망원경望遠鏡이 발명되기 이전에는 천구가 실재하는 것으로 생각하고, 천체는 모두 그 위에 고정되어 있어서 지구의 주위를 돈다고 믿었습니다.

👀 한자를 알면 수능이 보인다 <3>

황도 黃道

黃 노랗다 **황** 道 길 도

황금색 태양이[黃] 지나는 길[道].

황도는 천구天球에서 태양의 궤도를 말합니다.

황도 12궁 黃道十二宮

黃 노랗다 **황** 道 길 도 十 열 십 二 둘 이 宮 궁궐, 집 궁

황도상의[黃道] 12개[十二] 별자리[宮].

황도 12궁은 태양이 1년 동안에 지나가는 대표적인 12개의 별자리를 말합니다.

춘분점 春分點

春 봄 **춘** 分 나누다 **분** 點 점, 장소나 한도를 나타내는 말 점

춘분일 때의[春分] 태양의 위치[點].

'春分'은 봄을 가운데로 나눈다는 뜻으로, 태양이 적도 위에 가서 밤과 낮의 길이가 똑같은 날입니다. 춘분점은 지구에서 보이는 춘분날의 태양의 위치를 말합니다. 이때는 적도 좌표계에서 황도黃道와 적도赤道의 교차점 중, 태양이 적도의 남쪽으로부터 북쪽으로 향하여 적도를 통과합니다. 또한 춘분점은 별들의 위치를 파악하는 적도 좌표계에서 **적경**赤經의 기준점이 됩니다.

❍ 赤經 [赤 붉다 적 經 날실, 세로 경] 적도 좌표의 하나로, 어떤 별을 통하는 경선經線과 춘분점을 통하는 경선이 하늘의 북극에서 이루는 각도.

추분점 秋分點

秋 가을 **추** 分 나누다 **분** 點 점, 장소나 한도를 나타내는 말 점

추분일 때의[秋分] 태양의 위치[點].

'秋分'은 가을을 가운데로 나눈다는 뜻입니다. 추분점은 지구에서 보이는 추분날의 태양의 위치를 말합니다. 이때는 적도 좌표계에서 황도黃道와 적도赤道의 교차점 중, 태양이 적도의 북쪽으로부터 남쪽으로 향하여 적도를 통과합니다.

하지점 夏至點

夏 여름 **하** 至 지극하다, 절기 **지** 點 점, 장소나 한도를 나타내는 말 **점**

하지일 때의[夏至] 태양의 위치[點].

'夏至'는 여름이 최고일 때라는 뜻으로, 북반구北半球에서는 낮이 가장 깁니다. 하지점은 지구에서 보이는 하짓날의 태양의 위치를 말합니다. 이때는 태양이 천구天球의 북극에 가장 가까워집니다.

동지점 冬至點

冬 겨울 **동** 至 지극하다, 절기 **지** 點 점, 장소나 한도를 나타내는 말 **점**

동지일 때의[冬至] 태양의 위치[點].

'冬至'는 겨울이 최고일 때라는 뜻으로, 낮이 가장 짧고 밤이 가장 긴 날입니다. 동지점은 지구에서 보이는 동짓날의 태양의 위치를 말합니다. 이때는 태양이 천구天球의 남극에 가장 가까워집니다.

연주 시차 年周視差

年 해 **년** 周 두루, 돌다 **주** 視 보다 **시** 差 차이 **차**

1년을[年] 주기로[周] 보았을 때[視] 생기는 방향의 차이[差].

연주 시차는 지구에서 본 천체의 방향과 6개월 뒤 공전하여 태양 반대편에서 본 방향과의 차(각도)를 말합니다. 가까운 별의 거리는 이 연주 시차의 각도를 이용하면 측정할 수 있습니다.

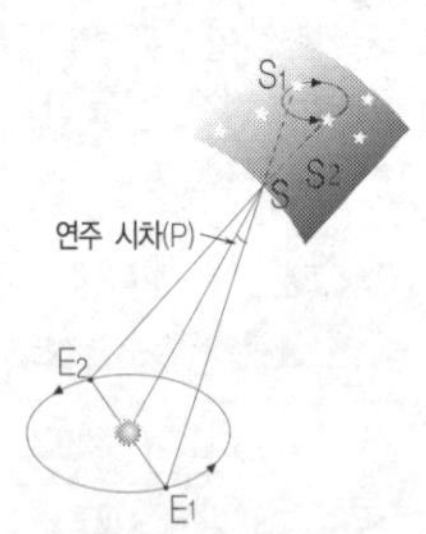

광행차 光行差

光 빛 **광** 行 다니다 **행** 差 차이 **차**

빛이[光] 지구를 도는[行] 것으로 인해 생기는 차이[差].

광행차는 지구의 공전으로 인하여 지구로 입사入射하는 별빛이 기울어지는 현상을 말합니다. 즉 빗방울이 하늘에서 땅으로 수직으로 떨어지더라도, 걸어가고 있는 사람들은 우산을 똑바로 들지 않고 약간 앞으로 기울여 들게 되는 원리와 같습니다. 따라서 망원경으로 별을 관측하고자 할 때도 지구의 공전 속도를 감안해야 정확하게 관측할 수 있습니다.

홍염 紅焰

紅 붉다 홍　焰 불꽃 염

붉은[紅] 불꽃[焰].

　홍염은 태양의 가장자리에서 보이는 불꽃 모양으로, 태양 표면에서 가스가 분출되면서 나타나는 현상입니다.

흑점 黑點

黑 검다 흑　點 점 점

검은[黑] 점[點].

　흑점은 태양의 표면에 나타나는 검은 반점으로, 주변보다 온도가 낮기 때문에(약 4000K) 검게 보입니다. 대기의 온도가 주변보다 낮아지는 이유는 태양 표면의 자기장 때문에 열대류가 막혀서입니다.

광구 光球

光 빛 광　球 공 구

태양에서 빛나는[光] 둥근 부분[球].

　광구는 보통 눈으로 태양을 볼 때, 둥글게 백색광으로 보이는 부분, 즉 눈에 직접 보이는 표면을 말합니다. 약 6000K를 태양의 표면 온도로 보는데, 광구는 중앙부가 가장 밝고, 가장 자리로 갈수록 어두워집니다.

좌표계

지평 좌표계 地平座標系

地 땅 지　平 평평하다 평　座 자리 좌　標 표시하다 표　系 계통 계

지평선을[地平] 기준으로 측정하는 좌표계[座標系].

　지평 좌표계는 천구를 관측하는 데 필요한 기준을 관측자가 서 있는 지평선으로 정한 좌표계입니다. 지평 좌표계는 관측자를 기준으로 측정하기 편리하지만 관측자의 위치에 따라 별과 행성의 위치가 달라진다는 단점이 있습니다

적도 좌표계 赤道座標系

赤 붉다 적 道 길 도 座 자리 좌 標 표시하다 표 系 계통 계
적도면을[赤道] 기준으로 자리를[座] 표시하는[標] 계통[系].

적도 좌표계는 천구의 적도면을 측정의 기준으로 삼는 좌표계입니다. 적도 좌표계는 관측자가 어디에서 관측을 하더라도 변하지 않기 때문에 별과 행성 등의 위치를 나타내는 데는 지평 좌표계보다 많이 사용됩니다.

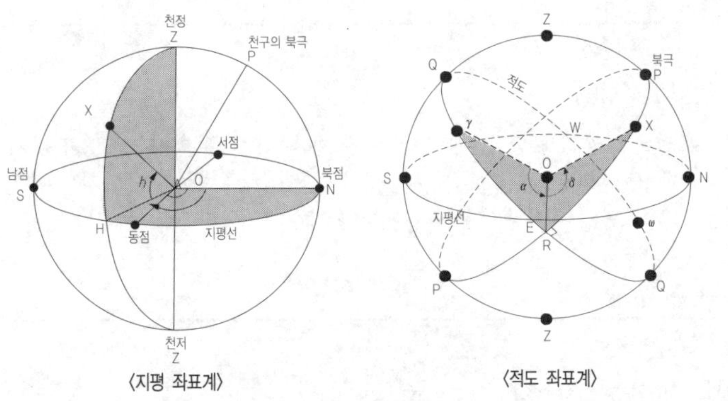

고도 高度

高 높다 고 度 ~한 정도 도
높은[高] 정도[度].

고도는 지평선을 기준으로 하여 측정한 천체의 높이를 각[앙각仰角—올려본 각]으로 나타낸 것입니다. 지평 좌표계에서는 천체의 높이를 측정하여 각으로 나타낸 고도를 사용합니다. 지평선보다 위쪽을 양(+), 아래쪽을 음(−)으로 나타내므로, 지평선상에 있는 천체의 고도는 0°이고, 천체의 꼭대기와 천체의 밑바닥 고도는 각각 90°와 −90°입니다.

방위각 方位角

方 방향 방 位 지위, 위치 위 角 뿔, 각도 각
방향과[方] 위치를[位] 이루는 각도[角].

방위각은 지평 좌표계에서 고도와 함께 사용하는 수치로, 천체 또는 어떤 물체를 지나 지평선과 수직인 평면을 만들어, 이 평면이 남 또는 북의 방위 기점과 이루는 각을 말합니다. 즉, 북점을 기준으로 동쪽(시계 방향)으로 돌아가며 0°~360°로 표시합니다.

적색 편이 赤色偏移

赤 붉다 적 色 색깔 색 偏 치우치다 편 移 옮기다 이

붉은[赤] 색[色] 쪽으로 치우쳐[偏] 옮겨감[移].

적색 편이는 먼 곳에 있는 성운星雲의 스펙트럼 선이 붉은색 쪽(파장이 긴 쪽)으로 몰려 있는 현상을 말합니다. 먼 곳에 있는 천체들은 허블의 법칙(우주는 어느 곳에서나 모두 팽창하고 있음)에 의하여 우리에게서 점차 멀어집니다. 따라서 멀어지는 물체는 파장이 길어지는 **도플러 효과**에 의해 스펙트럼 선은 파장이 약간 긴 붉은색 쪽으로 치우치게 나타납니다.

❍ **도플러 효과** 파동원波動源과 관측자가 상대적으로 운동하고 있을 경우, 정지하고 있을 때와는 다르게 주파수가 관측되는 현상.

행성 行星

行 다니다 행 星 별 성

태양 주위를 도는[行] 별[星].

행성은 타원 궤도를 그리며 태양의 주위를 공전하면서 태양 빛을 반사하여 빛나는 천체를 말합니다. 행성에는 지구형 행성(크기와 질량은 작지만 밀도는 큼)으로 수성·금성·지구·화성이 있으며, 그 반대인 목성형 행성은 목성·토성·천왕성·해왕성이 있고, 명왕성의 경우는 두 부류 모두에 속하지 않습니다. 궤도에 의한 구분은 내행성(지구 궤도보다 안쪽 궤도)에는 수성·금성이 있고, 외행성(지구 궤도의 바깥쪽 궤도)엔 화성·목성·토성·천왕성·해왕성·명왕성이 있습니다.

위성 衛星

衛 지키다 위 星 별 성

행성을 지키듯이[衛] 도는 별[星].

위성은 행성의 주위를 그 인력에 의하여 일정한 주기를 가지고 공전하는 천체를 말합니다. 대부분 모행성母行星에 비하여 지름이 수십 분의 1 이하, 질량은 수만 분의 1 이하입니다. 다만 달은 예외(지름 약 4분의 1, 질량 약 100분의 1)로 모행성에 대한 비율은 태양계 중 가장 크다고 할 수 있습니다.

혜성 彗星

彗 비, 꼬리별 혜 星 별 성

꼬리를 가진[彗] 별[星].

혜성은 태양계 내에서 태양 둘레를 타원 또는 포물선 궤도를 따라 도는 긴 꼬리를 가진 천체를 말합니다. 혜성은 코마라고 하는 머리 부분과 태양에 접근할수록 길어지는 꼬리 부분으로 구분할 수 있습니다. 망원경이나 사진 관측에 의하면 매년 10~20개 정도 발견됩니다.

유성 流星

流 흐르다 유 星 별 성

하늘에서 떨어지는[流] 별[星].

유성은 태양계 안을 임의의 궤도로 배회하고 있는 바위 덩어리로, 별똥별이라고도 합니다. 크기는 매우 다양하며, 유성이 지구 대기에 들어올 때 공기와의 마찰로 가열되어 빛이 납니다. 한꺼번에 많은 유성이 비처럼 떨어지는 일이 있는데, 이 현상을 유성우流星雨라고 합니다.

운석 隕石

隕 떨어지다 운 石 돌 석

하늘에서 떨어지는[隕] 돌[石].

운석은 유성이 대기 중에서 완전히 타지 않고 지상에 떨어진 광물을 말합니다. 현재까지 발견된 운석은 약 1,600개이며, 제일 큰 운석은 미국의 애리조나 주 북쪽의 캐니언 다이애블로 근방에 있으며, 고고학자의 조사에 의하면 약 2만 년 전에 낙하하였을 것이라고 추측되는데, 구덩이의 지름이 1,280m이고, 깊이가 175m이나 됩니다.

은하수 銀河水

銀 은 은 河 강물, 은하 하 水 물 수

은하가[銀河] 강물처럼[水] 보이는 것.

'銀河'는 남북으로 길게 분포되어 있는 수억의 항성 무리로, 맑은 날 밤에는 흰 구름처럼 보입니다. 銀河라는 말 자체에도 강물의 의미가 담겨 있지만, 은하수는 이 은하가 강처럼 보이기 때문에 불려지는 말입니다.

행성의 위치 관계

합 合

合 합하다 **합**

행성과 태양의 방향이 합치는[合] 것.

합은 행성이 지구에서 보아, 태양과 같은 방향에 위치했을 때를 가리키는 말이며, 태양보다 안쪽에 위치할 때를 내합內合, 태양보다 바깥쪽에 위치할 때를 외합外合이라고 합니다.

구 矩

矩 곱자, 모서리 **구**

외행성이 태양의 모서리에[矩] 있는 것.

구는 지구에서 보아, 외행성이 태양의 직각 방향에 오는 시각 또는 그 위치를 말합니다. 최대 이각最大離角과 마찬가지로 행성이 태양의 오른편에 위치할 때 서쪽 하늘에서 관측할 수 있으므로 서구라 하며, 왼편에 위치할 때는 동구라고 합니다.

회합 주기 會合週期

會 모이다 **회** 合 합하다 **합** 週 돌다 **주** 期 기간 **기**

모여서[會] 다시 합으로[合] 돌기까지의[週] 기간[期].

회합 주기는 지구에서 바라봤을 때, 태양과 같은 방향에 위치하는 경우인 합에서 다음 합까지의 시간을 말합니다. 지구도 태양 주위를 공전하고 있으므로, 다른 행성들의 일정한 공전 주기를 측정하는 것은 쉬운 일이 아닙니다. 그러나 회합 주기를 알면 식을 통해 쉽게 행성의 공전 주기를 알아낼 수 있습니다. 즉, 지구의 공전 주기를 E라 하고, 행성의 공전 주기를 P라 하면, 행성의 회합 주기 S는 내행성인 경우는 $1/S = 1/P - 1/E$, 외행성인 경우는 $1/S = 1/E - 1/P$로 나타낼 수 있습니다. 각 행성의 회합 주기는 수성 116일, 금성 584일, 화성 780일, 목성 399일, 토성 378일, 천왕성 370일, 해왕성 368일, 명왕성 367일입니다.

최대 이각 最大離角

最 가장 **최** 大 크다 **대** 離 떠나다, 떨어지다 **리** 角 뿔, 각도 **각**

최대로[最大] 떨어진[離] 각도[角].

최대 이각은 지구에서 볼 때 내행성(금성 · 수성)과 태양이 이루는 각의 최대값 또는 그 위치[구矩]를 말합니다. 금성의 최대 이각은 47°이고, 수성은 때에 따라서 다르지만 18°~28°입니다. 최대 이각의 위치에 있을 때 지구에서는 가장 오랜 시간 동안 내행성을 관측할 수 있습니다. 또한 천구에서 보았을 때 행성이 태양의 오른편에 위치할 때 서쪽 하늘에서 관측할 수 있으므로 그때를 서방 최대 이각이라 하며, 왼편에 위치할 때는 동쪽 하늘에서 관측할 수 있으므로 동방 최대 이각이라고 합니다.

성간 물질 星間物質

星 별 성 間 사이 간 物 사물, 물질 물 質 바탕 질
별들[星] 사이에[間] 있는 물질[物質].

성간 물질은 별과 별 사이의 공간에 떠 있는 극히 희박한 물질을 말하며, 여기에는 성간 가스·우주 먼지 등이 있습니다.

별의 일생

주계열성 主系列星

主 주인, 주되다 주 系 계통 계 列 줄지어 놓다 렬 星 별 성
주계열의[主系列] 별[星].

'主系列'은 온도가 높을수록 더욱 밝아지는 항성의 계열을 말합니다. 주계열성은 주계열의 별이란 뜻으로, 별의 진화 과정중 대부분의 시간을 보내는 과정에 해당합니다. 내부의 어느 곳에서나 별의 중심으로 수축하려는 중력과 중심부의 수소 핵융합 반응에 의한 압력이 평형을 이루어 매우 안정된 상태입니다. 또한 우리가 관측할 수 있는 별의 90%는 주계열성입니다. 태양도 대표적인 주계열성입니다.

적색 거성 赤色巨星

赤 붉다 적 色 색깔 색 巨 크다 거 星 별 성
붉은[赤] 색의[色] 큰[巨] 별[星].

적색 거성은 중심 핵中心核에서의 수소 연소가 끝난, 진화 단계의 별입니다. 별이 주계열의 단계를 통과하면서 중심부에서는 수소 융합이 일어납니다. 이 결과 헬륨 핵이 생기면서 외곽부로 팽창하려는 힘이 중력보다 더 크게 됩니다. 따라서 별은 팽창하게 되어 표면 온도가 낮으며, 대류층이 깊은 적색 거성의 단계를 거치게 됩니다. 겨울철 밤하늘에서 가장 잘 보이는 오리온 자리에 속하는 베텔게우스는 대표적인 적색 거성으로 붉게 보입니다.

초거성 超巨星

超 뛰어넘다 초 巨 크다 거 星 별 성

매우[超] 큰[巨] 별[星].

'巨星'은 반지름이 태양의 수백 배에 이르고, 절대 광도絕對光度도 태양의 수만 배에 이르는 별입니다. 초거성은 일반적인 거성보다 훨씬 크며, 절대 광도가 매우 높습니다. 거성은 가장 밝은 것이 −5등급 정도이지만, 초거성은 −5∼−9등급에 이릅니다. 오리온 자리 별(리겔), 백조 자리 별(데네브), 용골 자리 별(카노푸스), 전갈 자리 별(안타레스) 등이 이에 속합니다. 초거성은 질량이 큰 별의 진화 과정의 마지막 단계로, 내부의 수소로부터 변환된 헬륨이 연소되어 중심핵이 탄소로 바뀌고, 별의 팽창이 일단락되어 표면은 극도로 밝아진 상태입니다. 수명은 별의 진화 단계에서 보았을 때, 극히 짧아 수백만 년에 불과합니다.

해설 矮星(작은 별)

초신성 超新星

超 뛰어넘다 초 新 새롭다 신 星 별 성

매우 센 빛을 내는[超] 새롭게[新] 보이는 별[星].

'新星'은 전에는 보이지 아니하던 별이 갑자기 환하게 빛나다가 얼마 후 다시 빛이 약해지는 별을 말합니다. 초신성은 보통 신성新星의 1만 배 이상의 빛을 내는 큰 신성을 가리키는 말입니다. 질량이 큰 별은 초거성이 된 후에 중심부의 탄소들이 폭발적으로 연소하면서 생기는 엄청난 에너지를 순간적으로 방출합니다. 이때 그 밝기가 평소의 수억 배에 이르렀다가 서서히 낮아지는 현상이 나타납니다. 이는 마치 새로운 별이 생겼다가 사라지는 것처럼 보이기 때문에 초신성이라고 합니다.

변광성 變光星

變 변하다 변 光 빛 광 星 별 성

밝기가[光] 시간에 따라 변하는[變] 별[星].

변광성은 짧은 시간 동안에 광도가 급격하게 변하는 별을 가리키는 말입니다. 별의 내부는 내부로 향하는 중력과 핵융합 에너지에 의해 외부로 향하는 압력이 평형을 이루고 있습니다. 하지만 이 평형이 깨질 때가 있습니다. 이러한 상태의 별은 팽창과 수축을 반복하게 되고, 그에 따라 광도가 변하게 됩니다.

백색 왜성 白色矮星

白 희다 백　色 색깔 색　矮 작다 왜　星 별 성

흰[白] 색으로[色] 보이는 작은[矮] 별[星].

백색 왜성은 백색의 왜소한 별을 말합니다. 이 별들은 질량이 작은 별들의 진화 단계의 마지막입니다. 표면 온도는 높으나 광도는 낮으므로 크기가 매우 작아 태양의 1/10에서 1/100배 정도입니다. 따라서 비교적 질량이 작은 별에 해당하는 태양의 운명도 약 50억 년 후에는 백색 왜성이 될 것으로 예정되어 있습니다.

쌍성 雙星

雙 짝이 되다 쌍　星 별 성

둘씩 짝을 이루는[雙] 별[星].

쌍성은 두 개 이상의 별들이 서로의 인력 때문에 공통 무게 중심의 주위를 일정한 주기로 공전하고 있는 별들을 가리키는 말입니다. 밤하늘에 보이는 별들 중 쌍성의 수는 생각보다 많아서 약 반 이상이 어떤 형식이든 쌍성을 이루고 있다고 볼 수 있습니다.

성단 星團

星 별 성　團 모임 단

별[星] 무리[團].

성단은 천구상의 군데군데에 몰려 있는 별들의 집단으로, 은하보다는 작은 단위입니다. 성단은 대개 같은 지역에서 같은 시기에 만들어지는데, 이들은 나이와 구성 성분이 거의 같다고 할 수 있습니다. 대표적인 성단으로는 비교적 젊은 별들로 이루어진 산개 성단散開星團과 오래된 별들로 이루어진 구상 성단球狀星團이 있습니다.

산개 성단 散開星團

散 흩어지다 산　開 열다, 펴다 개　星 별 성　團 모임 단

흩어져[散] 펼쳐져[開] 있는 별 무리[星團].

산개 성단은 수백 수천 개의 별들이 불규칙하게 모여 있는 별의 집단을

가리키는 말로, 비교적 젊은 별들로 구성되어 있습니다. 구성 원소는 무거운 원소들이 대부분인데, 이는 초신성 폭발로 무거운 원소들이 방출된 후 그 원소들 사이에서 또 다른 별이 새로 탄생했기 때문입니다.

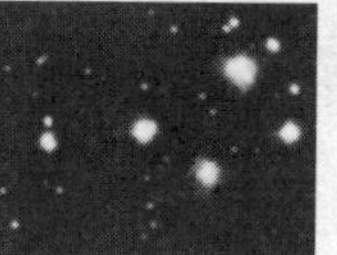
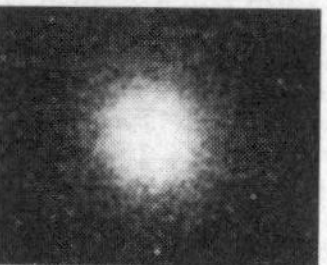

〈산개 성단과 구상 성단〉

구상 성단 球狀星團

球 공 구　狀 모양 상　星 별 성　團 모임 단

공[球] 모양으로[狀] 이루어진 별 무리[星團].

　구상 성단은 수만 수백만 개의 별들이 공 모양으로 모여 있는 별의 집단을 가리키는 말입니다. 비교적 오래된 별들로 구성되어 있습니다.

성운 星雲

星 별 성　雲 구름 운

별이[星] 구름같이[雲] 펼쳐져 있는 것.

　성운은 가스와 먼지 등으로 이루어져 구름 모양으로 퍼져 보이는 천체를 말합니다.

반사 성운 反射星雲

反 되돌리다 반　射 쏘다 사　星 별 성　雲 구름 운

빛을 반사하여[反射] 스스로 빛을 내는 것처럼 보이는 성운[星雲].

　반사 성운은 자체에서는 빛을 내지 않으나 주위의 고온 항성으로부터 받은 빛을 반사하여 마치 스스로 빛을 내는 것처럼 보이는 가스와 먼지로 이루어진 성운을 말합니다. 성운 가까이에 있는 별에서 나오는 에너지는 성운 내의 가스를 들뜨게 할 정도가 못 됩니다. 그래서 성운의 물질들은 단순히 별빛을 반사하여 빛나게 됩니다. 보통 반사된 빛은 푸른색으로 보이며, 대표적인 반사 성운으로는 플레이아데스 성운이 있습니다.

방출 성운 放出星雲

放 놓다, 내쏘다 방　出 나가다 출　星 별 성　雲 구름 운

빛을 내는[放出] 성운[星雲].

　방출 성운은 중심부 또는 주위에 있는 고온 별의 강력한 복사에 의해 빛

을 내는 가스 성운으로, **발광** 성운發光星雲이라고도 합니다. 주로 가스로 된 성간 물질 가까이 고온의 별이 가까이 있는 경우, 별에서 복사되는 자외선에 의하여 수소 가스가 들뜨게 되어 밝은 빛을 냅니다. 보통 붉은색의 빛을 내기 때문에 붉은색으로 보입니다. 대표적인 방출 성운으로는 오리온자리의 오리온 대성운이 있습니다.

◐ **發光** [發 드러내다 발 光 빛 광]

암흑 성운 暗黑星雲

暗 어둡다 **암** 黑 검다 **흑** 星 별 **성** 雲 구름 **운**

검게[暗黑] 보이는 성운[星雲].

　암흑 성운은 검게 보이는 성운을 말합니다. 방출 성운이나 반사 성운과 같은 밝은 성운 또는 밝은 별 앞에 주로 먼지와 티끌로 된 고밀도의 성간 물질이 있으면, 그 뒤에서 오는 빛을 흡수·차단하여 검게 보입니다. 대표적으로 말머리 성운은 뒤쪽에 밝은 성운이 있는 경우이며, 뱀주인 자리의 S자상 성운은 은하수를 그 배경으로 하여 나타나는 경우입니다.

행성상 성운 行星狀星雲

行 다니다 **행** 星 별 **성** 狀 모양 **상** 星 별 **성** 雲 구름 **운**

행성[行星] 모양처럼[狀] 보이는 성운[雲星].

　행성상 성운은 보통 고리 모양의 외곽부와 중심부에 고온의 별로 구성된 성운을 말합니다. 초기에 작은 망원경으로 관측하면 행성처럼 보였기 때문에 붙여진 이름이지만 실제로 행성과 관련이 없습니다. 질량이 작은 별의 경우 변광성 단계를 거친 후, 진화의 마지막 단계에서 별의 바깥층이 분리되어 가스체가 되는 것으로 추측하고 있습니다. 분리된 바깥 껍질은 날아가 버리게 되는데, 그 모양에 따라 원판 모양·가락지 모양 등 비교적 뚜렷한 형상을 가지게 됩니다. 거문고 자리의 고리 성운이 대표적인 행성상 성운입니다.

지동설 地動說

地 땅 **지** 動 움직이다 **동** 說 밝히어 말하다 **설**

땅이[地] 움직인다는[動] 이론[說].

　지동설은 지구가 우주에 정지하고 있는 태양의 둘레를 자전自轉하면서 공전公轉하고 있다는 학설입니다.

↔ 천동설.

천동설 天動說

天 하늘 천 動 움직이다 동 說 밝히어 말하다 설

하늘이[天] 움직인다는[動] 이론[說].

　천동설은 지구가 우주의 중심에 정지하고, 모든 천체가 그 주위를 공전한다는 고대古代의 우주 구조설입니다.
　↔ 지동설.

연주 운동 年周運動

年 해 년 周 두루, 돌다 주 運 움직이다 운 動 움직이다 동

1년을[年] 주기로[周] 움직임[運動].

　연주 운동은 지구의 공전公轉 운동에 의하여 항성恒星이 1년 동안에 천체를 일주하는 것처럼 보이는 현상을 말합니다.

일주 운동 日周運動

日 날 일 周 두루, 돌다 주 運 움직이다 운 動 움직이다 동

하루를[日] 주기로[周] 움직임[運動].

　일주 운동은 별들이 북극성을 중심으로 하루에 한 번씩 반시계 방향으로 원을 그리며 도는 운동을 말합니다.

삭망월 朔望月

朔 초하루 삭 望 바라다, 보름 망 月 달 월

초하루에서[朔] 보름으로[望], 다시 초하루까지의 기간[月].

　삭망월은 달의 모양이 약 29.5일을 주기로 하여, 초승달에서 보름달을 지나 다시 초승달로 변하는 기간을 말합니다.

항성월 恒星月

恒 항상 항 星 별 성 月 달 월

항성을[恒星] 기준으로 달[月]이 지구를 한 바퀴 도는 주기.

　'恒星'은 태양처럼 스스로 빛을 내는 고온의 천체로, 밤하늘에서 그 위치가 변하지 않아 붙박이별이라고도 합니다. 행성·위성·혜성 이외에는

모두 항성으로 봅니다. 항성월은 항성을 기준으로 하여 달이 지구를 한 바퀴 도는 주기를 나타내는 말로, 그 시간은 23시간 56분 4.091초입니다.

일식 日蝕

日 날, 해 **일**　蝕 좀먹다 **식**

해를[日] 좀먹음[蝕].

　일식은 달이 지구와 태양 사이에 들어 태양의 일부분이나 전체가 달의 그림자에 가려 보이지 않게 되는 현상을 말합니다. 일식에는 해의 일부분만 달의 그림자에 가려지는 **부분** 일식部分日蝕과 태양이 정확하게 달에 가려 완전히 보이지 않는 **개기** 일식皆旣日蝕이 있습니다.

◐ **部分** [部 분류 부　分 나누다 분]
◐ **皆旣** [皆 모두 개　旣 이미, 다하다 기] 태양·달·지구가 일직선상으로 늘어선 때는 자주 일어날 수 있는 현상이지만, 태양이 지나는 길(황도黃道)과 달이 지나는 길(백도白道)은 일정한 각도를 이루고 있기 때문에, 정확하게 달이 태양을 가리는 일은 자주 일어날 수 없음.

월식 月蝕

月 달 **월**　蝕 좀먹다 **식**

달을[月] 좀먹음[蝕].

　월식은 달이 지구의 그림자 속으로 들어가 달이 가려지는 현상을 말합니다. 월식에는 달의 일부분만 지구의 그림자에 가려지는 부분 월식部分月蝕과 달 전체가 지구의 그림자에 완전히 가려지는 개기 월식皆旣月蝕이 있습니다.

극관 極冠

極 끝 **극**　冠 갓 **관**

끝을[極] 갓처럼[冠] 덮고 있는 부분.

　극관은 화성火星의 자전축 양극 부근을 덮고 있는 흰 부분을 말합니다.

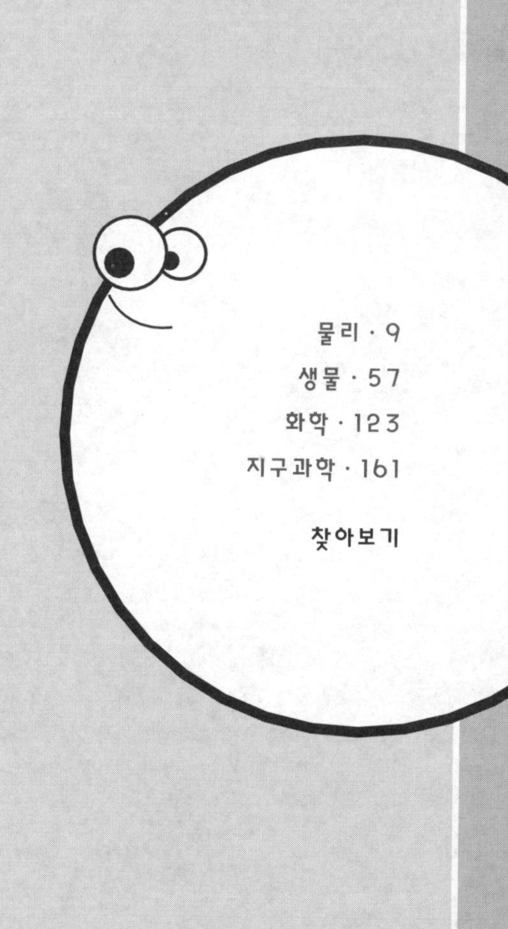